JN409821

사람 중심의 작업경영

현대작업관리

정병용

3. 직무와 작업
4. 작업장과 효율
5. 공정 분석

제2부
직무와 작업
공정

2. 문제해결절차
1. 작업관리 개론

제1부
작업관리
개론

작업관리

제3부
작업분석 및
평가

6. 동작분석과 작업개선
7. 작업평가
8. 작업 위험성 평가
9. 사무작업과 환경의 설계

제4부
시간연구

10. 표준시간
11. Work Sampling
12. 표준자료와 MTM

민영사

머리말

사람 중심의 작업경영

작업관리란 사람이 수행하는 작업을 대상으로 '어떻게 하면 더 효율적이고, 안전하고, 더 편하게 할 수 있는가?'에 영향을 미치는 요인들을을 분석하여 개선할 뿐만 아니라, 작업의 수행에 소요되는 표준시간을 신뢰성있게 도출함으로써 생산성 향상에 기여하고자 하는 학문이다.

그동안 학교와 기업 현장에서 강의와 과제를 수행하면서 '현장에서 직접 응용할 수 있는 내용이 무엇일까?', '이론의 이해와 현실적인 문제들을 다루기 위한 사례가 많았으면!' 하는 생각을 많이 하였으며, 이런 의도를 책에 담으려고 노력하여 왔다.

이 책은 4부 12장으로 구성되어 있으며, 한 학기에 강의할 수 있도록 저술되었다. 1부에서는 작업관리 개론에 대하여 다루고, 2부에서는 직무와 작업공정에 대하여 다루며, 3부에서는 작업분석 및 평가, 4부에서는 시간연구를 다룬다. 개정판에서는 실습문제를 통해 현장에 적용할 수 있는 사례를 제시하고, 인간공학 기술사를 준비하는데 도움을 주고자 하였다.

이 책을 출판하기까지 도움을 주신 민영사 식구들께 감사를 드린다. 이 책이 완성되기까지 한인연(한성대학교 인간공학 연구실) 식구들의 정신적인 후원이 큰 힘이 되었다. 끝으로 사랑하는 아내와 가족들의 건강과 평안이 함께하길 빌며, 두 자녀가 '합리적인 사고방식과 사람에 대한 배려'에 대한 이 책의 정신을 새기면서 학문적으로 성장하기를 바란다.

2018년 6월에 연구실에서

정 병 용

차례

사람 중심의 작업경영

제 1 부 작업관리 개론

제 2 부 직무와 작업공정

제1부

작업관리 개론

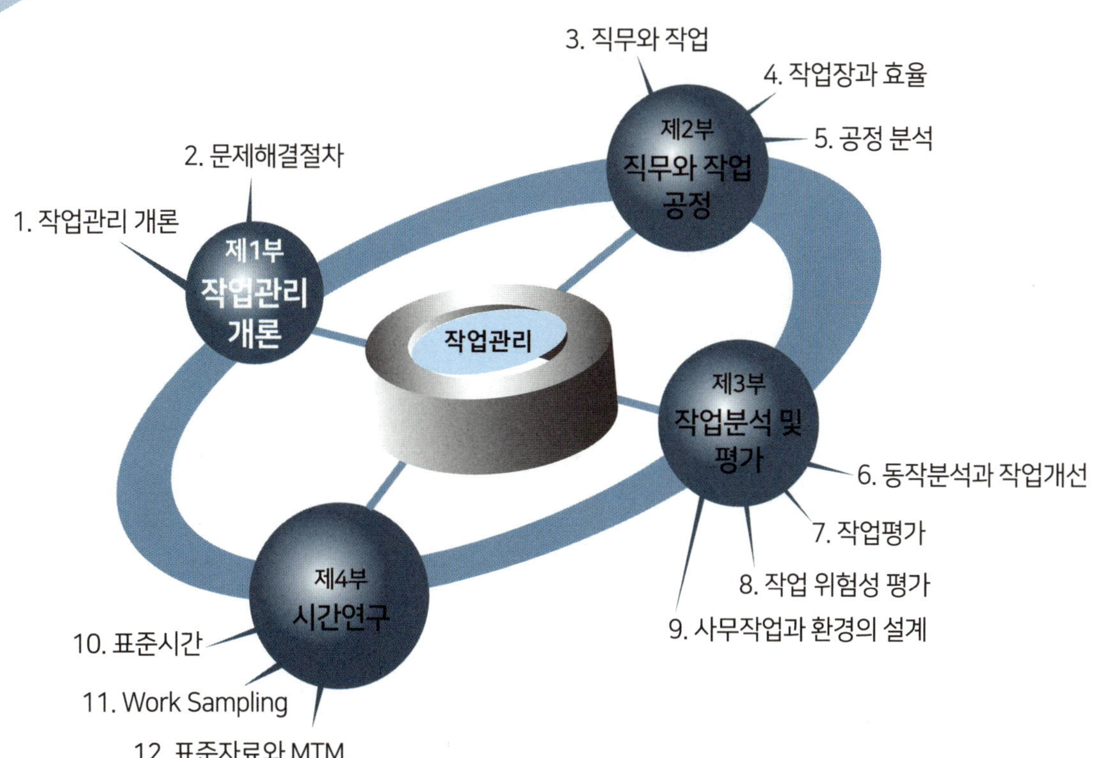
3. 직무와 작업
4. 작업장과 효율
5. 공정 분석
2. 문제해결절차
1. 작업관리 개론
제2부
직무와 작업
공정
제1부
작업관리
개론
작업관리
제3부
작업분석 및
평가
6. 동작분석과 작업개선
7. 작업평가
8. 작업 위험성 평가
9. 사무작업과 환경의 설계
제4부
시간연구
10. 표준시간
11. Work Sampling
12. 표준자료와 MTM

제 1 장

작업관리개요

1. 작업관리란?

'일정한 목적과 계획 아래 하는 일'을 작업(task)이라 한다. 산업사회로 발전하기 전에는 일(work)이란 사람의 몸이나 손발 따위를 움직이는 신체 활동을 의미하였다. 그러나 사회발전에 따라 사람이 행하는 일의 형태나 역할도 많은 변화를 거쳤으며, 앞으로도 계속 많은 변화를 가져올 것이다.

역사상 증기기관의 발명은 인간이 하던 일을 기계나 설비로 대체하는 계기가 된다. 강력한 힘과 성능을 가진 기계나 설비들이 등장함에 따라 대량 생산이 가능하게 되었으며, 인간은 동력의 제공자 역할에서 기계를 조정하고 감시하는 역할로 일의 개념이 변화하게 된 것이다.

대량 생산 시대가 되면서 제품1개를 생산하는데 소요되는 시간을 줄이는 것이 제품의 경쟁력이 되었고, 작업을 어떻게 하는 것이 효율적인가에 대하여 관심을 갖게 되었다. 즉, '어떻게 하면 더 효율적인가?', '어떻게 하면 더 안전하게 할 수 있는가?', '어떻게 하면 더 편하게 할 수 있는가?'에 대하여 분석하고, 개선하는 활동을 하게 된 것이다.

인간이 관여하는 작업을 전반적으로 검토하고, 작업의 경제성과 효율성에 영향을 미치는 요인을 체계적으로 분석하여 개선할 뿐만 아니라, 작업의 수행에 소요되는 표준시간을 신뢰성있게 도출함으로써 생산성 향상에 기여하고자 하는 학문을 작업관리(work management)라고 한다. 작업분석(task analysis), 작업연구(work study) 또는 작업설계(work design)로 부르기도 한다.

사례 1.1 작업관리의 필요성

한 작업자가 [그림 1.1]의 왼쪽과 같이 부품상자를 놓고 일하고 있는 모습을 상상하여 보자. 부품상자에 부품이 많이 담겨져 있을 때는 작업자가 허리를 적게 굽히지만 부품상자의 아래 부분으로 내려 갈수록 허리를 점점 많이 굽히게 된다. 뿐만 아니라 부품을 잡기 위해선 시야 확보를 위해 눈을 집중하여야 하며, 머리를 숙여서 부품을 잡아야 하므로 불편할 뿐만 아니라, 시간도 많이 걸리게 된다. 하루 종일 반복 작업을 하는 경우에는 허리의 통증을 유발할 수도 있을 정도로 힘들게 일을 하지만 효율은 매우 떨어지게 된다. 오른쪽 그림과 같이 부품상자 지지대를 제작하여 작업을 한다면 작업자는 허리를 굽히는 각도나 시간이 줄어 편해지고, 시야확보가 쉬울뿐만 아니라 이동시간도 줄어 작업자의 효율을 높일 수 있다.

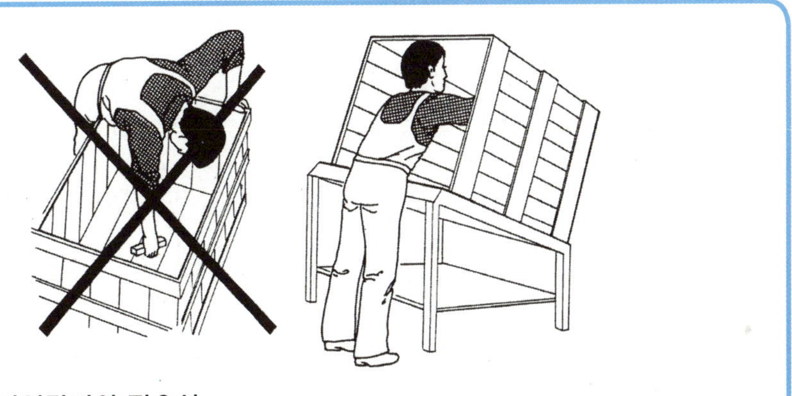

그림 1.1 **작업관리의 필요성**

작업관리의 목적은 ① 최선의 작업 방법 개발과 표준화, ② 표준시간의 산정, ③ 최적 작업 방법에 의한 작업자 훈련, ④ 생산성 향상에 있다.

작업관리의 영역은 동작연구(motion study)와 시간연구(time study)로 구분된다. 동작연구는 경제적인 작업 방법을 검토하여 최적의 작업 방법을 개발하여 표준화하는 분야이다. 시간연구는 표준화된 작업 방법에 의하여 작업을 할 경우에 소요되는 표준시간을 다루는 분야이다. 종합하면 작업관리는 효율적인 방법으로 생산하여 하루에 몇 개나 생산할 수 있는가에 대한 자료를 제공하여 준다.

작업관리는 생산제조 분야를 중심으로 발전하여 왔다. 작업관리의 효시는 테일러(Taylor)와 길브레스(Gilbreth) 부부라고 할 수 있다. 테일러는 미드베일 철강회사에 근무하면서 광석의 삽질작업에 관한 시간연구를 토대로 과학적 관리법이라는 이론을 제시하였으며, 길브레스 부부는 벽돌쌓기에 관한 동작연구를 통하여 작업자의 피로도를 줄이기 위한 동작경제원칙을 제시하였다.

최근에 동작연구는 방법연구(method engineering)로, 시간연구는 작업 측정(work measurement)으로 불려진다. 방법연구는 신체 활동뿐만 아니라 재료, 공구 설비, 작업 조건까지를 포함하여 작업 및 공정을 종합적으로 분석하여 경제적인 작업 방법을 연구하며, 작업 측정은 표준시간을 포함한 작업시간의 측정 및 응용에 관하여 다룬다.

사례 1.2 테일러의 삽질 연구

미드베일 철강회사의 현장 관리자인 테일러는 '일이 공평하지 않다'라는 작업자들의 불평을 듣고 작업 분석에 착수하였다. 조사 결과 작업자들은 체격에 상관없이 한 종류의 삽을 가지고 광석을 수레에 싣는 일을 하고 있었으며, 광석의 종류에 따라 무게가 다르다는 사실을 알게 되었다. 무거운 광석을 수레에 실어야 하는 작업자들은 가벼운 광석을 옮기는 작업자에 비해 작업이 힘들다고 불평을 하였다. 테일러는 힘이 약한 작업자도 쉽게 취급할 수 있는 삽의 무게를 조사하여 정하고, 이 기준에 맞도록 광석의 종류와 무게에 따라 삽의 크기를 조정하였다. 작업자들은 출근하면서 그 날 취급해야할 광석의 무게에 맞게 표준화된 삽을 가지고 작업장을 향하게 되었으며, 작업자마다 어떤 광석작업을 하더라도 한 번 삽질을 하는 데 소요되는 시간들이 비슷해지게 되었다. 한 번 삽질하는데 소요되는 표준시간을 알게 됨에 따라 쌓여 있는 광석 양을 모두 처리하기 위해서는 몇 사람이 작업을 해야 하고, 잔업이 필요한지에 대한 정보도 신뢰성 있게 도출할 수 있게 된 것이다. 이른바 시간연구를 토대로 '공정한 하루의 작업 양'에 근거한 테일러의 "과학적 관리법(Scientific Management)"이 탄생하게 되었고, 경영학 분야에서 생산관리 시대를 열게 되는 계기가 되었다. 또한, 공과대학에서는 생산성 향상과 과학적 경영을 전공하는 산업경영공학과를 탄생시키는 계기가 되었다.

사례 1.3 길브레스의 벽돌쌓기 연구

길브레스 부부는 12명의 자녀를 둔 부모로 유명하다. 가족여행을 할 때마다 12명의 자녀들을 보고 놀라는 사람들에게 아빠가 했던 말을 기리며 책과 영화로 만든 '한 다스로 사면 더 저렴해요(Cheaper by the Dozen)'의 실제 주인공이기도 하다. 길브레스 부부는 미국의 세계대전 이후에 일어난 건축 붐을 타고 벽돌을 쌓는 동작을 서블릭(therblig)이라는 기호를 이용하여 분석하였다. 또한, 신체 특성을 고려하여 피로도를 최소하기 위한 동작경제 원칙 등을 제시하여, 같은 작업조건에서도 시간당 작업량을 벽돌 125개에서 350개로 늘릴 정도로 효율을 높이는데 성공하였다. 특히, 부인 길브레스는 미국 최초의 여성 공과대학 교수로 작업자의 생리적, 심리적 특성을 기반으로 한 동작연구 및 작업경영 분야를 개척하게 된다.

2. 시스템과 평가 척도

2.1 시스템이란?

시스템에는 목적이 있는데 이러한 목적을 달성하기 위해서는 각각의 구성요소에게 적절한 임무와 기능이 부여되어야 한다. 구성요소들은 전체 시스템의 목적 달성을 위해 서로 상호작용하여 필요한 정보를 주고받아야 하며, 이들 정보들 사이에는 정보교환 고리(communication link)가 존재하게 된다. [그림 1.2]는 시스템의 3요소를 나타낸다.

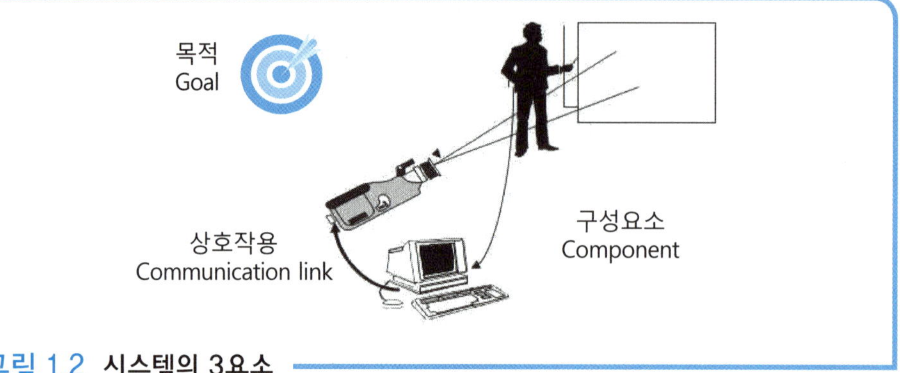

그림 1.2 **시스템의 3요소**

시스템의 구성요소들은 목적을 달성하기 위하여 ① 감지, ② 정보보관, ③ 정보처리 및 의사결정, ④ 실행의 4가지로 구성된 기본기능을 조합하여 수행한다(Sanders et al., 1993). 정보보관 기능은 다른 기능들과 상호작용하지만 다른 3가지 기능들은 순차적으로 일어난다.

[그림 1.3]은 시스템의 구조를 나타낸다. 복잡한 시스템에는 내부에 하부 시스템이 존재하고, 하부 시스템 내부에도 또 다른 하부 시스템이나 구성요소들이 존재할 수 있다. 하부 시스템이나 구성요소는 자체로도 하나의 작은 시스템을 이루게 된다.

시스템은 정보의 피드백(feedback) 여부에 따라 개회로(open-loop) 시스템과 폐회로(closed-loop) 시스템으로 구분하며, [그림 1.4]와 같이 시스템의 출력에 관한 정보를 입력에 다시 되돌려 주는 과정이 존재하느냐에 의해서 분류된다. 폐회로 시스템은 차량 운전과 같이 시스템이 의도한 바와 출력 사이의 오차에 관한 정보가 입력으로 피드백되는 시스템을 말한다. 개회로 시스템은 세탁기와 같이 일단 작동되면 더 이상 제어가 필요 없거나 제어할 수 없고, 정해진 절차에 의하여 작업이 진행되는 시스템을 말한다.

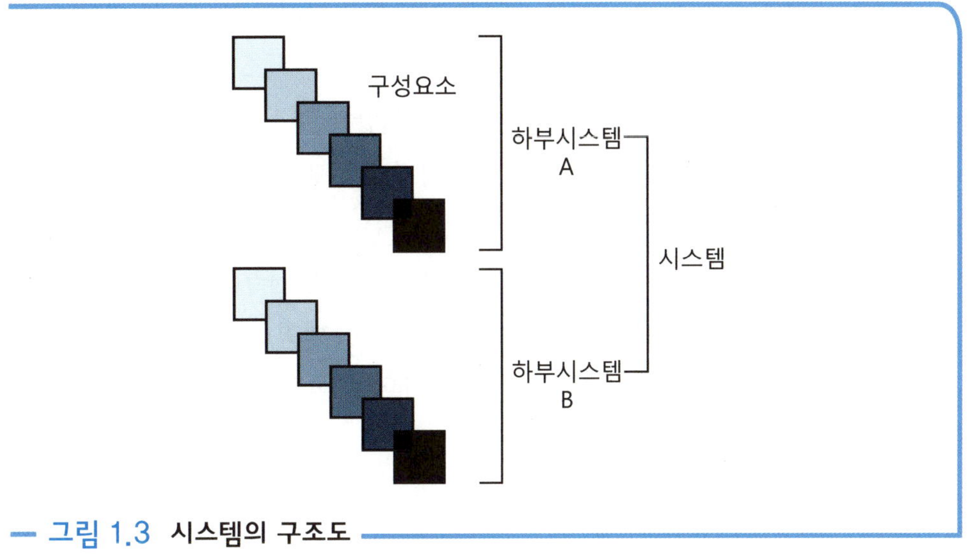

— 그림 1.3 **시스템의 구조도**

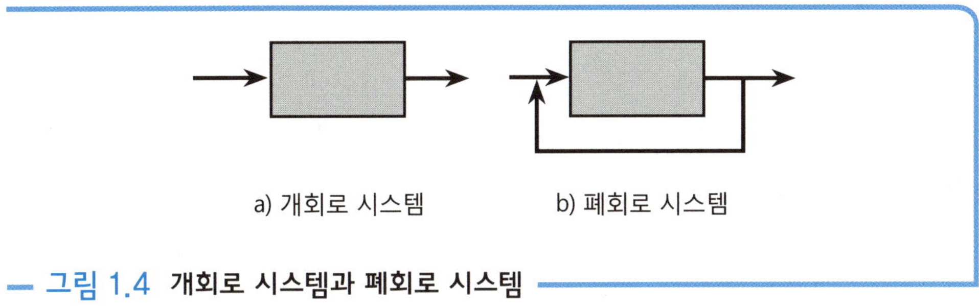

— 그림 1.4 **개회로 시스템과 폐회로 시스템**

인간의 개입 정도에 따라 시스템은 수동 시스템, 반자동(기계) 시스템, 자동 시스템의 세 가지로 분류할 수 있다. 수동 시스템(manual system)은 인간과 기계로 구성된 시스템에서 인간이 자신의 에너지를 동력원으로 사용할 뿐만 아니라 조정하는 역할까지 하며, 기계는 단지 구성요소로서의 역할만 한다. 드라이버로 못을 박는 경우에 인간이 동력과 조정을 맡고, 단지 드라이버와 못은 작업에 사용되는 구성요소로서의 역할만 있는 수동시스템이다. 반자동 시스템(semiautomatic system)은 기계 시스템(mechanical system)이라고도 하며, 기계가 동력을 담당하고 인간은 일반적으로 제어장치를 이용하여 조정하는 역할을 한다. 전동 드라이버로 못을 박는 경우에는 동력은 전동 드라이버가 제공하고, 인간은 드라이버를 조종하는 반자동 시스템이라 할 수 있다. 자동 시스템(automatic system)은 기계가 동력원과 조정 역할까지 담당하고, 인간은 시스템의 보수, 유지 및 감시 등의 역할만을 담당한다. 발전소의 제어장치 시스템은 기계가 동력원과 조정 역할까지 수행하고 인간은 보수유지만을 담당하는 자동시스템이라 할 수 있다.

시스템을 디자인할 경우에는 '전체 시스템을 어떻게 하부 시스템들로 적절하게 구성할 것인가', '개회로 시스템으로 할 것인가', '폐회로 시스템으로 할 것인가', '수동 시스템으로 할 것인가', '자동 시스템으로 할 것인가' 등이 주요 관심사가 된다.

2.2 시스템의 평가 척도

시스템은 수행할 공통의 목적을 가지고 있기 때문에 얼마나 효율적으로 목적이 수행되는가를 평가하기 위한 평가척도가 필요하다. 일반적으로 평가 척도는 기준(criterion)이라 불리기도 한다.

시스템을 평가하는 척도로는 효과, 효율 및 주관적 만족도 등이 있다([표 1.1]). 효과(effectiveness)는 시스템이 의도한 목적을 얼마나 정확하고 완성도 있게 달성하는가를 나타낸다. 즉, 효과는 목적의 달성여부와 관계가 있다. 효율(efficiency)은 원하는 목적을 달성하는 데 소모하는 자원의 정도와 관련되어 있다. 즉, 효율은 목적을 달성하기까지 노력과 시간이 얼마나 효율적이었는가를 나타낸다.

표 1.1 시스템 목적과 평가척도

구분	정의	평가척도 예시
효과 (effectiveness)	의도한 목적을 얼마나 정확하고 완성도 있게 달성하는가에 대한 정도	•목적 달성 비율 •목적 달성의 완성도 •목적 달성의 정확도
효율(efficiency)	원하는 목적을 달성하는 데 소모하는 자원의 효율 정도	•단위 과제당 완성 시간 •시간당 과제 완성 개수
만족(satisfaction)	구성요소인 인간이 느끼는 만족도	•사용상의 주관적 만족도 •포함된 기능에 대한 만족도

사례 1.4 여행 상품과 평가척도

해외여행을 계획할 때는 여행사 패키지 상품을 이용하느냐, 개인적으로 일정을 계획하고 다녀오느냐에 대하여 고민하게 된다. 여행 계획을 세우면서 가장 먼저 정하는 것은 어디를 다녀오고 싶은 지에 관한 목적지의 결정이라고 할 수 있다. 실제 여행에서 계획한 목적지들을 모두 둘러보았다면 효과적인 여행이라고 할 수 있다. 하지만 계획한 목적지를 모두 다녀왔다고 해서 좋은 여행이었다는 평가를 할 수는 없다. 패키지 여행상품을 선택하면 직접 운전하거나 예약하는 번거로움이 없이 둘러보고 싶은 목적지들을 빠르고 편하게 둘러볼 수 있지만, 여행사를 잘못 선택하면 상품을 파는 곳을 들러야 하는 불쾌감을 느낄 수도 있다. 효율성은 있지만 만족감은 떨어질 수 있다. 반면에 자기가 직접 여행을 계획하는 경우에는 예기치 못한 길로 돌아갈 수도 있고, 운전하느라 몸이 지칠 수도 있어 효율은 떨어지지만, 원하는 곳에서는 체험의 만족감을 느낄 수 있을 것이다. 패키지 여행상품이나 개인 여행이나 하루하루 일정을 보내면서 순간적으로 느끼는 효율이나 만족감이 모여서 전체 여행이 별로였거나 기억에 남을 만하다는 생각이 들게 되는 것이다. 효과도 좋고 효율성과 만족감도 높은 여행은 어떤 여행일까?

2.3 평가 척도의 요건

시스템의 평가 척도를 어떻게 정의하느냐 하는 문제는 시스템이 달성하고자 하는 목표나 목적에 기반을 두고 정해야 한다. 특히 사람이 관여한 시스템에서는 평가 척도를 어떤 것으로 정하느냐에 따라 시스템의 목표를 왜곡하는 방향으로 구성요소들이 작용할 수 있으므로 여러 가지 지수중에서 어떤 지수로 평가 척도를 정할 것인가에 주의를 기울여야 한다. 시스템의 목표를 하나의 지수로 평가하기 어려운 경우에는 복수의 평가 척도들을 상호 보완적으로 사용할 수도 있다.

일반적으로 평가 척도는 다음과 같은 요건을 만족하여야 한다.

(1) **실제적 요건**(practical requirement)

평가 척도는 현실성을 가지고 있어야 하며, 이용하기가 용이하여야 한다. 기준 척도가 실제적이기 위해서는 ① 객관적이고, ② 정량적이며, ③ 수집이 쉬우며, ④ 자료 수집 기법이나 기기가 특수하지 않고, ⑤ 돈이나 수고가 적게 드는 것이어야 한다.

(2) **타당성**(validity), **적절성**(relevance)

측정하고자 하는 평가 척도가 시스템이 의도하는 바, 즉 시스템의 목적을 잘 반영하는가에 대한 것이다.

(3) **신뢰성**(repeatability)

신뢰성은 결과에 대한 반복성을 의미하는 것으로, 비슷한 환경에서 평가를 반복할 경우에 일정한 결과를 나타내야 함을 의미한다.

(4) **무오염성**(freedom from contamination)

무오염성은 측정하고자 하는 변수가 아닌 다른 외적 변수들에 의해 영향을 받지 않는 성질을 뜻한다.

(5) 측정의 민감도(sensitivity of measurement)

측정의 민감도는 기대되는 차이에 적합한 정도의 단위로 측정이 가능해야 함을 의미한다. 즉, 차이에 비례하는 단위로 측정이 가능해야 한다.

사례 1.5 평가 척도

어느 병원의 효율을 평가하기 위한 척도에 관하여 생각하여 보자. 이 병원의 병상 수는 300개이고, 30명의 의사가 일하고 있다. 한 달 동안 1,500명의 환자가 입원하여 50억 원의 치료비를 지불하였고, 300명이 완치되어 퇴원하였다. 이 병원의 주인이 계산하여 본 결과 한 달 동안 5억 원의 순이익이 남았다. 이 병원에서 이용할 수 있는 평가 척도로는 ① 병상당 환자 수, ② 병상당 완치 환자 수, ③ 병상당 치료비, ④ 병상당 순이익, ⑤ 의사당 환자 수, ⑥ 의사당 완치 환자 수, ⑦ 의사당 치료비, ⑧ 의사당 순이익 등이 있다. 같은 시스템이라도 평가 척도가 여러 가지가 있을 수 있다는 것이다. 어떤 평가척도들을 이용하면 시스템의 목적을 가장 잘 반영하고 평가척도의 요건을 만족하는 것인가?

3. 생산성

3.1 생산성과 생산성 지수

시스템의 효율을 평가하는 척도로는 생산성(productivity)이 이용된다. 생산성은 생산 과정이나 서비스 제공에 사용된 투입물의 생산 효율(productive efficiency)

을 나타내는 척도로 단위기간 당 '산출물 / 투입물'로 표현된다. 일반적으로 투입물로는 노동력, 원료, 자본 등이 이용되고, 산출물로는 산출액, 생산량, 이익 등이 이용된다.

생산성도 어떻게 정의하느냐가 중요한데, 목표에 맞는 척도를 산정하기 위하여 다음 사항을 고려하여야 한다.

① 무엇을 산출물로 할 것인가?
② 선택된 산출물을 어떻게 수치화 할 것인가?

사례 1.6 교통경찰의 생산성

교통경찰의 생산성을 어떻게 평가할 것인가에 대하여 생각하여 보자. 만일 단위 기간당 발부한 스티커 수로 생산성을 나타낸다면 어떤 문제가 있을까? 출근시간에 스티커를 발부하느라 교통 흐름이 막혀 있다면 교통경찰의 생산성은 높다고 할 수 있을까? 시스템의 목적에 맞게 생산성 지표가 정해져야 한다.

기준시점과 비교하여 비교시점의 생산성의 증감을 나타내기 위해서는 생산성 지수(PI: productivity index)가 이용된다. 생산성 지수는

$$\frac{\text{비교시점 생산성}}{\text{기준시점 생산성}} \times 100\ (\%)$$

로 표현된다. 생산성 지수가 100% 이상인 경우에는 기준시점에 비해 비교시점의 생산성이 증가되었음을 의미한다.

사례 1.7 영업부서의 생산성 지수

어느 회사의 영업부서는 2015년도에 20명의 영업사원이 일하여 3,000건의 계약 건수로 10억 원의 판매액과 2억 원의 순익을 올렸다. 2018년도에는 30명의 영업사원이 일하여 4,000건의 계약 건수로 30억 원의 판매액과 3억 원의 순익을 올렸다고 한다. 2015년도 기준으로 2018년도의 생산성이 어떻게 변하였는가를 알아보기 위하여 생산성 지수를 구하여 보자. 어떤 지수를 선택하느냐에 따라 생산성은 기준시점보다 증가 또는 감소한다. 어떤 지수가 시스템의 목표를 가장 잘 반영한 척도인가?

- 일인당 계약 건수 생산성 지수 = (4000/30)/(3000/20) × 100% = 88.9%
- 일인당 판매액 생산성 지수 = (30억/30)/(10억/20) × 100% = 200%
- 일인당 순익 생산성 지수 = (3억/30)/(2억/20) × 100% = 100%
- 계약 건당 판매액 생산성 지수 = (30억/4000)/(10억/3000) × 100%
  = 225%
- 계약 건당 순익 생산성 지수 = (3억/4000)/(2억/3000) × 100% = 112.5%

3.2 생산 시스템과 생산성

일반적으로 제품을 만들어 내는 생산 시스템은 [그림 1.5]와 같이 원료의 가공 과정과 자본의 흐름 과정으로 표현될 수 있다. [그림 1.5]의 윗부분에 나타낸 원료의 가공 과정은 작업자로부터 시작하여 작업을 통한 생산 과정을 거쳐 소비자로 연결된다. 그림의 아래 부분에 해당하는 자본의 흐름은 생산을 위하여 필요한 자본이 차입되고 소비자로부터 받은 제품의 가격으로 작업자에게 임금과 이자를 지불하게 되는 흐름을 갖고 있다.

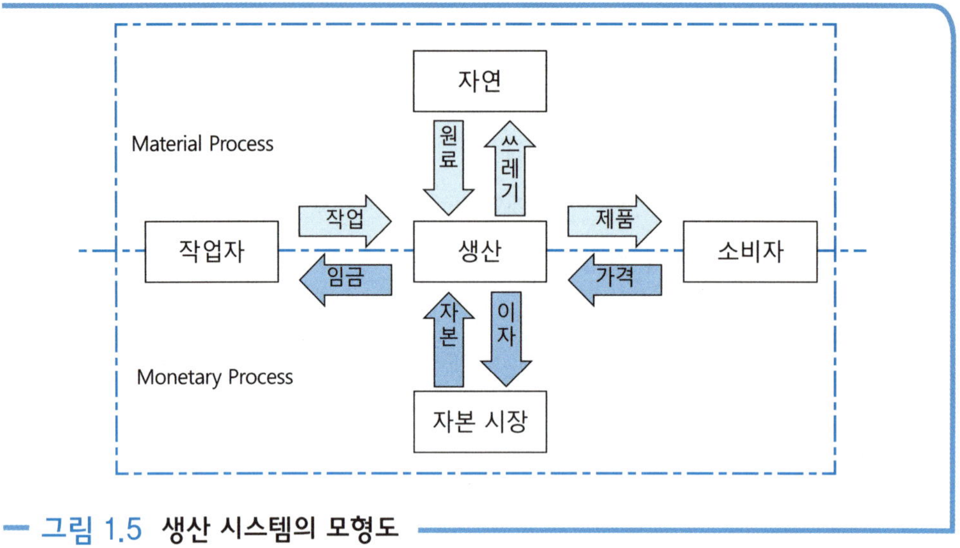

그림 1.5 **생산 시스템의 모형도**

[그림 1.6]은 생산 시스템에서 고려할 수 있는 평가척도를 나타낸다. 원료와 기계를 이용하여 제품을 생산하면 시장에서 제품의 가격이 형성되고, 소비자는 제품을 구입하여 사용하게 된다. [그림 1.6]에서 보면 생산 과정의 각 상태에 따라서 측정 단위가 달라질 수 있고, 이에 따라 효율을 나타내는 척도도 다양하게

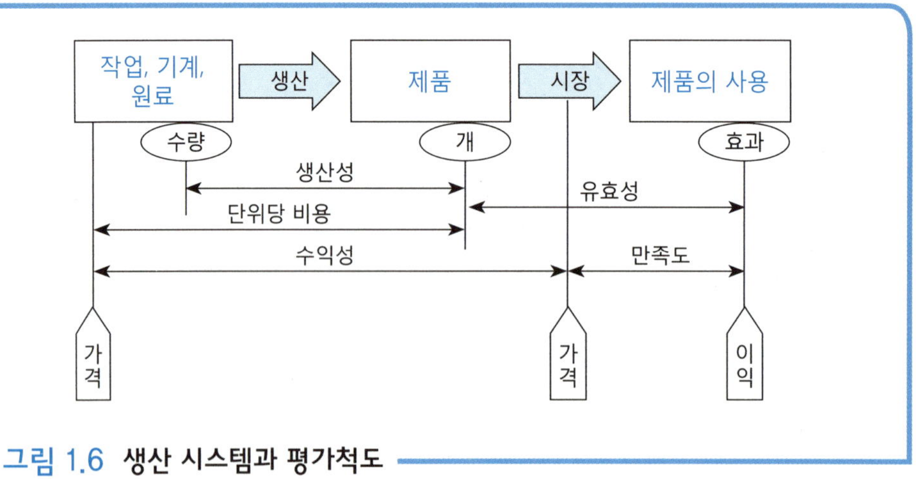

그림 1.6 **생산 시스템과 평가척도**

나타남을 알 수 있다. 그림에서 수익성(profitability)은 투자된 비용으로부터 회수된 수익을 나타내는 지수이며, 단위당 비용(cost per unit)은 제품 생산 단가를 나타낸다. 생산성(productivity)은 생산에 사용된 투입량 대비 생산된 산출량 비율로 표시되며, 유효성(effectiveness)은 소비자의 욕구에 제품들이 얼마나 충족되는가를 대변하는 척도이다. 만족도(satisfaction)는 지불한 가격에 대한 사용 후의 효용성으로 정의된다.

생산 시스템에서 작업관리의 목적은 생산성 향상이며, 이를 위해서는 생산, 품질, 원가, 납기, 안전, 종업원의 사기 등을 보다 잘 관리하여야 한다.

3.3 서비스 산업과 생산성

서비스는 농림어업, 광업, 전기·가스·수도, 건설 및 제조업과는 달리 개인이나 기업을 대상으로 무형의 부가가치를 창출하는 다양한 경제활동을 지칭한다. 서비스 산업은 인간의 가치가 더해진 지식과 노동 집약적 사업으로 형태가 없으며(무형성 : intangibility), 생산과 소비가 따로 분리될 수 없고(비분리성 : inseparability) 제공자와 고객 모두가 서비스의 결과에 영향을 주게 되며, 서비스가 저장되거나 운반되기 어렵고 결국 사라져 없어지게 되며(소멸성: perishability), 고객에게 재화가 아닌 경험을 제공해 주는데 고객이 얻는 경험마저도 다른 사람들과의 상호작용, 환경, 개인의 인식, 주관 등에 따라 변하는(이질성: heterogeneity) 특성을 가진다.

서비스 산업의 생산성은 제조업처럼 단순히 투입물에 대한 산출물로 정의하기 어렵다. 산출물에 대한 고객의 만족도를 고려해야 하고, 제조업과 달리 산출물인 서비스 과정에 고객이 참여할 때가 많으므로 처음부터 고객을 염두에 두지 않으면 생산성 향상을 이루기 힘들기 때문이다. 서비스업의 생산성은 물론 고객이 원하는 대로 일을 올바로 처리하려는 효과성을 동시에 생각해야 하는 특성을 가진다.

서비스업에서는 기대하는 서비스 수준과 자각하는 서비스 수준의 차이를 없애기 위하여 신뢰성(업무수행의 정확성), 대응성(응답의 적시성, 신속성), 공감성(접근 용이성, 원활한 의사소통, 고객 이해도), 확신성(신뢰감, 능력, 태도), 유형성(분위기, 시스템) 등에 관련된 요인들을 잘 관리하여야 한다.

사례 1.8 재단작업 시스템과 개선, 그리고 평가척도

인쇄소의 재단작업시스템은 인쇄된 용지를 정해진 크기로 자르는 것이 목적이다. 이 작업시스템의 구성요소는 [그림 1·7]과 같이 작업자 1명과 설비인 재단기, 원자재인 용지로 구성되며, 상호작용은 작업자가 전지(A1) 크기의 용지를 재단기에 올린 후에 재단기를 조작하여 정해진 크기로 용지를 자르고, 잘린 용지를 내리는 작업순서로 발생된다.

현재의 재단작업은 용지를 바닥에 쌓아 놓고 작업을 하므로 용지에 이물질이 묻는 경우가 발생한다. 또한, 작업자가 직접 용지를 들어 올리고 내리기 때문에 작업도중 허리를 굽히게 되어 힘들뿐만 아니라, 시간도 많이 걸리고, 종종 들고 내리다 떨어뜨리는 일도 발생한다. 즉, 용지에 이물질이 묻는 품질불량, 작업시간이 많이 걸리는 생산성 저하, 작업자의 안전성도 떨어지는 문제점이 존재한다.

그림 1.7 재단작업과 들기작업 개선용 리프트 설비

현재 수행하고 있는 재단작업의 문제점을 개선하기 위하여 용지를 파레트 위에 놓고, 들기/내리기 작업을 대신하기 위하여 리프트를 1대 도입하려고 한다. 팔레트위에 용지를 놓게 되면 바닥에서 이물질이 묻는 품질불량을 해결할 수 있으며, 팔레트 위에 용지를 올려놓고 리프트나 운반 설비로 운반할 수 있어 시간을 단축하거나 사람이 들거나 내리는 힘든 작업의 횟수를 줄일 수 있을 것이다.

리프트와 팔레트를 도입하여 얻는 효과를 작업의 효율성과 작업자의 안전성 측면에서 평가하기 위해서 평가척도를 고려하여 보자. 작업의 효율성 측면에서 평가척도로는 단위시간당 재단작업이 된 용지의 양 (또는 용지 묶음 당 평균 재단시간), 단위작업 시간당 품질불량 인쇄용지의 양 등의 정량적인 척도가 이용될 수 있을 것이다. 작업자의 안전성 측면에서의 평가척도로는 작업단위당 작업자가 수행한 들기/내리기 작업의 무게와 취급 회수, 작업단위당 작업자의 평균 허리 굽힘 회수, 작업의 힘든 정도에 대한작업자의 평가점수 등의 정량적인 척도가 이용될 수 있을 것이다.

이제 리프트 1대를 도입하는 경우에 전지크기의 용지를 드는 작업에 이용할지, 잘려진 용기를 내리는 작업에 이용할지를 고려하여 보자. 팔레트에 전지크기의 용지를 올려놓고 리프트로 올려서 재단기 높이까지 올려놓는다면, 작업자는 무게가 많이 나가는 전지를 더 이상 들지 않아도 되고 재단기에 용지를 미는 형태의 작업만 수행하면 될 것이다. 만일 잘려진 용지를 재단기와 같은 높이의 리프트에 올려놓는데 이용한다면, 상대적으로 힘든 전지크기의 들기 작업은 그대로 존재하게 되므로 개선의 효과는 상대적으로 떨어질 것이다.

작업개선은 시스템을 변화시킨다. 개선 후에도 재단작업 시스템은 목적은 같지만, 시스템의 구성요소가 작업자와 재단기, 리프트, 팔레트와 용지로 변화된다. 또한, 작업방법이 변화되어 상호작용의 내용도 변화된다. 개선 후에는 작업자가 팔레트위에 올려져있는 용지를 리프트로 재단기 높이로 올려놓은 상태에서, 용지를 재단기에 밀어 넣은 후 자르고, 잘려진 용지는 팔레트에 내려놓는 순서로 작업이 변화되기 때문이다.

만일 예산이 허락한다면 리프트 2대를 이용하면 1대는 전지크기의 용지를 드는 작업에, 1대는 잘려진 용지를 내리는 작업 용도로 이용한다면 작업자의 들기/내리기 작업은 최소화될 것이며, 재단작업시스템은 변화될 것이다.

연습문제

1. 다음 중 기준(criterion)이 가져야 할 요건이 아닌 것은?
   ① 의도된 목적에 대한 적절성
   ② 측정하려는 변수 외에 다른 변수에 의해서도 설명할 수 있어야 한다.
   ③ 실험 반복에 대한 일정한 결과
   ④ 측정시의 민감도

2. 기준이 갖추어야 할 요건 중에서 비슷한 환경 하에서 평가를 반복할 경우에 일정한 결과를 나타내야 하는 특성은?
   ① 적절성　　② 신뢰성
   ③ 실제적 요건　　④ 무오염성

3. 다음 중에서 시스템의 정의와 관련된 용어와 가장 거리가 먼 것은?
   ① 목표　　② 정보궤환 고리
   ③ 구성요소　　④ 개회로

4. 세탁기와 같이 일단 작동되면 더 이상 제어가 필요 없거나 제어할 수 없고, 정해진 절차에 의하여 작업이 진행되는 시스템은?
   ① open-loop system　　② closed-loop system
   ③ mechanical system　　④ manual system

5. 측정하고자 하는 평가 척도가 시스템이 의도하는 바인 시스템의 목표를 잘 반영하는 것을 무엇이라 하는가?
   ① 신뢰성　　② 타당성
   ③ 실제성　　④ 무오염성

연습문제 해답: 1. ②, 2. ②, 3. ④, 4. ①, 5. ②

6. 다음 중에서 평가 척도의 요건에 대한 설명으로 맞는 것은?

① 실제성: 비슷한 환경 하에서 일정한 평가 결과를 나타내야 한다.

② 타당성: 현실적이고, 이용하기가 용이하여야 한다.

③ 신뢰성: 시스템의 목표를 잘 반영하여야 한다.

④ 무오염성: 측정하려는 변수 외에는 다른 변수에 의해 영향을 받지 않아야 한다.

7. 생산성에 대한 설명으로 옳지 못한 것은?

① 생산 과정에 사용된 투입물의 생산 효율

② '산출물 / 투입물'으로 표현된다.

③ 투입량으로는 산출액, 생산량, 이익 등이 이용된다.

④ 목표에 맞는 척도 산정이 중요하다.

8. 작업관리의 내용과 가장 관계가 먼 것은?

① 표준 작업 방법을 결정한다.

② 표준시간을 결정한다.

③ 작업을 평가한다.

④ 경제적 로트 크기(Lot size)를 결정한다.

9. 작업관리의 목적 중 틀린 것은?

① 작업 방법 개선 ② 노동의 절대적 증가

③ 인간 노동의 효율을 높임 ④ 비능률적 요소를 제거

연습문제 해답 : 6. ④, 7. ③, 8. ④, 9. ②

10. 작업 중에 포함되어 있는 불필요한 작업요소를 제거하기 위하여 상세한 분석을 행하고, 가장 빠르고도 효과적인 방법을 발견하는 기법을 무엇이라 하는가?

① 시간연구　② 방법연구　③ 공정연구　④ 제품연구

11. 다음 중 작업관리에 관한 용어로서 가장 거리가 먼 것은?

① work study　② time and motion study

③ method engineering　④ plan of work

12. 작업관리의 기능이라고 볼 수 없는 것은?

① 자재의 적정 재고량 결정　② 표준시간의 결정

③ 생산성의 측정　④ 작업표준의 설정

13. 생산성에 관한 설명 중 틀린 내용은?

① 생산 과정에 사용된 투입물의 생산 효율

② 생산성 지수는 기준시점에 대한 비교시점의 생산성 비로 나타냄

③ 지수 선정은 산출물보다는 투입물을 무엇으로 정하는가가 중요하다.

④ 목적에 맞는 지수 선정이 요구된다.

14. 다음 자료를 이용하여 2015년 대비 2018년의 생산성 지수를 구하시오. 2015년 200명이 5,000만 원의 이익을 냄. 2018년에는 300명이 9,000만 원의 이익을 냄.

① 83.3%　② 120%　③ 250%　④ 300%

연습문제 해답 : 10. ②, 11. ④, 12. ①, 13. ③, 14. ②

15. 다음 중 방법연구와 관련이 없는 용어는?

① 작업 분석　　② 동작 경제 원칙
③ 시간연구법　　④ 개선의 ECRS

16. 다음 중 서비스 산업의 특징과 거리가 먼 것은?

① 무형성　② 비분리성　③ 소멸성　④ 동질성

17. 다음 중 서비스업에서 고객의 기대수준과 자각수준의 차이를 없애기 위해 관리해야 할 특성과 거리가 먼 것은?

① 신뢰성　② 대응성　③ 확신성　④ 차별성

연습문제 해답 : 15. ③, 16. ④, 17. ④

실습문제

1. 시스템의 3요소와 네 가지 기본 기능에 대하여 설명하시오.

■ 해설 ■

1) 시스템의 3요소
   - 목적, 구성요소, 상호작용(또는 정보궤한 링크)

2) 네가지 기능
   - 감지, 정보보관, 정보처리 및 의사결정, 행동 기능

2. 기준(평가 척도)이 갖추어야 할 요건에 대하여 설명하시오.

■ 해설 ■

1) 실제적 요건: 현실성을 가져야 하며 실질적으로 이용하기 쉬어야 한다.
2) 타당성 및 적절성: 시스템의 목적을 잘 반영해야 한다.
3) 신뢰성: 비슷한 환경에서 평가를 반복할 경우에 일정한 결과를 나타내야 한다.
4) 무오염성: 측정하고자 하는 변수가 아닌 다른 변수들에 의해 영향을 받지 않아야 한다.
5) 측정의 민감도: 기대되는 차이에 적합한 정도의 단위로 측정이 가능해야 한다.

3. 아래 그림에 대한 부품 삽입작업에 대하여
   1) 시스템의 목적, 구성요소, 상호작용으로 표현하시오.
   2) 효율성, 안전성, 만족도 측면에서 평가척도를 제시하시오.

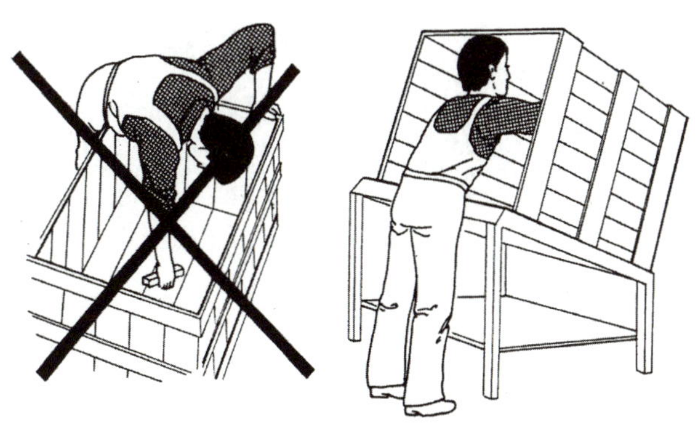

■ 해설 ■

1) 시스템의 목적: 부품을 운반하여 삽입한다.
   - 구성 요소: 작업자, 부품상자, 부품
   - 상호작용(또는 정보궤한 링크): 부품을 잡고 삽입한후 확인한다.

2) 평가척도
   - 효율성: 개당 삽입시간
   - 안전성: 단위시간당 허리 굽힘횟수
   - 만족도: 작업의 힘든정도

4. 미다벨 광산회사의 작업분석 관리자인 테일러는'일이 공평하지 않다'라는 작업자들의 불평을 듣고 작업 분석에 착수하였다. 조사 결과 작업자들은 체격에 상관없이 한 종류의 삽을 가지고 광석을 수레에 옮기는 일을 하고 있었다. 또한 광석에 따라 무게가 다르고, 무거운 광석 작업에 배치된 작업자들이 불평을 하는 것을 알게 되었다. 여러분이 테일러가 되어 개선안을 도출하시오.

■ 해설 ■

1) 체격에 관계없이 누구나 쉽게 삽질할 수 있는 1회당 취급 삽질 무게 기준을 정한다.

2) 누구나 취급할 수 있는 삽질 무게 기준이 되도록 광석의 종류별로 삽의 크기를 조정한다.

3) 일별 취급할 광석의 양에 따라 작업자 수를 배정하고 광석별 해당되는 삽을 제공한다.

4) 작업자가 공정하게 생각하는 하루 동안의 기준 삽질 양을 정하고, 기준 양보다 많은 양을 작업한 작업자에게는 임금으로 보상한다.

제 2 장

문제해결절차

1. 디자인 프로세스
2. 문제분석 도구

1. 디자인 프로세스

1.1 디자인 프로세스

전혀 경험하지 못한 새로운 상황에서 무엇인가를 해결해야 하거나, 기존의 시스템에서 불편하거나 위험하거나 효율이 좋지 않아 개선을 해야 되는 상황에 종종 직면하게 된다.

새로운 상황을 포함하여 해결해야 할 문제를 정의하고 분석하여 선정안을 찾아내는 절차를 디자인 프로세스라고 한다. 디자인 프로세스는 [그림 2.1]과 같이 (1) 문제의 정의, (2) 문제의 분석, (3) 대안의 도출, (4) 대안의 평가, (5) 선정안의 제시의 5단계로 요약할 수 있다. 디자인 프로세스 5단계는 DAMES로 표현하기도 한다.

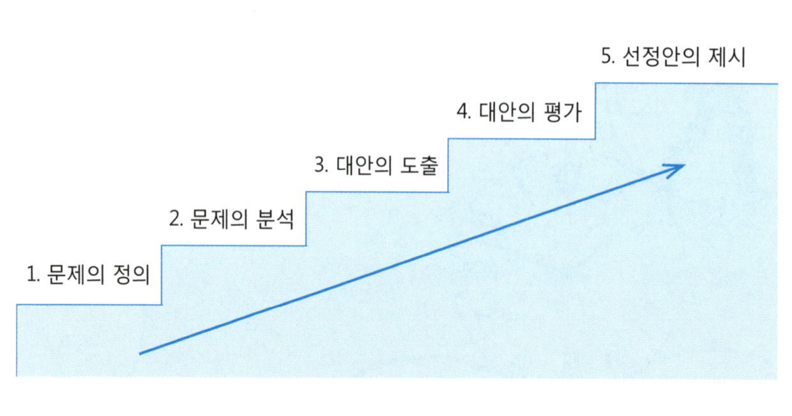

D = 문제의 정의(Define the problem)
A = 문제 분석(Analyze)
M = 대안의 도출(Make search)
E = 대안의 평가(Evaluate alternatives)
S = 선정안의 제시(Specify and sell solution)

그림 2.1 디자인 프로세스

1.2 문제의 정의

문제의 정의는 해결하고자 하는 것이 무엇이며(생산성, 양식, 편안함, 정확성, 안전성), 왜, 어떤 범위 내에서 할 것인가를 설정하는 단계이다. 문제가 정확하게 정의되지 않으면 문제를 해결하는 데에 도움을 주지 못할 뿐만 아니라 시간과 비용, 노력의 낭비를 초래할 수 있다. 따라서 문제의 정의가 정확하게 선행되어야 효율적인 연구를 수행할 수 있으며, 문제 해결에도 도움을 줄 수 있다.

문제를 정의하기 위해서는 연구의 목적과 제약조건, 평가 기준, 연구범위, 연구기간 등이 검토되어야 한다.

문제를 정의할 때 주의해야 할 사항은 첫째, 문제가 아닌 문제를 분석하여 해결안을 제시하는 경우이다. 실제로는 존재하지 않거나 풀어도 소용없는 문제를 해결하려 하는 경우이다. 둘째는 문제의 본질보다는 현재의 상태를 문제시하여 풀려고 하는 경우이다. 현재의 상황에 익숙하여 당연히 여기거나 관습적으로 다루어 오던 문제들을 본질적인 측면에서 접근할 필요가 있다.

사례 2.1 출입 시스템의 설계 오류

[그림 2.2]는 전철의 출입구 시스템에서 볼 수 있는 출입용 바(bar)이다. 출입용 바의 설계자는 바의 높이를 어느 정도로 하고, 어느 정도 힘으로 밀어야 바가 젖혀지는지, 어떤 재질을 사용해야 할 것인가를 문제로 삼아 고민을 했을 것이다. 그러나 높이가 적당하게 설계되어 있더라도 두 손에 물건을 가득 들고 있다면 아마도 출입용 바를 밀고 나가는 데 불편함을 느낄 것이다. 이 문제를 본질적인 측면에서 고려하여 보자. 전철 사용자들은 대부분이 표를 사서 이용하려는 사람들이다. 그러나 아주 극히 일부분인 비정상적인 사용자들을 막기 위하여 대다수의 사람들이 불편하도록 설계하는 것은 좋은 디자인이

라고 볼 수 없다. 당연히 정상적인 사용자들은 출입용 바를 밀어야 되는 등의 불편한 조작이 없이 통과할 수 있도록 하는 반면, 비정상적인 사람이 통과할 경우에만 출입을 막는 형태의 설계가 바람직한 것이다.

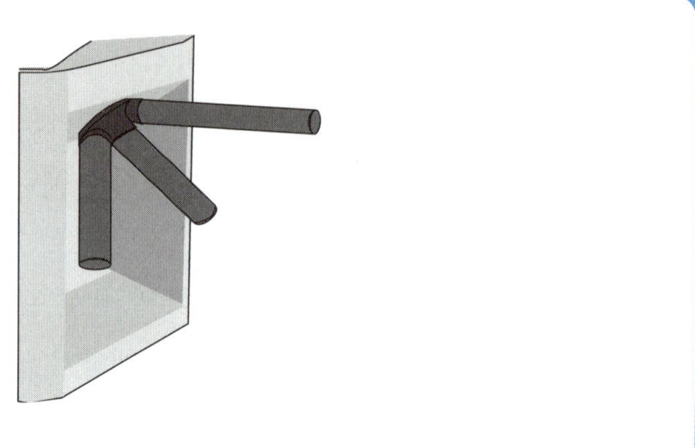

그림 2.2 **출입 시스템의 설계**

사례 2.2 완두콩 재배 농장의 추수 문제

어느 대규모의 완두콩 재배 농장에서는 추수 때마다 밤낮으로 작업을 함에도 불구하고 따지 못한 콩이 많아 막대한 손해를 보고 있다. 만일 이 문제를 현재의 상황만을 고려한다면 정해진 추수시간 내에 어떻게 추수를 빨리 할 수 있는가에 대한 작업자 선정 및 훈련, 작업 스케줄 결정 문제로 접근할 것이다. 작업시간 연장을 위한 조명 시설의 설치 등이 고려될 수도 있다. 그러나 이 문제가 해마다 반복되었다면 보다 근본적인 측면에서의 문제 접근이 시도될 수 있을 것이다. 만일 근본적인 문제의 검토를 통하여 완두콩에는 여러 가지 종자가 있고 각 종자에 따라 익는 속도에 차이가 있다는 사실을 알게 되었다면 접근 방법이 달라질 것이다. 이제는 경제성 있는 작업자 수를 토대로 수확 시기에 따른 종자의 선택, 각 종자의 재배면적 등을 정해야 한다. 물론 야간 작업을 하지 않아도 되고, 조명 시설을 설치하지 않아도 되는 것이다. 이렇게 문제를 어떤 각도에서 바라보느냐에 따라 전혀 다른 문제가 될 수 있다. 앞에서처럼 우리는 문제의 본질보다는 현재의 상태를 당연시하여 문제를 풀려고 하는 경우가 많다. 현재의 상황에 익숙하여 당연히 여기던 문제들을 본질적인 측면에서 접근할 필요가 있다.

문제의 목적은 [그림 2.3]과 같이 시작 상태(state A)와 해결한 후에 도달하고 싶은 최종 상태(state B)로 나타낼 수 있다.

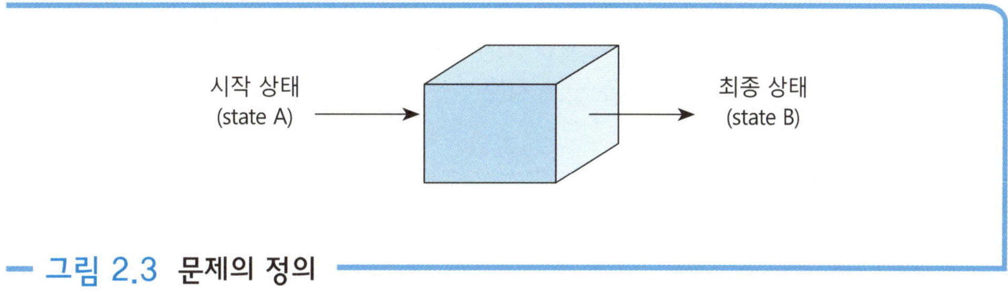

그림 2.3 문제의 정의

문제를 해결하는 데에 반드시 수용해야 할 조건을 제약조건(constraints)이라 한다. 현실적으로 문제를 해결하는 데에는 경제적, 정치적, 법적, 기술적, 상부의 요구사항 등의 다양한 형태의 제약조건들이 존재한다.

제약조건은 해결방안이 현실성이 있는 대안인지를 판별하여 주기 때문에 제약조건의 선정은 매우 중요하다. 만일 불필요한 제약조건을 추가하여 문제를 푼다면 가능한 대안이 상실되어 더 좋은 대안이 누락될 수도 있다. 또한, 제약조건을 누락하는 경우에는 실제로 존재하지만 반영되지 않은 제약조건 때문에 현실성이 없는 대안을 선정할 수 있게 된다. 따라서 제약조건의 선정은 효율적인 대안을 도출하고 선정하는 데에 가장 기본이 되는 절차라고 볼 수 있다.

제약조건은 실제로 존재하는 제약조건과 디자이너가 무의식적으로 착각하여 불필요하게 첨가하는 허구적 제약조건으로 구분할 수 있다. 허구적 제약조건도 좋은 해를 얻을 수 있는 가능성을 줄이는 역할을 하므로, 선정한 제약조건이 경제적, 정치적, 법적, 기술적 측면에서 허구적 제약조건이 아닌가를 검토하는 것이 요구된다.

사례 2.3 직선 4개로 9개의 점을 연결하는 문제

[그림 2.4]의 9 개의 점 중에서 한 곳에 연필을 올려놓고, 종이에서 연필을 떼지 않은 상태로 직선 네 개를 그리면서 점 9개 모두를 지나는 방법을 찾으시오. 무의식적으로 사각형 안에서만 직선을 연결하려는 허구적 제약조건이 있는가를 생각하여 대안을 찾으시오.

그림 2.4 직선 4개로 9개의 점을 연결하는 문제

1.3 문제의 분석

문제의 분석 단계는 해결하고자 하는 문제의 본질에 대한 개념이나 원인, 관련 요인 등을 이해하기 쉽게 요약하는 단계이다. 표면에 보이는 현상뿐만 아니라 정책, 프로그램, 계획, 발표, 프로세스와 절차 등이 분석의 대상이 될 수 있다.

문제를 체계적으로 분석하기 위해서는 작업 분석, 사고 조사, 인터뷰, 기록이나 보고서의 검토 등이 필요하다.

문제의 분석 단계에서는 문제의 본질을 이해하기 쉽게 그림이나 표로 나타내는 것이 좋다. 문제의 분석을 위하여 이용되는 기법들은 공정도, 파레토 차트, 특성 요인도, 마인드 맵핑 기법 등이 이용된다.

1.4 대안의 도출

보다 많은 대안을 창출하는 것은 좋은 해를 얻기 위한 필수 요건이다. 아이디어 도출 방법으로는 개선의 ECRS, 5W1H 질문법, 브레인스토밍, 브레인라이팅, 스캠퍼(SCAMPER) 발상법 등이 이용된다.

1.5 대안의 평가

도출된 대안들은 모형이나 예비실험, 시뮬레이션 등을 통하여 대안이 실행될 경우에 얻는 효과와 영향 등이 검토되어야 한다. 평가기준에 따라 도출된 대안의 장점과 단점들을 파악하는 단계를 대안의 평가라 한다.

대안의 평가 단계에서는 평가 목적에 맞는 평가기준의 선택이 중요하다. 때로는 한 개의 평가기준이 아니라 복수의 평가기준으로 가중치를 주어 비교하기도 한다. 의사 결정자들은 객관적인 대안의 평가를 원하므로, 평가기준이 정해지면 대안에 대한 만족도를 객관적인 수치로 표현하는 것이 바람직하다. 평가기준들에 의하여 종합적으로 비교, 검토된 결과를 가지고 최종안을 선정한다.

사례 2.4 평가 항목과 가중치

어느 전자제품 회사에서 새로운 제품을 개발하기 위하여 대안을 검토하고 있다. 제품 개발부에서는 대안들을 평가하기 위하여 평가 항목을 기능성, 심미성, 사용성, 비용으로 정하고, 1(보통), 2(좋음), 3(아주 좋음)으로 평가하였다. [표 2.1]은 평가 항목별 점수와 가중치를 곱하여 도출한 종합 점수와 순위를 나타낸다. 종합 평가점수 순위에 의해 모델 D를 최종 대안으로 선정하게 된다. 만일 평가 항목의 가중치가 달라지면 종합 점수와 순위에 영향을 줄 수 있으므로, 평가 항목을 어떤 것으로 정하느냐와 가중치를 어떻게 부여하는가는 최종 대안을 선정하기 전에 정해야 할 매우 중요한 고려사항이다.

표 2.1 전자제품의 평가표

대안	평가 항목								종합	
	기능성		심미성		사용성		비용			
	가중치	20%	가중치	30%	가중치	30%	가중치	20%	점수	순위
모델 A	1		2		3		3		2.3	3
모델 B	2		3		1		3		2.2	4
모델 C	3		2		2		3		2.4	2
모델 D	3		2		3		3		2.7	1

사례 2.5 심사자간의 편차와 최종안 선정

평가에서 심사자간의 점수와 등수에 관한 편차는 최종안 선정에 영향을 미칠 수 있어 특정 심사자에 의한 영향을 줄이기 위한 노력이 필요하다. [표 2.2]에서와 같이 최종 점수를 도출하는 방법에 따라 순위가 달라질 수 있다.

7명 심사자의 가중치 평균에 의하면 모델 B가 선정되지만, 최소치와 최대치를 제외한 5명의 가중치 평균에 의하면 모델 D가 선정된다. 심사자가 부여한 순위로 평균치를 내면 7명 모두를 포함하는 경우와 최소치와 최대치를 제외한 5명의 평균을 구한 방법 모두 모델 D가 선정되게 된다. 어떤 방법이 더 좋을까? 심사 전에 최종안 선정 방법에 대한 검토가 필요하다.

표 2.2 심사자의 평가 점수와 최종안 선정

심사자		평가 모델							
		모델 A		모델 B		모델 C		모델 D	
		가중치	순위	가중치	순위	가중치	순위	가중치	순위
1		2.3	3	2.2	4	2.4	2	2.7	1
2		1.5	4	2	3	2.2	2	2.4	1
3		2.2	4	2.9	1	2.3	3	2.6	2
4		2.3	3	2	4	2.4	2	2.6	1
5		2.3	4	2.4	3	2.5	2	2.9	1
6		1.7	4	2.8	1	1.8	3	2.0	2
7		2.1	3	2.5	1	2.2	2	2.0	4
심사 결과									
가중치 점수	평균치	2.06		2.40		2.26		2.34	
	순위	4		1		3		2	
	최대치와 최소치를 제거한 평균치	2.12		2.38		2.30		2.46	
	순위	4		2		3		1	
순위 점수	평균치		3.43		2.43		2.14		2.00
	순위		4		3		2		1
	최대치와 최소치를 제거한 평균치		3.40		2.40		2.00		1.80
	순위		4		3		2		1

대안의 평가에서 평가 항목의 선정과 항목별 가중치를 부여하는 방법은 평가 점수를 도출하는데 영향을 미친다. 또한 심사자가 다수인 경우에는 특정 심사자의 주관이나 편견이 영향을 주지 않도록 최대치나 최소치 평가 점수를 제거하고 평균치를 산출하거나 순위 점수를 이용하는 방법이 이용된다.

1.6 선정안의 제시

대안에 대한 평가가 끝나면 선정된 대안을 제안서로 표현한다. 제안서는 대안의 채택이 목표이므로 의사 결정자가 대안을 채택하고 실행에 옮길 수 있도록 신빙성 있는 정보로 확신을 주어야 한다. 일반적으로 의사 결정자는 많은 제안서들을 접하며 매우 바쁘다. 그들은 위험을 피하려 하며, 경제적인 이익에 관심이 많다. 그들에게는 대안이 따로 없으며 제안에 대한 '채택'과 '기각'의 의사 결정만이 존재할 뿐이다. 따라서 제안서는 간결하고, 의사 결정을 도와줄 수 있도록 설득력 있는 자료들이 제시되어야 한다. 의사 결정자들은 서로 다른 차원의 복수의 평가 기준(예를 들면, 비용, 품질, 관리의 용이성 등)에 의하여 각 대안들이 어떻게 평가되었는가, 대안 채택으로 인한 효과와 영향들은 어떤가에 관심을 갖는다.

일반적으로,

$$\text{변화의 양} = \text{제안의 질} \times \text{제안의 채택량}$$

으로 표현할 수 있다. 제안의 질이 낮거나 채택률이 낮으면 상대적으로 변화의 폭은 적어질 것이다.

새로운 대안의 실행은 예기치 않은 변화를 동반할 수 있으므로 실행 이전에 작업장이나 작업 방법, 위험 요소, 작업자에 대한 잠재적 변동 효과 등의 충분한 검토가 선행되어야 한다. 즉, 최종안을 도입하는 경우에 어떻게 실행할 것인가에 대한 세부 계획까지도 제안서에 포함되어야 한다. 대부분의 사람들은 변화에 대한 거부감이 있기 때문에 거부감을 어떻게 극복하느냐가 중요하다. 대안의 실행

초기에는 효과가 적고 부작용이 나타날 수도 있으므로 변화의 대상이 되는 당사자들에게 변화의 내용과 영향에 대하여 알려주고, 필요하면 훈련을 실시하는 등 모든 구성원이 변화에 적응할 때까지 관심을 기울여야 한다. 변화의 대상이 되는 당사자와의 갈등을 극복하기 위한 의사소통이 중요한 것이다.

2. 문제분석 도구

2.1 일정계획 분석도구

2.1.1 선행활동관계표와 선행도

연구에 소요되는 일정이나 기간을 정하기 위해서는 요구되는 활동, 활동에 필요한 소요일수, 활동 간의 선행관계에 관한 정보가 조사되어야 한다. 선행활동관계표(선후활동관계표)는 주로 일정계획에 필요한 정보를 조사할 때 이용하는 표로 활동, 소요일수, 선행활동에 관한 정보를 나타낸다. 선행도(선후관계도표: network diagram)는 활동들 사이의 관계와 일정을 논리적으로 표현한 그림이다.

사례 2.6 선행활동관계표와 선행도

설문조사에서 필요한 활동으로는 변수 정의(2일), 모집단 정의(1일), 설문작성(2일), 표본 선택(2일). 통계분석계획(4일), 배포(3일), 회수(2일), 통계분석(2일)으로 조사되었으며, [표 2.3]은 선행관계를 포함한 선행활동관계표를 나타낸다. 이를 이용하여 선행도를 그리면 [그림 2.5]와 같다.

표 2.3 설문조사에 관한 선행활동관계표

번호	활동	소요 일자	선행 활동
1	변수정의	2	-
2	모집단 정의	1	1
3	설문작성	2	1
4	표본선택	2	2,3
5	통계분석계획	4	4
6	배포	3	4
7	회수	2	6
8	통계분석	2	5,7

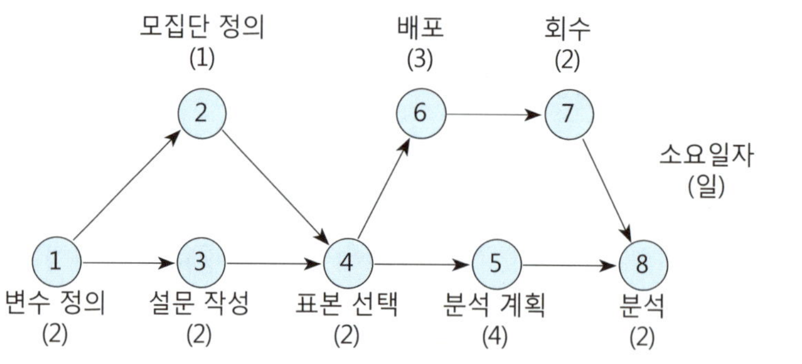

그림 2.5 설문조사에 관한 선행도

선행도를 이용하면 일정상의 지체가 허용되지 않는 활동과 지체가 어느 정도 허용되는 활동을 찾아낼 수 있어서 실제로 필요한 전체 일정을 구할 수 있다. 중요활동집합(critical path)이란 개개 활동들의 지체가 전체 일정에 영향을 미치는 일정상 중요한 활동들의 모임을 뜻한다. 중요 활동 집합을 이용하면 전체 일정을 마치는 데에 필요한 최소한의 소요일 수를 구할 수 있다. 선행도는 생산관리나 일정관리에 이용되는 중요한 기법 중의 하나이다.

선행도에서 중요활동집합을 구하려면 위치가중치라는 개념을 이용한다. 위치가중치는 현재 활동에서부터 마지막 활동까지의 일정을 수행하는 데에 필요로 하는 최소한의 소요일 수를 나타낸다. 위치가중치는 마지막 활동부터 시작하여 역순으로 구할 수 있다. 중요활동집합은 위치가중치가 높은 활동이 우선순위가 높은 활동이므로, 위치가중치가 높은 활동부터 순차적으로 활동을 배치하여 마지막활동까지를 선택하면 된다. 위치가중치가 가장 큰 활동의 위치가중치 값은 일정에 필요한 활동을 모두 수행하는데 필요한 최소의 소요시간을 나타낸다.

사례 2.7 선행도의 위치가중치와 최소소요일수

사례 2.6의 선행도에서 위치가중치는 현재 활동에서부터 마지막 활동까지의 일정을 수행하는 데에 필요로 하는 최소한의 소요일 수를 나타낸다. [표 2.4]에서 위치가중치 계산과정을 보면 마지막 활동에서 처음 활동까지 역순으로 계산하며, 현재의 위치가중치는 현재의 활동시간에 이전 활동의 위치가중치를 더하면 된다. [그림 2.6]에서 위치가중치가 가장 큰 활동인 ①의 수치는 설문조사 일정을 모두 수행하는데 필요한 최소소요일수로 13일이 필요하다.

표 2.4 위치가중치의 계산

번호	활동	소요시간	위치가중치
8	통계분석	2	2
7	회수	2	2+2=4
6	배포	3	2+3=7
5	통계분석계획	4	2+4=6
4	표본선택	2	max(7+2=9, 6+2=8)=9
3	설문작성	2	9+2=11
2	모집단 정의	1	9+1=10
1	변수정의	2	max(10+2=12, 11+2=13)=13

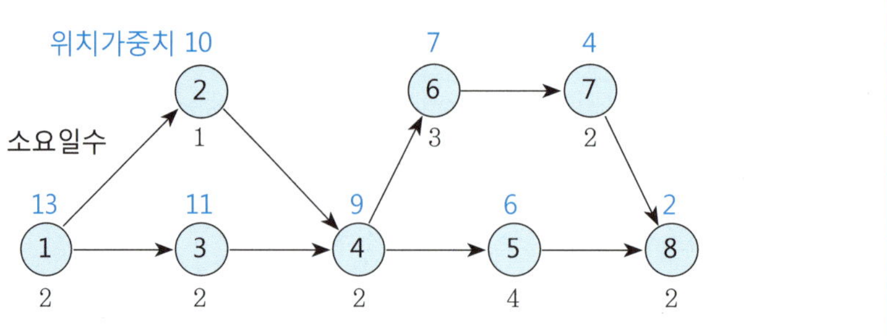

그림 2.6 선행도의 위치가중치와 최소소요일수

중요활동집합은 위치가중치가 높은 활동부터 순차적으로 활동을 배치하여 마지막활동까지를 선택하면 되며, C={①③④⑥⑦⑧}으로 표현된다. 중요활동들은 하루라도 늦추어지면 전체 일정에 영향을 주는 활동들의 모임이므로, 모든 설문조사 일정을 13일 만에 마치려면 중요활동들은 반드시 일정을 맞추어 순차적으로 진행되어야 한다.

2.1.2 간트 차트

간트 차트는 수행할 활동에 필요한 시간과 일정을 시간 축 위에 표시하여 놓은 도표이다. 간트 차트에서는 일정의 계획에 대한 실제 성취 정도를 구분하여 표시하기도 한다. 때로는 연구일정에 따라 시간 축 위에 설비의 사용에 필요한 시간과 일정을 표시하는 데에 이용되기도 한다. 간트 차트는 각 과제 활동 간의 연관 사항을 파악하기에는 어려운 단점이 있다.

일정계획에서 사용되는 분석도구를 요약하면 선행활동관계표는 요구되는 활동, 활동에 필요한 소요일수, 활동 간의 선행관계에 관한 정보를 표 형태로 표현하여 조사 양식으로 이용될 수 있으며, 선행도를 이용하면 구체적인 활동 내용과 활동 간의 연관관계를 파악하기 쉽다. 선행도에 위치가중치를 표현하면 중요활동집합과 일정에 필요한 최소소요시간을 구할 수 있다. 한편 간트 차트는 선행도에서 구해진 중요활동집합을 이용하여 실제 일정에 맞춰 시간대별로 진행되는 활동을 파악할 수 있으며, 일정조정이 불가능한 중요활동일정과 일정조정이 가능한 활동들이 어느 시간대에서 조정이 가능한지를 표현한다.

선행활동관계표나 선행도, 간트 차트는 어느 한 도구라도 파악이 되면 다른 분석도구로 표현이 가능하므로, 어느 형태의 분석 도구라도 접근하기 쉬운 쪽을 선택하여 진행하면 되고, 용도에 맞는 형태로 재해석하면 된다.

사례 2.8 간트 차트와 진행 일정 파악

사례 2.7의 선행도의 중요활동집합과 최소소요일수를 이용하면 [그림 2.7]과 같이 간트 차트를 그릴 수 있다. [그림 2.7]에서 보면 중요활동집합의 활동인 ①, ③, ④, ⑥, ⑦, ⑧ 활동은 일정이 늦춰지면 전체 일정이 늦춰지게 되므로 일정조정이 불가능하다. 그러나 중요활동이 아닌 활동 ②는 1일이 소요되므로 활동 ①이 끝나고 활동 ④가 시작되기 전인 3일째 시행하거나 4일째 시행하더라도 전혀 일정에 영향을 주지 않게 된다. 활동 ⑤의 경우에는 4일이 소요되는데, 활동 ④가 끝나고 활동 ⑧이 시작되기 전인 7일에서 11일

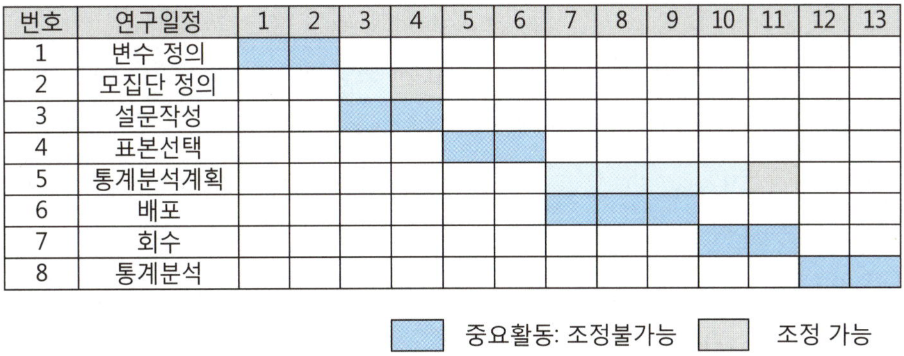

번호	연구일정	1	2	3	4	5	6	7	8	9	10	11	12	13
1	변수 정의													
2	모집단 정의													
3	설문작성													
4	표본선택													
5	통계분석계획													
6	배포													
7	회수													
8	통계분석													

중요활동: 조정불가능 　 조정 가능

그림 2.7 사례 2.7의 선행도에 관한 간트 차트

사이에 아무 때나 4일 동안 시행하면 된다. 이와 같이 간트 차트를 이용하면 실제 일정을 진행하는 데 일정조정이 불가능한 활동과 일정 조정이 가능한 활동을 파악할 수 있고, 일정조정이 가능한 활동들은 언제부터 언제까지 진행하면 되는가에 대한 정보를 준다.

2.2 문제 분석을 위한 도구

2.2.1 공정도

공정도(process chart)란 현재의 문제나 공정에 관한 개괄적인 상태를 시각적으로 표현하는 방법이다. 공정도는 용도에 따라 다양한 형태가 존재한다. 공정도에 대해서는 3장에서 다루도록 한다.

2.2.2 파레토 차트

파레토 원칙(Pareto principle : 80대 20 원칙)이란 이탈리아의 경제학자 파레토의 주장으로, 20%의 항목이 전체 빈도의 80%를 차지한다는 이론이다. 당시 전체 국민 중에서 부자에 해당하는 20% 사람들이 전체 국민들이 가지고 있는 재산의 80%를 점유하고 있다는 사실을 연구 결과로 제시한 것이다. 사회 현상에서 많이 볼 수 있는 파레토 원칙은 불량이나 사고의 원인 등에서도 볼 수 있다. 전체 사고나 불량의 80% 정도가 실제로는 20% 밖에 되지 않는 소수의 원인 항목에서 발생하는 경우에는 20%에 해당하는 중요한 원인 항목만 찾아내어 체계적으로 분석하면 사고나 불량의 80%를 해결할 수 있다는 것이다.

파레토 차트(Pareto chart)는 80대 20의 파레토 원칙이 성립하는지와 파레토 원칙이 성립한다면 20%에 해당하는 중요한 항목은 무엇인지를 찾아내기 위하여 작성된다. 불량이나 사고의 원인이 되는 중요한 항목을 찾아 관리하기 위함이다. 재고관리에서는 파레토 차트를 ABC 곡선으로 부르기도 한다.

파레토 차트의 작성 방법은 먼저 빈도수가 큰 항목부터 차례대로 항목들을 나열한 후에 항목별 점유비율과 누적비율을 구하고, 이들 자료를 이용하여 x축에 항목, y축에 점유비율과 누적비율로 막대-꺾은선 혼합 그래프를 그리면 된다. 파레토 차트를 그린 후에 누적비율이 80%를 넘는 곳까지의 항목들이 전체 항목 개수의 20%이내라면 파레토 원칙이 적용되고, 누적비율 80%를 차지하고 있는 소수의 항목들이 중요 항목이 되는 것이다.

사례 2.9 파레토 차트 작성

[표 2.5]는 어느 전자회사의 품질부서에서 집계한 1년 동안의 소비자 불만 사항에 관한 항목별 빈도수를 나타낸 것이다. Excel을 이용하여 불만사항에 관한 항목별 빈도수를 기준으로 내림차순으로 정렬을 하고, 항목별 점유비율과 누적비율을 구하면 [표 2.6]과 같다. 해당 항목별 누적비율은 이전 항목까지의 누적비율에 해당 항목 점유비율을 더하여 구하면 된다. Excel의 그래프 형식에서 막대-꺾은선 혼합 그래프 형식을 이용하면 [그림 2.8]과 같은 파

표 2.5 소비자 불만사항의 원인과 빈도

항 목	A	B	C	D	E	F	G	H	I	J
빈도수	36	1	12	1	1	1	45	1	1	1

표 2.6 불만사항에 대한 항목의 빈도수별 정렬과 비율

항 목	G	A	C	B	D	E	F	H	I	J
빈도수	45	36	12	1	1	1	1	1	1	1
점유비율	45%	36%	12%	1%	1%	1%	1%	1%	1%	1%
누적비율	45%	81%	93%	94%	95%	96%	97%	98%	99%	100%

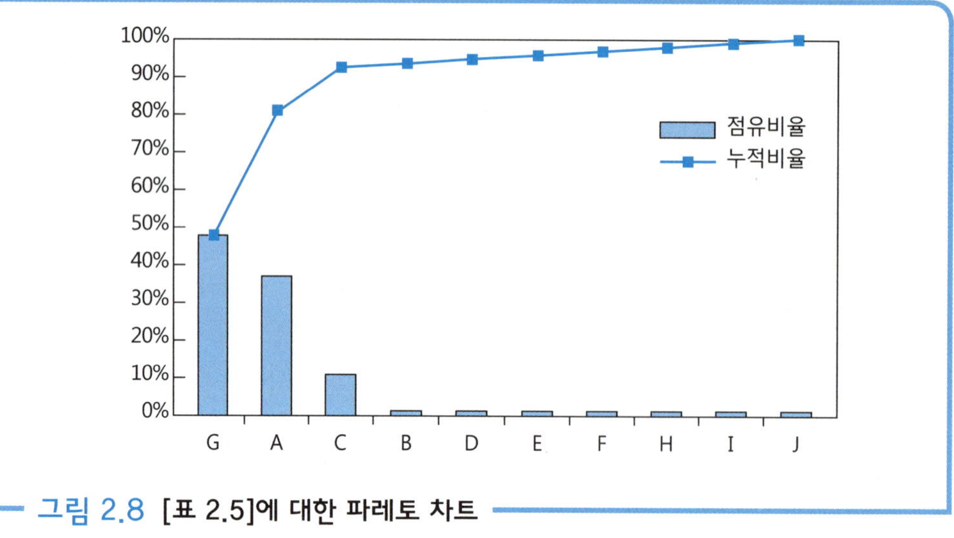

그림 2.8 [표 2.5]에 대한 파레토 차트

레토 차트를 작성할 수 있다. [그림 2.8]에서 보면 전체 10개 항목의 20%에 해당하는 항목 G, A가 누적비율이 81%를 차지하므로 파레토 원칙이 성립되고, 항목 G, A는 중요한 항목이라 할 수 있다.

2.2.3 특성 요인도

특성 요인도는 생선뼈 그림(fishbone diagram) 또는 원인-효과도(cause-effect diagram)라고도 불리며, 원하지 않는 사건(또는 원하는 사건)을 발생시키는 요인들을 파악하기 위하여 이용된다.

특성 요인도는 [그림 2.9]와 같이 중요한 사건을 오른쪽의 생선 머리에 위치시키고, 관계된 중요 요인들을 가운데의 중심 뼈에 연결한다. 중요 요인으로는 일반적으로 사람, 자재, 장비, 환경, 방법, 절차 등이 고려된다. 마지막으로 중요 요인들의 원인이 되는 요소들을 가시로 나열하고 세부 원인이 있으면 잔가시로 연결한다.

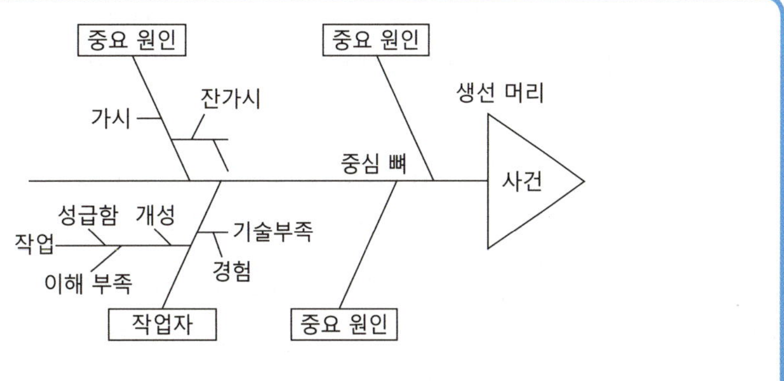

그림 2.9 **특성 요인도**

2.2.4 마인드 맵핑

영국의 부잔(Buzan)은 좌뇌의 지배를 받는 언어·숫자를 이용하는 기록에 의지하면 시야가 좁아지고 우뇌의 기능을 막아 인간두뇌의 종합적 사고를 가로막으므로, 생각하는 것들을 마음속에 지도를 그리듯이 시각화하여 사고를 통합적으로 표현하는 시각적 사고 기법인 마인드 매핑(mind mapping)을 개발하였다. 마

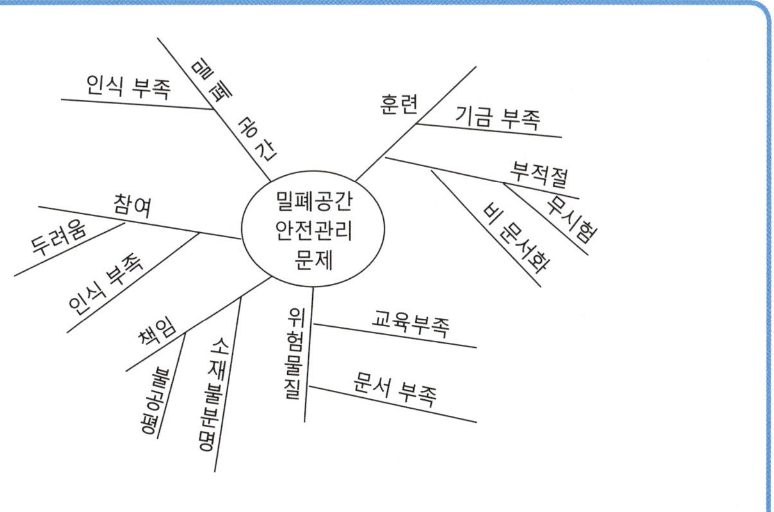

그림 2.10 **밀폐공간 안전관리 문제에 관한 마인드 맵**

인드 맵핑은 자신의 생각을 핵심 단어를 중심으로 원과 직선을 이용하여 아이디어, 문제, 개념 등을 개괄적으로 빠르게 설정할 수 있도록 도와주는 연역적 추론 기법이다.

마인드 맵핑은 [그림 2.10]와 같이 가운데 원에 중요한 개념이나 문제를 설정한 후에 문제를 발생시키는 중요 원인이나 개념에 관련된 핵심 요인들을 주변에 열거하고 원에서 직선으로 연결한다. 중요 요인(핵심 요인)들에 대한 세부적인 내용은 트리 형태의 직선으로 연결한 후에 선 위에 서술한다. 최근에는 마인드 맵핑 소프트웨어를 이용할 수도 있다.

2.3 대안 도출 기법

2.3.1 개선의 ECRS 원칙

ECRS는 개선을 위해 도입되는 원리들의 영문 첫 글자들을 이용하여 표현한 개선을 위한 대안 도출 방법이다.

개선의 ECRS는 제거(E), 결합(C), 재배열(R), 단순화(S)의 4가지 원칙을 의미한다.

- 제거(Eliminate): 꼭 필요한가?
- 결합(Combine): 다른 작업과 결합하면 나은 결과를 얻을 수 있는가?
- 재배열(Rearrange): 작업 순서를 바꾸면 효율적인가?
- 단순화(Simplify): 좀 더 단순화할 수 있는가?

2.3.2 5W1H 분석

대부분의 사람들은 대안을 창출하는 데에 있어 직감보다는 체계적인 접근 방법을 선호한다. 5W1H 분석은 문제를 분석할 때, 6하 원칙(5W1H)에 의해 체계적인 질문을 함으로써 현재의 상태를 파악하고 개선안을 도출하는 방법이다.

5W1H는 Why(필요성), What(목적), When(순서), Where(장소), Who(작업자),

How(방법)에 대한 의미를 갖고 있다.

[표 2.7]는 5W1H를 이용하여 현상 파악과 대안을 도출하기 위한 점검표(checklist)이다. [그림 2.11]은 5W1H와 개선의 ECRS의 항목간 관련성을 나타낸다.

표 2.7 5W1H를 이용한 체계적 질문법

	현재 안	대안 및 단점	대안 및 장점	의사 결정
목적	무엇을 얻는가?	하지 않으면 무슨 일이 발생하는가?	무엇으로 대체할 수 있나? 요구 조건은 만족하나?	무엇을 해야 하나?
장소	어디에서 하는가?	그 곳에서 하지 않으면? 단점은?	다른 곳에서 할 수 있나? 장점은?	어디에서 해야 하나?
순서	언제 하는가? 그 후에는?	그때 하지 않으면? 단점은?	더 빨리 하거나 늦게 하면? 장점은?	언제 해야 하나?
사람	누가 하는가?	왜 그 사람인가?	다른 사람은?	누가 해야 하나?
수단	무슨 장비와 방법이 이용되나?	장비와 방법의 단점은?	다른 대안은? 장점은?	어떻게 해야 하나?

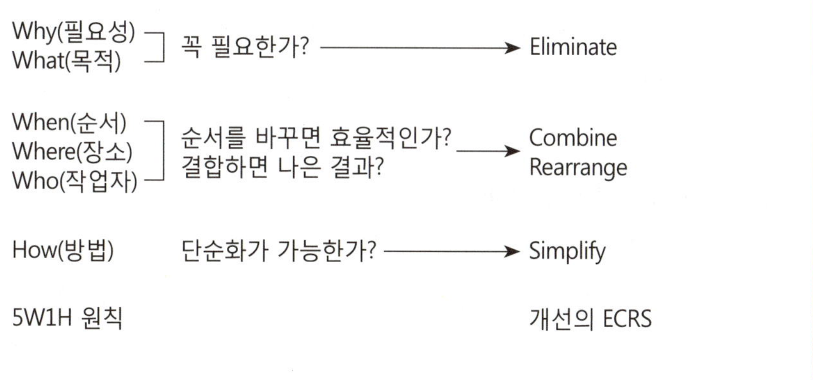

그림 2.11 5W1H 원칙과 개선의 ECRS

2.3.3 브레인스토밍(brainstorming)

브레인스토밍은 구성원들끼리 서로 비판없이 자유롭고 적극적인 발상을 통해 아이디어의 연쇄반응을 유도하는 방법이다. 오스본(Osborn)은 저서 '창조력(Your Creative Power)'에서 아이디어는 한 사람 보다는 여러 사람에 의해, 비판하지 않는 분위기에서 많이 나오고, 아이디어가 많아지면 우수한 아이디어가 나올 가능성이 커진다고 주장하며, 아이디어 발상을 수도꼭지에 비유하였다. 수도꼭지에서 찬물과 더운물을 동시에 틀면 미지근한 물이 나오듯이 차갑게 비판받지도 못하고 뜨거운 아이디어를 얻지도 못하게 되므로, 비판에 해당하는 찬물을 잠가야 한다고 주장한 것이다.

오스본은 브레인스토밍을 통해 효과를 보기 위해서 참여자가 지켜야 할 네 가지 규칙을 제시하였다. ① 비평 금지: 제안한 의견에 대하여 일체의 비판을 의도적으로 금지한다. ② 자유 발언: 누구나 자유롭게 말할 수 있도록 허용해야 한다. ③ 대량 발언: 아이디어의 질보다 양을 중요하게 여겨 무엇이든 많이 말하게 한다. ④ 수정 발언: 남들이 내놓은 아이디어를 결합시키거나 개선하여 아이디어를 찾아낸다.

브레인스토밍의 절차는 다음과 같다. 리더가 문제를 요약하여 설명한 후에 구성원들에게 비평이 없는 자유로운 발언을 유도한다. 리더는 구성원들이 모두 볼 수 있도록 의견들을 다양한 단어를 이용하여 칠판에 표시하고, 이를 토대로 수정하여 발언하는 것을 장려한다. 도출된 의견은 제약조건 등을 고려하여 수정 또는 보완하는 과정을 거쳐 그 중에서 선호되는 대안을 최종안으로 채택하게 된다.

2.3.4 브레인라이팅(brainwriting)

브레인라이팅(brainwriting)은 독일의 로르바흐(Rohrbach)가 주장한 아이디어 창출 기법으로, 말을 하는 대신에 종이에 자신의 생각을 글로 쓴 다음 옆 사람에게 돌려 아이디어를 추가하게 함으로써 남 앞에서 자기주장을 내세우기 꺼려하는 사람들의 아이디어도 취합할 수 있다는 장점이 있다.

브레인라이팅 기법은 브레인스토밍의 문제점을 극복하기 위하여 6명이 원탁에 둘러앉아 각자 3개의 아이디어를 5분 내에 기록하고 옆 사람에게 돌리면 한 사람이 30분에 18가지 아이디어를 내고, 6명 전체의 것을 합하면 30분 내에 모두 108개의 아이디어를 얻을 수 있으므로 6-3-5기법이라고도 한다.

브레인라이팅 기법은 모든 참석자가 동시에 아이디어를 기록하므로 시간을 절약할 수 있으며, 참석자가 돌아가면서 아이디어를 기록해야하기 때문에 무임승차의 가능성을 줄일 수 있다. 또한, 무기명으로 아이디어를 적어내기 때문에 어떤 아이디어가 누구의 생각인지 확인하기 어려워 브레인스토밍의 한계를 부분적으로 극복할 수 있는 장점이 있다. 반면 단점은 참가자 간에 서로 자극하는 상승효과를 기대할 수는 없다.

2.3.5 에벌의 스캠퍼(SCAMPER) 발상법

에벌(Eberle)은 새로운 것은 이미 존재하던 것을 변형시키거나 수정한 것이라는 전제하에 7개의 아이디어 발상 원칙에 해당하는 단어의 첫 글자들을 따서 스캠퍼(SCAMPER) 발상법을 주장하였다. 스캠퍼(SCAMPER)는 7개 단어들의 첫 글자로 만든 말이지만 영어 사전에서는 스캠퍼라는 단어가 '달려가다, 뛰어놀다'라는 뜻이 있다. 평소 걷기만 하던 사람이 처음부터 달려가기는 어렵지만 꾸준히 아이디어를 생각하며 뛰어놀다 보면 언젠가는 생각에 엔진을 달고 더 좋은 아이디어로 발전시키며 달려갈 수 있다는 뜻이 숨어 있다.

스캠퍼 기법은 해결하려는 문제가 무엇인지 명확히 한 후에 다음 체크리스트에 따라 질문하며 새로운 대안을 찾는다.

① 대체(Substitute): 재료나 성분, 역할, 장소 등을 바꿔 보면 어떨까? 기존 것을 대체할 다른 것을 찾는 질문을 하다 보면 아이디어를 얻을 수 있다. 예를 들면 나무젓가락은 젓가락의 재질을 나무로 대체한 것이다.

② 결합(Combine): 비슷한 기능끼리 혹은 전혀 다른 성분끼리 결합하면 어떨까? 복합기는 '복사'와 '팩스', '스캔' 기능을 결합시킨 것이다. 이처럼 두 가지 이상을 결합해 새로운 것을 찾다 보면 아이디어가 탄생한다.

③ 조정(Adjust): 어떤 사실을 다른 분야의 조건이나 목적에 맞게 조정하다 보면 아이디어를 얻을 수 있다. 벨크로(일명 '찍찍이')는 식물의 씨앗이 옷에 붙는 원리에 착안하여 탄생한 것이다.

④ 변경·확대·축소(Modify, Magnify, Minify): 어떤 대상의 특성이나 모양을 변경하거나 확대 또는 축소하다 하다 보면 아이디어를 얻을 수 있다. 스마트폰은 노트북을 간소화해 변경한 것이다.

⑤ 용도 바꾸기(Put to Other Uses): 현재 용도에 만족하지 않고 다른 용도로 사용될 가능성을 찾다 보면 아이디어를 얻을 수 있다. 예를 들면 연필 끝에 지우개를 붙여 더 편리한 필기구를 만든 것이다.

⑥ 제거(Eliminate): 사물을 구성하는 요인 중에서 불필요한 부분을 제거하거나 생략하면 새로운 아이디어를 얻을 수 있다. 커피 집에서 손님이 직접 가져다 먹는 셀프 방식은 기존의 것에서 서빙하는 종업원을 제거한 사례이다.

⑦ 역발상·재배열(Reverse, Rearrange): 역할이나 원인과 결과를 바꿔 보거나, 기존의 것에서 순서나 모양 등을 재배열하면 새로운 아이디어를 얻을 수 있다. 예를 들어, 맥도널드의 창업자 크록(Kroc)은 음식을 먹기 전에 돈을 먼저 지불하는 방법으로 기존의 서비스 절차를 재배열하였다.

연습문제

1. 디자인 프로세스의 과정을 바르게 나열한 것은?
   ① 문제의 형성 – 대안의 도출 – 대안의 평가 – 문제의 분석 – 선정안의 제시
   ② 대안의 도출 – 대안의 평가 – 문제의 형성 – 문제의 분석 – 선정안의 제시
   ③ 문제의 형성 – 문제의 분석 – 대안의 도출 – 대안의 평가 – 선정안의 제시
   ④ 대안의 도출 – 문제의 형성 – 대안의 평가 – 문제의 분석 – 선정안의 제시

2. 개선의 E.C.R.S.에 해당되지 않는 것은?
   ① Eliminate ② Combine
   ③ Rearrange ④ Standard

3. 개선안을 위한 대안의 창출 방법과 거리가 먼 것은?
   ① 마인드멜딩 ② 브레인스토밍
   ③ ECRS ④ 파레토 원칙

4. 다음 설명 중 맞는 내용은?
   ① 문제의 분석 단계에서는 연구목적과 기간, 연구범위를 정해야 한다.
   ② 허구적 제약조건을 첨가하면 현실적으로 불가능한 해를 얻게 된다.
   ③ 제약조건을 빠뜨리면 더 좋은 해를 얻을 수 있는 기회를 상실한다.
   ④ 문제형성에서 최종적으로 도달하고자 하는 상태를 상태 B라 한다.

5. 다음 중 브레인스토밍 방법의 설명 중에서 관계가 없는 것은?
   ① 요점 발언 ② 비평 금지
   ③ 수정 발언 ④ 자유분방

연습문제 해답: 1. ③, 2. ④, 3. ④, 4. ④, 5. ①

6. 다음 중 아이디어 발상법인 SCAMPER와 관계가 없는 것은?

① **S**ubstitute　② **E**liminate
③ **A**lter sequence　④ **C**ombine

7. 다음 중에서 5W1H에 관련된 설명 중에서 거리가 먼 것은?

① Why: 필요성　② Where: 장소
③ When: 순서　④ What: 방법

8. 보다 많은 아이디어를 창출하기 위하여 가능한 모든 의견을 비판 없이 받고, 수정 발언을 허용하며, 대량 발언을 유도하는 방법은?

① Brainstorming　② Brainwriting
③ Mind mapping　④ SCAMPER

9. 원과 직선을 이용하여 아이디어, 문제, 개념 등을 개괄적으로 빠르게 설정할 수 있도록 도와주는 연역적 추론 기법은?

① Brainstorming　② Brainwriting
③ Mind mapping　④ SCAMPER

10. 말을 하는 대신에 종이에 자신의 생각을 글로 쓴 다음 옆 사람과 교환한 뒤 아이디어를 추가로 기록하는 기법으로 남 앞에서 자기주장을 내세우기 꺼려하는 사람들의 아이디어도 취합할 수 있는 방법은?

① Brainstorming　② Brainwriting
③ Mind mapping　④ Fishbone Diagram

연습문제 해답 : 6. ③, 7. ④, 8. ①, 9. ③, 10. ②

11. 원인-효과도(cause-effect diagram)라 하며 원하지 않는 사건(또는 원하는 사건)을 발생시키는 요인들을 파악하기 위하여 사용되는 방법은?

① Pareto 곡선 ② Brainwriting

③ Mind mapping ④ Fishbone Diagram

12. 연구 일정에 따라 시간축 위에 설비의 사용에 필요한 시간과 일정을 표시하는 데에 사용할 수 있는 것은?

① Pareto Chart ② Gantt Chart

③ Mind Mapping ④ Fishbone Diagram

13. 파레토 원칙(Pareto principle)이란?

① 20%의 항목이 전체의 80%를 차지한다.

② 전체의 80%는 40%의 중요한 항목으로 구성된다.

③ 40%의 항목이 전체의 60%를 차지한다.

④ 전체의 60%는 30%의 중요한 항목으로 구성된다.

14. 새로운 것은 이미 존재하던 것을 변형시키거나 수정한 것이라는 전제하에 꾸준히 아이디어를 생각하며 뛰어놀다 보면 더 좋은 아이디어로 발전시키며 달려갈 수 있다는 아이디어 발상 방법은?

① Brainstorming ② Brainwriting

③ Mind Mapping ④ SCAMPER

연습문제 해답 : 11. ④, 12. ②, 13. ①, 14. ④

실습문제

1. 가성소다 용액이 담겨 있는 탱크의 부식된 지붕을 개선해야 할 경우 일반적으로 최소의 경비로 지붕을 다시 짓는 방안이 무엇인가를 생각할 것이다. 이때 생산 부서에 알아본 결과 지붕의 기능은 가성소다 용액이 비와 눈으로 묽어지는 것을 방지하자는 것이지만, 한편으로는 날씨가 맑은 날 수분증발을 더디게 하는 나쁜 영향도 끼치며, 기후조건에 의한 용액의 농도 변화 정도는 생산 과정에 아무런 영향을 미치지 않는다는 사실이 알려졌다. 이 사례는 어떤 오류를 지적하는가?

■ 해설 ■

본질적으로는 가성소다 용액의 탱크 지붕은 필요 없으므로 제거한다(개선의 ECRS에서 E 적용). 최소의 비용으로 튼튼한 지붕으로 교체하는 문제를 풀려고 하였으나 본질을 파악하면 문제가 아닌 문제를 풀려고 함.

2. 문제를 정의할 때 제약조건의 선정이 중요한 이유를 설명하시오.

■ 해설 ■

1) 불필요한 제약조건을 추가하는 경우
   가능한 대안이 상실되어 더 좋은 대안이 누락될 수 있다.
2) 제약조건을 누락하는 경우
   실제로 존재하지만 반영되지 않은 제약조건 때문에 현실성이 없는 대안을 도출할 수 있다.

3. ECRS 원칙 4가지에 대해 각각 설명하시오.

■ 해설 ■

1) 제거(Eliminate): 필요하지 않으면 제거한다.
2) 결합(Combine): 결합하여 더 나은 결과를 얻을 수 있으면 결합한다.
3) 재배열(Rearrange) : 작업 순서나 위치를 바꾸어 효율적이면 재배열한다.
4) 단순화(Simplify) : 방법을 더 단순화할 수 있으면 단순화한다.

4. 어느 쇼핑몰에서 배송지연의 이유를 조사하여 다음과 같은 결과를 얻었다. Pareto chart를 그리고 중요 항목을 도출하시오.

지연 이유	A	B	C	D	E	F	G	H	I	J	계
빈도수	3	72	4	11	2	4	1	1	1	1	100

■ 해설 ■

지연 이유	B	D	F	C	A	E	G	H	계
빈도수	72	11	6	4	3	2	1	1	100
비율(%)	72	11	6	4	3	2	1	1	100%
누적비율(%)	72	83	89	93	96	98	99	100	100%

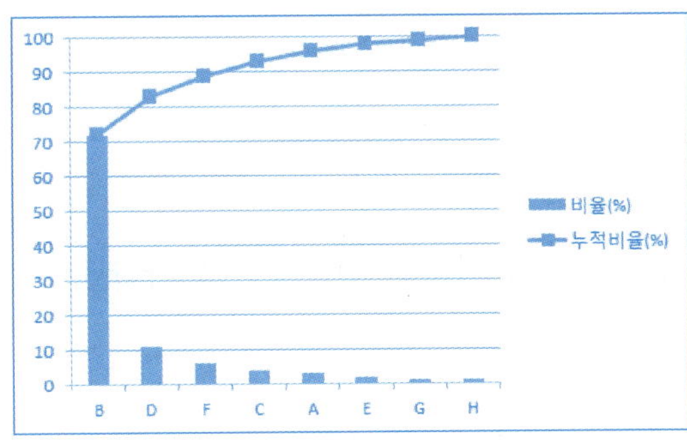

누적비율이 80%를 차지하는 항목은 B와 D이므로 배송지연 중요항목: B, D

5. 다음은 어느 공정의 제조 공정을 선행활동 관계표로 나타낸 것이다.

활동	0	1	2	3	4	5	6	7	8	9	10
소요시간	2	1	2	2	1	3	2	2	3	1	3
선행활동	-	-	0	1	3	2	5	5	4, 6	7, 8	9

1) 선행도를 그리고 위치가중치를 구하시오.

2) 중요활동집합을 이용하여 최소 소요시간(분)을 구하시오.

■ 해설 ■

1) 선행도

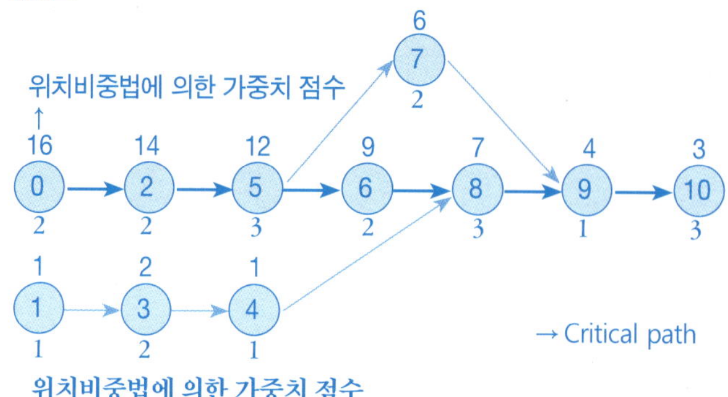

2) 중요활동집합 C={0, 2, 5, 6, 8, 9, 10}
최소 소요일수 : 16분

6. 다음은 수행할 활동에 대한 소요일수와 선행활동을 나타낸 선행활동관계표이다.

활동	①	②	③	④	⑤	⑥	⑦
소요일수(일)	2	1	2	2	1	2	2
선행활동		①	①	②	③	④	⑤⑥

1) 선행도를 그리고 위치가중치를 구하시오.
2) 중요활동집합을 이용하여 최소 소요일수를 구하시오.
3) 간트 차트를 작성하시오.
4) 활동③이 4일로 지체되는 경우에 전체 일정의 소요일수는?

■ 해설 ■

1) 선행도

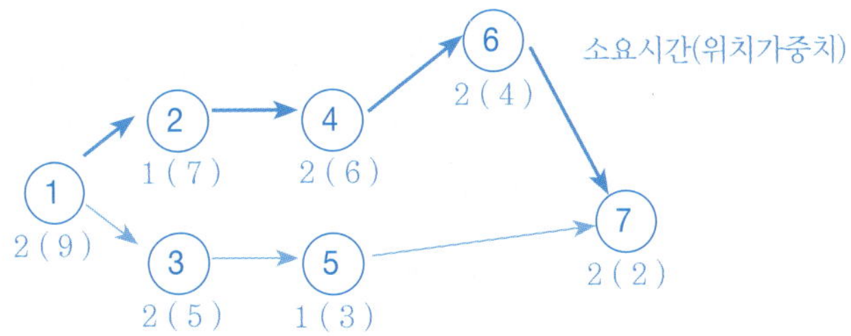

2) 중요활동집합, 최소일수

Critical path={1, 2, 4, 6, 7}, 최소 일수=9일

3) 간트차트

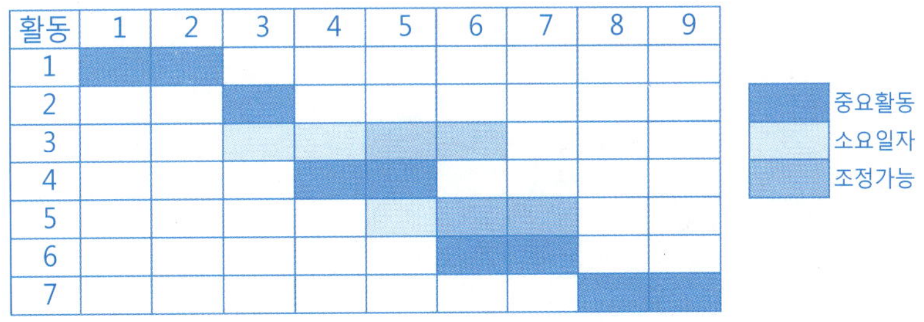

활동	1	2	3	4	5	6	7	8	9
1									
2									
3									
4									
5									
6									
7									

③번은 2일, ⑤번은 1일을 소요시간으로 하되, 조정가능 범위에서 ③⑤번의 선후관계는 만족하면서 조정가능.

4) 간트차트에서 보면 활동③이 4일이 걸리더라도, 활동⑤의 일정을 조정하여 7일째에 수행하면 전체 일정의 소요일수는 변함없이 9일이 걸린다.

7. 다음 선행도는 활동의 선후관계와 소요일 수를 나타낸 것이다. (   ) 안의 숫자는 위치 가중치로 현재 활동에서부터 마지막 활동까지의 일정을 수행하는 데에 필요로 하는 최소한의 소요일 수(일)를 나타낸다.

1) 선행도를 수정할 수 있는가를 검토하고, 수정하시오.

2) 위치 가중치를 고려하여 (　) 안에 맞는 위치 가중치를 구하고 전체 일정을 마치는 데에 필요한 최소소요일수와 중요 활동 집합을 구하시오.

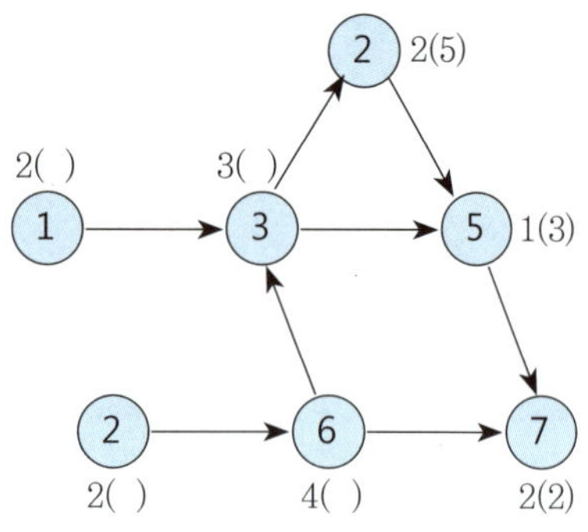

■ 해설 ■

1) 선후 관계를 정리하면 아래와 같이 선행도를 수정할 수 있다.

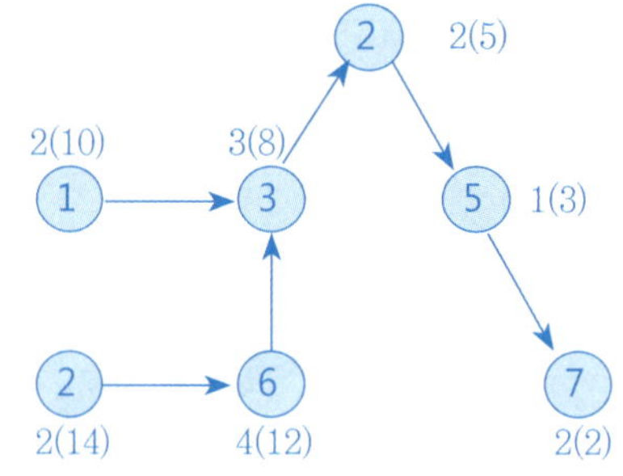

2) 중요활동집합

C={②, ⑥, ③, ④, ⑤, ⑦},　최소 소요일수 : 14일

8. 설문조사에 대한 소요일수와 선행활동을 나타낸 선행활동관계표이다.

1) 선행도를 그리고 중요활동집합을 이용하여 최소 소요일수를 구하시오.

2) 간트차트를 그리시오.

활동	활동내용	소요시간	선행활동
1	변수 정의	2	-
2	모집단 정의	1	1
3	설문작성	2	1
4	표본선택	2	2
5	통계분석계획	4	3, 4
6	배포	3	3, 4
7	회수	2	6
8	통계분석	2	5, 7

■ 해설 ■

1) 선행도, 중요활동집합, 최소 소요일수

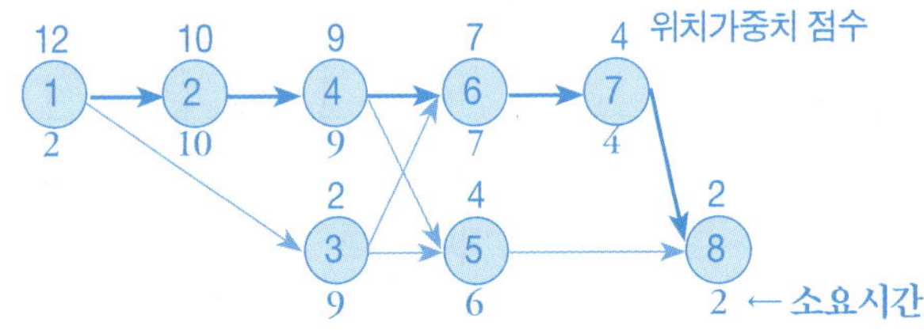

Critical path={1, 2, 4, 6, 7, 8}

최소소요시간:12일

2) 간트차트

번호	연구일정	1	2	3	4	5	6	7	8	9	10	11	12
1	변수정의	■	■										
2	모집단정의			■									
3	설문작성			□	□	□							
4	표본선택				■	■							
5	통계분석계획						□	□	□	□	□		
6	배포						■	■	■				
7	회수									■	■		
8	통계분석											■	■

■ 중요활동 : 조정불가능 □ 조정가능

3 번은 2일, 5번은 4일을 소요시간으로 하되, 조정가능 범위에서 3, 5번의 선후 관계는 만족하면서 조정가능.

대안 평가표

<table>
<tr><td>부서</td><td rowspan="4"></td><td colspan="2">A</td><td colspan="2">B</td><td colspan="2">C</td><td colspan="2">D</td><td colspan="2">E</td><td rowspan="4"></td></tr>
<tr><td>과제명</td><td colspan="2" rowspan="3"></td><td colspan="2" rowspan="3"></td><td colspan="2" rowspan="3"></td><td colspan="2" rowspan="3"></td><td colspan="2" rowspan="3"></td></tr>
<tr><td>날 짜:</td></tr>
<tr><td>분석자:</td></tr>
<tr><td rowspan="3">평가 요인</td><td rowspan="3">가중치</td><td colspan="10">점수</td><td rowspan="3">비고</td></tr>
<tr><td colspan="2">A</td><td colspan="2">B</td><td colspan="2">C</td><td colspan="2">D</td><td colspan="2">E</td></tr>
<tr><td>점수</td><td>가중치</td><td>점수</td><td>가중치</td><td>점수</td><td>가중치</td><td>점수</td><td>가중치</td><td>점수</td><td>가중치</td></tr>
<tr><td></td><td></td><td></td><td></td><td></td><td></td><td></td><td></td><td></td><td></td><td></td><td></td><td></td></tr>
<tr><td></td><td></td><td></td><td></td><td></td><td></td><td></td><td></td><td></td><td></td><td></td><td></td><td></td></tr>
<tr><td></td><td></td><td></td><td></td><td></td><td></td><td></td><td></td><td></td><td></td><td></td><td></td><td></td></tr>
<tr><td></td><td></td><td></td><td></td><td></td><td></td><td></td><td></td><td></td><td></td><td></td><td></td><td></td></tr>
<tr><td></td><td></td><td></td><td></td><td></td><td></td><td></td><td></td><td></td><td></td><td></td><td></td><td></td></tr>
<tr><td></td><td></td><td></td><td></td><td></td><td></td><td></td><td></td><td></td><td></td><td></td><td></td><td></td></tr>
<tr><td></td><td></td><td></td><td></td><td></td><td></td><td></td><td></td><td></td><td></td><td></td><td></td><td></td></tr>
<tr><td></td><td></td><td></td><td></td><td></td><td></td><td></td><td></td><td></td><td></td><td></td><td></td><td></td></tr>
<tr><td colspan="2">합계</td><td colspan="2"></td><td colspan="2"></td><td colspan="2"></td><td colspan="2"></td><td colspan="2"></td><td></td></tr>
<tr><td colspan="13">평가 결과</td></tr>
</table>

제2부

직무와 작업공정

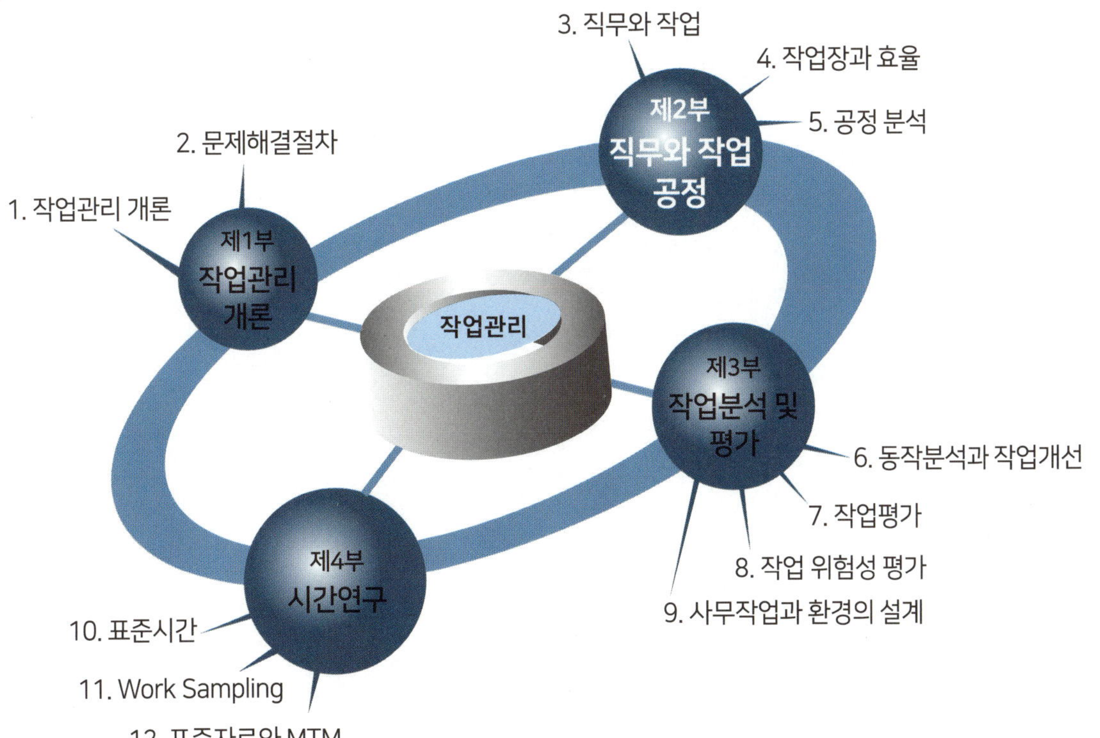

3. 직무와 작업
4. 작업장과 효율
5. 공정 분석
제2부
직무와 작업
공정
2. 문제해결절차
1. 작업관리 개론
제1부
작업관리
개론
작업관리
제3부
작업분석 및
평가
6. 동작분석과 작업개선
7. 작업평가
8. 작업 위험성 평가
9. 사무작업과 환경의 설계
제4부
시간연구
10. 표준시간
11. Work Sampling
12. 표준자료와 MTM

제 3 장

직무와 작업

1. 산업 및 직종 분류
2. 작업자와 직무
3. 생산 및 업무 프로세스
4. 고용형태와 근로조건

1. 산업 및 직종 분류

1.1 업종과 직종

업종으로 불리는 산업(industry)분류는 사업체나 기업체 등의 생산단위가 주로 수행하는 활동을 유사성에 따라 체계적으로 유형화 한 것이다. 직종(job family)은 내용이 유사한 직무의 집합으로 직무수행 능력의 성질이 유사하고 상호간에 호환이나 대체성이 인정되는 직업을 유사성에 따라 체계적으로 분류한 것이다. 즉, 직종은 유사한 직업의 종류를 말하며, 업종은 유사한 사업의 종류를 말한다. 예를 들면 직종은 사무직, 생산직 등이 있으며, 업종은 제조업, 서비스업 등이 있다.

우리나라의 통계청에서는 업종에 관한 산업분류체계로 한국표준산업분류(KSIC: Korean Standard Industrial Classification)를 사용하고 있으며, 직종에 관한 직업분류체계로 한국표준직업분류(KSCO: Korean Standard Classification of Occupations)를 사용하고 있다. 한편 한국고용정보원의 한국고용직업분류(KECO) 체계는 우리나라의 노동시장 현실을 제대로 반영하고 일-훈련-자격 체계의 일관성을 도모하기 위해 도입된 직업분류체계로 '한국직업사전'으로 출판된다.

1.2 통계청 한국표준산업분류(KSIC)

통계청의 한국표준산업분류(Korean Standard Industrial Classification)는 사업체나 기업체가 주로 수행하는 산업 활동을 유사성에 따라 체계적으로 유형화 한 것이다. 한국표준산업분류는 다음과 같은 분류기준에 의하여 분류된다.

1) 산출물 특성: 물리적 구성 및 가공단계, 수요처, 기능 및 용도

2) 투입물의 특성: 원재료, 생산 공정, 생산기술 및 시설 등

3) 생산 활동의 일반적인 결합형태

한국표준산업분류는 산업 활동에 관련된 통계의 작성 및 분석을 위한 분류기준으로 통계법에서는 통계 자료의 수집, 제표, 분석 등을 위해서 모든 통계작성기관이 의무적으로 사용하도록 규정하고 있다. 한국표준산업분류는 통계목적 이외에도 일반 행정 및 산업정책관련 법령에서 적용대상 산업영역을 한정하는 기준으로 준용되고 있다.

한국표준산업분류는 UN이 권고하는 국제표준산업분류(ISIC)를 기초로 1963년에 최초로 발간되었다. 국제연합(UN)이 권고하는 국제노동기구(ILO)의 국제표준산업분류(ISIC: International Standard Industry Classification)는 2008년부터는 ISIC Rev.4를 공식적으로 이용하고 있다. 우리나라에서는 권고된 국제표준산업분류 ISIC Rev.4를 기본체계로 국내실정을 고려하여 2008년에 '한국표준산업분류(9차 개정)', '한국표준산업분류 기준 및 원칙', '한국표준산업분류 항목표'가 통

표 3.1 한국표준산업분류(KSIC)의 분류체계

분류 구조	대분류 (Section)	중분류 (Division)	소분류 (Group)	세분류 (Class)	세세분류 (Subclass)
기호	A~U(21개)	2자리 수	3번째 수	4번째 수	5번째 수
예시	I	56	1	1	1
	숙박 및 음식점업	음식점 및 주점업	음식점업	일반 음식점업	한식 음식점업
대분류 기호	A농업, 임업 및 어업, B광업, C제조업, D전기,가스,증기 및 수도사업, E하수·폐기물처리 원료재생 및 환경복원업, F건설업, G도매 및 소매업, H운수업, I숙박 및 음식점업, J출판, 영상, 방송통신 및 정보서비스업, K금융 및 보험업, L부동산업 및 임대업, M전문, 과학 및 기술서비스업, N사업시설관리 및 사업지원서비스업, O공공행정, 국방 및 사회보장 행정, P교육서비스업, Q보건업 및 사회복지서비스업, R예술,스포츠 및 여가관련서비스업, S협회 및 단체, 수리 및 기타 개인 서비스업, T가구내 고용활동 및 달리 분류되지 않는 자가소비 생산활동, U국제 및 외국기관				

계청 고시 제 2007-53호로 개정 고시되었다.

한국표준산업분류는 [표 3.1]과 같이 5단계 분류구조로, 6자리 기호로 표시한다. 즉, 대분류(영문 A~U), 중분류(2자리 수), 소분류(1자리 수), 세분류(1자리 수), 세세분류(1자리 수)로 구성되어 있다. 예를 들면 I56111라는 분류기호는 영문자 I는 대분류(숙박 및 음식점업), 56 두 자리 숫자는 중분류(음식점업 및 주점업), 다음 1은 소분류(음식점업), 그 다음 1은 세분류(일반음식점), 마지막 1은 세세분류(한식음식점업)을 나타내며, 최종적으로는 세세분류에 해당하는 한식 음식점업을 의미한다.

1.3 통계청 한국표준직업분류(KSCO)

통계청의 한국표준직업분류(Korean Standard Classification of Occupations)는 생산적인 경제활동에 종사하는 개인이 하고 있는 일의 각종 직무를 수행되는 형태에 따라 체계적으로 분류한 것이다.

한국표준직업분류는 행정자료 및 인구 총조사 등 고용관련 통계조사를 통하여 얻어진 직업정보를 분류하고 집계하기 위한 것으로, 직업관련 통계를 작성하는 모든 기관이 통일적으로 사용하도록 하여 통계자료의 일관성과 비교성을 확보하기 위한 것이다. 또한 각종 직업정보에 관한 국내통계를 국제적으로 비교·이용할 수 있도록 ILO의 국제표준직업분류(ISCO)를 근거로 설정되고 있다. 이러한 직업관련 통계는 각종 장·단기 인력수급 정책수립과 직업연구를 위한 기초자료뿐만 아니라, 각종 사회·경제통계조사의 직업단위 기준, 취업알선을 위한 구인·구직안내 기준, 직종별 급여 및 수당지급 결정기준, 직종별 특정질병의 이환율, 사망률과 생명표 작성 기준, 산재보험률, 생명보험률 또는 산재보상액, 교통사고 보상액 등의 결정 기준으로 사용되고 있다.

한국표준직업분류는 국제노동기구(ILO)의 국제표준직업분류(ISCO: International Standard Classification of Occupations)를 기초로 1963년에 최초로 발

간되었으며, 2007년에 통계청고시 제2007-3호로 한국표준직업분류 제6차 개정이 이루어졌다.

한국표준직업분류의 분류체계는 [표 3.2]와 같이 5단계 분류구조이며, 5자리 기호로 표시한다. 예를 들면 44112는 대분류(4), 중분류(1), 소분류(1), 세분류(1), 세세분류(2)로 분류되며, 한식 조리사를 의미한다.

표 3.2 한국표준직업분류(KSCO)의 분류체계

분류구조	대분류	중분류	소분류	세분류	세세분류
기호	1~9, A	2번째 수	3번째 수	4번째 수	5번째 수
예시 예시	4	4	1	1	2
	서비스 종사자	조리 및 음식 서비스직	주방장 및 조리사	한식 주방장 및 조리사	한식 조리사
대분류 기호	1.관리자, 2.전문가 및 관련종사자, 3.사무종사자, 4.서비스종사자, 5.판매종사자, 6.농림어업 숙련종사자, 7.기능원 및 관련 기능종사자, 8. 장치. 기계조작 및 조립종사자, 9.단순 노무종사자, A.군인				

1.3 한국고용정보원의 한국고용직업분류(KECO)

한국고용정보원의 한국고용직업분류(KECO) 체계는 노동시장 현실을 제대로 반영하고 일-훈련-자격 체계의 일관성을 도모하기 위해 도입된 직업분류체계이다. 한국고용직업분류(KECO)는 대분류, 중분류, 소분류, 세분류 4단계 구조로 구성되지만, 중분류가 중심인 체제이다.

한국고용직업분류 체계에 따라 한국고용정보원에서 출판하는 '한국직업사전'에서는 한국고용직업분류의 대분류는 생략되고 4자리 숫자로 표기하였다. 즉, 상위 2자리를 직무유형에 따라 중분류로 부여하고, 소분류는 직능수준과 직무유형에 따라 1 자리로 분류하고, 세분류도 1 자리를 부여하는 방식으로 구성하였다.

한국직업사전에서는 직무내용이 기술된 직업명칭을 제공하고 있다. 직업명칭은 산업현장에서 알려진 명칭 혹은 그 직무가 통상적으로 호칭되는 것으로 사업주가 근로자를 모집할 때 사용하는 명칭, 사업체내에서 일반적으로 통용되는 명칭, 구직자가 취업하고자 할 때 사용하는 명칭, 해당 직업 종사자 상호간의 호칭, 그 외 각종 직업 관련 서류에 쓰이는 명칭을 말한다. 직무 개요는 직무담당자의 활동, 활동의 대상 및 목적, 직무담당자가 사용하는 기계, 설비 및 작업보조물, 사용된 자재, 만들어진 생산품 또는 제공된 용역, 수반되는 일반적, 전문적 지식 등을 간략히 포함한다.

2. 작업자와 직무

2.1 직무분석과 직무

직무분석은 직무에 대한 정보를 수집하고 분석하여 직무의 구성요소를 파악하고 각 직무의 수행에 필요한 지식이나 기술, 능력, 책임 등의 직무요건을 명확히 하는 체계적인 과정이다.

요소작업(element)은 특정한 형식을 갖는 몸이나 손발의 움직임으로, 구분할 수 있는 가장 작은 단위의 일이다.

작업(task)은 직무분석에서의 기본 단위로, 특정한 목적을 달성하기 위해 수행하는 신체적 또는 정신적 활동으로 표현된다. 직무분석에서는 과업, 제품 생산과정에서는 작업, 사무직에서는 업무로도 불린다. 업무는 반복하여 행하여지거나 반복을 계속할 의도로 행하여지는 행위로도 정의된다.

지위(position)는 한 사람의 구성원이 맡아 수행할 일의 단위로 개인에게 할당된 일이나 작업(task)의 집합체를 말하며 직위라고도 한다.

직무(job)란 직업분류의 가장 기본적인 개념으로 비슷한 업무 내용을 가진 지위들을 하나의 관리 단위로 설정한 것이다. 즉, 직무란 과업의 종류와 성질이 유사하고, 권한이나 책임이 비슷한 지위들을 묶어 놓은 것이라고 할 수 있다. 직무에는 몇 가지 지위가 포함되는 경우가 있지만, 하나의 지위가 몇 가지 직무를 포함하지는 않는다.

요약하면 조직에서 일과 관련된 활동의 가장 작은 단위는 요소작업이며, 요소작업의 집합이 작업이며, 작업의 집합은 개인의 지위를 구성하고, 유사한 지위들을 관리 단위로 묶은 것을 직무라 한다.

직무분석은 인사관리 전반에 걸쳐서 기본 자료로 활용되는 직무기술서와 직무명세서를 작성하기 위해 직무목적과 내용, 수행방법과 작업조건 그리고 자격요건 등 직무에 관한 정보를 수집하고 분석하는 과정이라고 볼 수 있다. 직무기술서(job description)는 업무 중심의 직무요건을 서술하며, 직무명칭, 직종, 직무의 내용, 직무수행에 필요한 재료·설비·도구, 직무수행 방법 및 절차, 작업조건 등이 기록된다. 반면 직무명세서(job specification)는 직무를 수행하기 위해 요구되는 사람 중심의 인적요건을 서술하며, 직무의 명칭, 소속 및 직종, 교육수준, 기능·기술 수준, 지식, 정신적 특성, 육체적 능력, 작업경험, 책임 정도에 대하여 기술한다.

직무분석의 방법으로는 직무담당자와 대화를 하면서 정보를 파악하는 면접법(interview), 표준화되어 있는 설문지 양식을 이용하는 질문지법(questionnaires), 해당 직무의 관찰에 의한 관찰법(observation), 직무 내용을 직무조사서에 기술하도록 하는 진술서작성법(written narratives) 등이 이용된다. [표 3.3]은 직무분석에서 이용되는 직무조사서를 나타내는데, 직무기술서와 직무명세서 작성을 위해 조사할 직무개요, 직무내용, 직무요건 등에 관한 세부 사항이 포함되어 있다.

표 3.3 직무조사서 예시

직무 개요					
직무번호		직 무 명		부서	
직 군		직 종		직급	
직무개요					

직무 속성		
난이도	업무를 쉽게 수행할 수 있는 정도	①상, ②중, ③하
기여도	업무성과가 조직 내에서 갖는 파급효과, 영향력	①상, ②중, ③하
중요도	부서 내에서 중심이 되거나 반드시 필요한 정도	①상, ②중, ③하
대체가능성	인력공백, 희소성 등으로 확보/육성이 어려운 정도	①상, ②중, ③하
전문성	전문기술/지식, 표준숙련도에 도달하기까지의 기간	①상, ②중, ③하

직무수행 요건					
일반	학력			전공 학과	
	필수자격/면허			권장자격/면허	
	숙련도달기간			기타	
지식	학술적 지식				
	실무적 지식				
기술/기능	전산				
	외국어				
	기계/정비				
책임	업무	대인	( )안전,( )보안,( )응대	내용	
		대물	( )금전,( )문서,( )비품	내용	
	감독	받는대상		방법	
		하는대상		방법	
관련 조직	내부 부서			내용	
	외부 기관			내용	
기타	작업 조건				
	정신적 요건				
	육체적 요건				

직무 내용 및 절차			
단위업무	내용 및 방법	빈도	난이도

사례
3.1 **직무와 직위, 작업, 요소동작 사례**

[직무]

고객의 요구에 따라 물품을 특정장소까지 배달하는 하는 직무를 가진 사람들을 배달원이라한다. 음식을 배달하는 음식배달원, 우편물을 배달하는 우편배달원, 물품을 배달하는 물품배달원들은 수행하는 작업의 내용이 비슷하고, 권한이나 책임도 비슷하다.

[작업과 지위]

음식배달원은 음식점에서 주문한 음식을 고객에게 배달하며, 준비작업, 상하차작업, 차량 운전작업, 배송작업들로 구성된 일의 집합체(지위)를 맡아 수행한다.

[작업과 요소동작]

준비작업은 배달 음식의 종류와 수량, 목적지를 확인하는 요소작업과 배달음식을 포장하는 요소작업으로 구분할 수 있다.

상하차작업은 음식 배달가방을 차량에 적재하는 요소작업, 배달 가방을 차량에 고정시키는 요소작업, 차량에서 배달가방을 내리는 요소작업 등으로 분류할 수 있다.

차량 운전작업은 차량의 브레이크나 가속 페달을 밟는 요소작업, 운전대를 조정하는 요소작업, 배달 경로를 유도하는 요소작업 등으로분류할 수 있다.

배송작업은 차량에서 내린 음식가방을 고객까지 도보로 운반하는 요소작업, 고객에게 음식을 인도하는 요소작업으로 분류할 수 있다.

사례 3.2 택배원의 직무기술서(한국고용정보원, 2013)

[직무개요]
물품의 배송이나 납품을 위하여 물품을 싣고, 차량을 이용하여 고객의 물품을 목적지까지 신속하고 정확하게 배달한다.
[수행직무]
배송하거나 납품해야 할 물품, 물품의 수량, 장소, 시간 등을 사무원으로부터 확인한다. 물품을 차량에 싣는다. 배송지 및 소비지까지 안전하게 도착할 수 있도록 기본적인 차량을 점검하고 주행 중 정속운전 및 준법운전을 한다. 배송지 및 소비지에 도착한 후 물품을 내리거나 소비자에게 전달한다. 차량의 상태를 수시 점검하고 소모품과 부품의 교체를 지속적으로 관리한다. 차량 사고 또는 이상발생시 신속하게 안전조치를 취하고 관련부서와 보험 및 수리에 관련된 일련의 조치를 취한다.
[직무기능]
자료(비교), 사람(말하기-신호), 사물(조작운전)
[유사명칭]
택배배달원, 배송운전원, 택배배송원, 택배기사
[표준산업분류 / 표준직업분류]
494 소화물 전문 운송업 / 9222 택배원

2.2 생산과정과 분석단위

원재료가 가공되어 제품으로 완성되기까지의 전체 작업 경로는 분석 단위에 따라 공정, 작업, 동작 등으로 구분하여 관리한다. 작업자는 생산과정에서 맡은 역할에 따라 정해진 일을 수행하게 되는데, 이 때 작업자가 주관적으로 경험하게 되는 업무의 최소 단위를 작업(task)이라 한다. 작업보다 작은 범주로 더 이상 세분화하기 힘들 정도로 분할한 동작 요소를 동작(motion)이라 한다. 작업들이 더 큰 개념의 목적과 절차를 가지고 모인 단위를 공정(process)이라 한다. 작업들을 단위에 따라 동작, 작업, 공정 등으로 구분하면 복잡한 전체 흐름을 효율적으로 관리할 수 있다.

사례 3.3 자동차 차체 제조공정

[그림 3.1]은 자동차 공장에서 차체가 만들어지는 과정을 분석 단위에 따라 구분하여 놓은 것이다. 자동차 차체를 만드는 과정은 차체 모양으로 철판 판재를 자르는 절단공정, 큰 힘을 가하여 판재를 원하는 모양으로 만드는

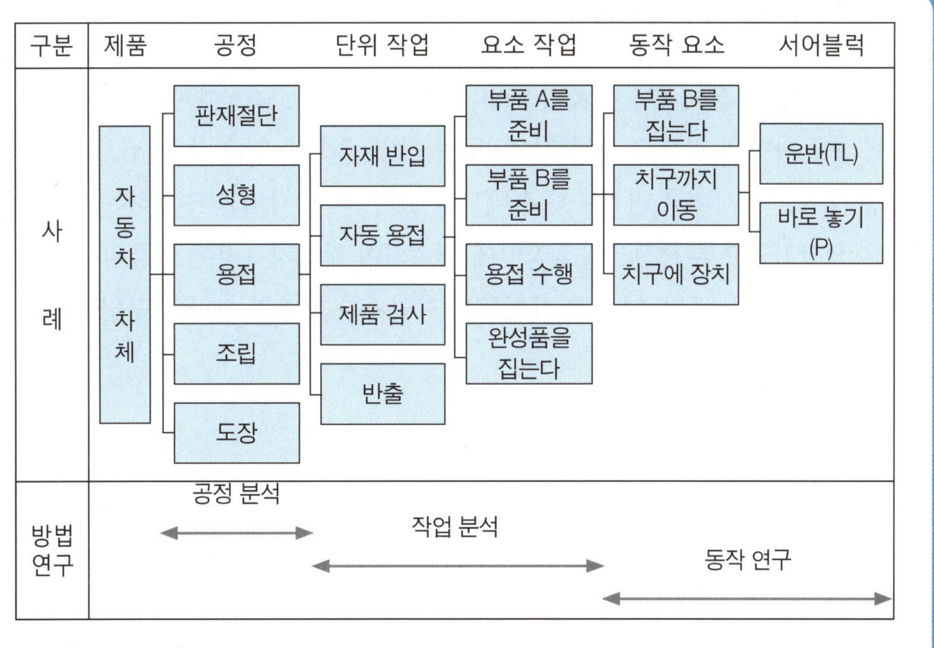

그림 3.1 자동차 차체의 분석 단위

성형공정, 만들어진 판재 모양들을 원하는 더 큰 크기나 모양으로 붙이는 용접공정, 스크류 드라이버 등의 공구와 나사를 이용하는 조립공정, 조립품을 녹슬지 않도록 보기 좋게 칠을 하는 도장 공정 등으로 구성된다.

제품을 만드는 생산과정에서 작업자가 담당하는 직무는 생산과정의 작업 단위와 일치하지 않을 수 있다. 기업체의 규모나 생산하는 제품의 특성과 생산량에 따라 작업자가 한 개의 작업만을 수행할 수 도 있고, 여러 개의 작업을 맡기도 한다. 제조과정의 작업흐름 단위를 어떻게 분할할 것인가를 작업이나 작업장의 분할 문제라 하고, 분할된 작업이나 작업장을 어떤 작업자에게 맡기는 가에 대한 문제는 인사/조직관리 문제로 볼 수 있다.

사례 3.4 전자제품 PCB 공정의 작업자

[그림 3.2]는 전자제품의 PCB기판에 부품을 삽입(수삽)하여 납땜을 하는 공정을 나타낸 것으로 물류 작업, 투입 작업, 2개의 수삽 작업, 납땜 작업, 포장 작업을 순서대로 거치도록 설계되어 있다. 직접 작업을 수행하는 작업자들은 생산직군으로 생산1과, A라인에 소속되어 작업자 1명이 물류와 투입작업을 모두를 담당하고, 나머지 작업들은 작업자가 한명씩 하나의 작업을 담당하고 있다.

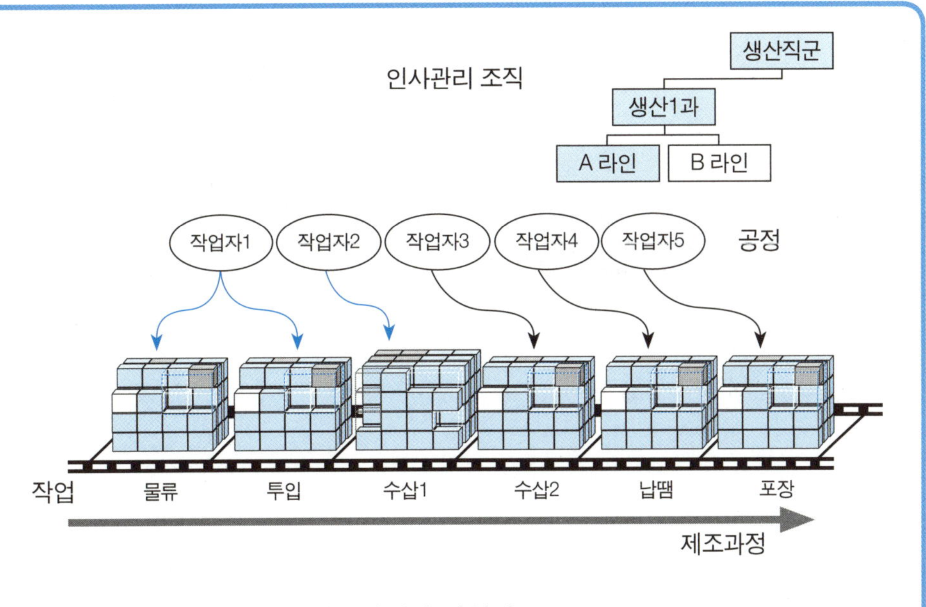

그림 3.2 전자제품 PCB 제조과정과 작업자

3. 생산 및 업무 프로세스

3.1 배치와 생산 프로세스의 이해

3.1.1 위치 고정형 배치 방식

위치 고정형 배치 방식은 선박, 항공기와 같이 제품이 매우 크고 무거워서 자유로운 이동이 힘든 경우에 택하는 생산 방식이다. [그림 3.3]과 같이 제품의 생산 장소를 한 위치에 고정시키고, 제조공정 순서에 맞춰 필요한 자재, 설비, 작업자를 투입하는 방식이다.

위치 고정형 배치 방식은 프로젝트 생산 방식으로도 불리며, 소품종소량의 대형 제품이나 건설, 토목 공사 등에서 볼 수 있다. 위치 고정형 생산 방식에서는

a) 항공기

b) 선박

그림 3.3 위치 고정형 배치 방식

정해진 시간 내에 프로젝트를 완료하거나 제품을 생산하기 위해 필요한 자재나 설비, 작업자들을 일정에 맞춰 투입해야 하므로 일정계획이 중요시 된다.

위치 고정형 배치 방식에서 작업자는 용접, 도장과 같이 같은 직종에서는 하는 일의 유형은 비슷하지만 고정된 작업 장소에서 근무하지 않고, 배정된 생산 위치와 제품의 종류에 따라 그날그날 구체적인 작업 내용이 달라지는 비정형 작업을 수행하게 된다.

사례 3.5 선박의 건조 공정

선박의 건조는 선주로부터 주문생산 방식에 의해 건조된다. 선박의 건조 공정을 살펴보면 다음과 같다.

1) 강재 입고 및 전처리: 강재가 제철소로부터 조선소로 입고되면 생산 제품별로 강재를 적치하고, 공사순서에 따라서 전처리과정을 거쳐 가공공장에 반입된다.
2) 강재 가공공정: 강재를 절단하여 설계도 형태의 부재로 가공한다.
3) 강재 조립공정(소조립, 중조립, 대조립): 부재를 용접하고 조립하는 과

정을 거쳐 선체의 일부분에 해당하는 크기의 블록을 만든다.

4) 선행의장: 블록 내부의 대형 파이프나 전선 등의 의장품을 설치한다.

5) 탑재: 설계도의 선박 형태대로 도크에서 블록들을 연결하는 과정이다.

6) 선체 외관도장: 선체의 부식을 예방하기 위해 페인트를 칠하는 공정이다.

7) 진수: 도크 속에 바닷물을 넣어 배를 띄우고 바다로 나가는 과정이다.

8) 안벽의장: 진수 후에 선체를 안벽에 접안시키고 각종 기계장치와 배관, 전기설비 등의 의장품을 확인하는 공정이다.

9) 시운전: 배의 장비의 성능을 확인하고 항해성능을 시험하는 과정이다.

3.1.2 기능별 배치 방식

기능별 배치 방식은 설비를 기능별로 그룹화하거나, 수행 업무 유형별로 배치하는 방식이다. [그림 3.4]와 같이 병원에서의 물리치료실이나 채혈실은 기능별로 업무를 모아서 배치한 예라고 할 수 있다. 기능별 배치 방식에서는 공정 순서에 맞춰 작업 대상물이 필요한 기능이나 설비별 부서로 이동하면서 작업을 수행하게 된다.

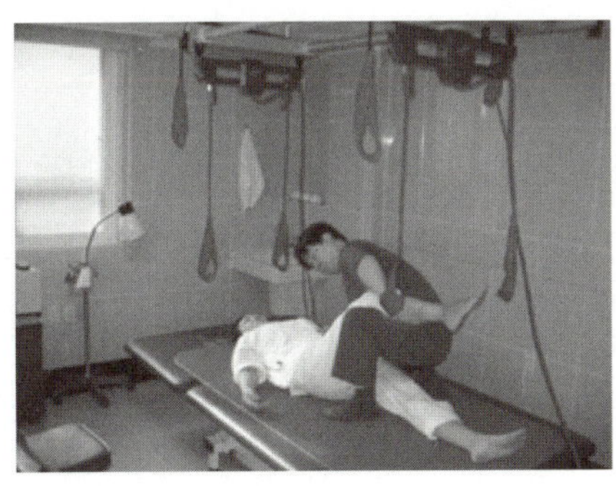

a) 물리치료실

b) 채혈실

그림 3.4 **병원의 기능별 배치 부서**

사례 3.6 기능별 배치의 제조과정

[그림 3.5]는 기능별 배치 작업장에서 생산하는 A, B, C 제품의 제조과정 진행순서를 나타낸다. 설비의 기능에 따라 작업장은 밀링, 드릴, 그라인더, 선반, 열처리, 절단 설비 등으로 그룹화되어 있으며, A, B, C 제품은 각각의 제조 공정순서에 맞춰 필요한 설비에서 작업을 수행하게 된다. 제품 A, B, C의 생산과정을 보면 제품 A는 자재-밀링-드릴-절단-조립 순서로 완성되며, 제품 B는 자재-선반-밀링-드릴-그라인더-조립 순서로 완성된다. 제품 C는 자재-선반-드릴-열처리-그라인더-조립 순서로 완성된다.

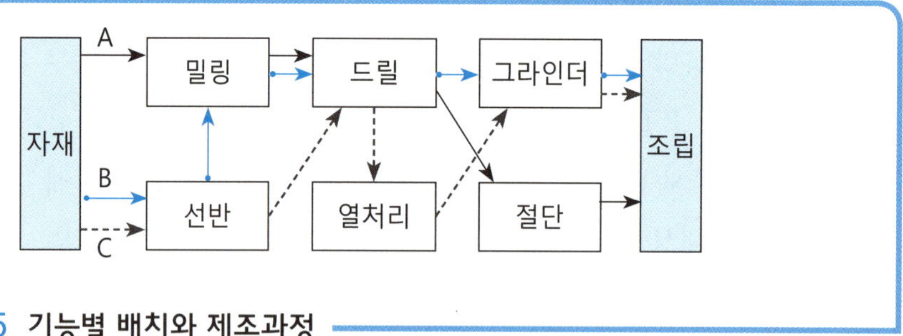

그림 3.5 기능별 배치와 제조과정

3.1.3 컨베이어 라인 생산 방식

컨베이어 라인 생산방식은 [그림 3.6]과 같이 자동차를 생산하는 회사나 가전제품을 조립하는 전자회사에서 볼 수 있는 생산 방식이다. 제품을 만드는 공정 순서대로 생산 설비를 일렬로 배치하는 생산 방식으로 제품별 배치라고도 한다. 컨베이어에 의해 생산 공정이 연속적으로 흘러가므로 대량 생산에 적합한 생산 방식이다.

라인 생산 방식은 컨베이어에 의해 작업 대상물이 이동하도록 시설을 배치해

a) 자동차 컨베이어 라인　　　b) 전자제품 컨베이어 라인

그림 3.6 **컨베이어 라인생산 방식**

야 하므로 생산 물량이 라인 설치비용을 부담할 수 있을 만큼 충분해야 하며, 컨베이어가 한 번 시동되면 라인은 계속 흘러야하기 때문에 각 작업에 필요한 작업 시간은 비슷해야 한다.

컨베이어에 의한 라인 생산 방식에서는 초보자나 숙련된 작업자나 관계없이 표준화된 설비와 작업방법으로 일정한 컨베이어 속도로 작업을 수행하므로 단순 반복적인 정형 작업을 수행한다고 할 수 있다.

사례 3.7 자동차의 제조 공정

자동차 회사의 제조 과정은 프레스 공정, 차체조립 공정, 도장 공정, 의장 공정, 완성차량의 검수공정으로 분류된다.

1) 프레스 공정: 입고된 철판을 필요한 크기로 자르고, 금형을 장착한 프레스 기계로 찍어서 자동차의 외형을 만드는 데 필요한 철판조각인 패

널(panel)로 만드는 공정이다. 즉, 철판을 절단하고 압축 성형하여 자동차의 프레임, 차체 등의 모양을 만드는데 필요한 패널을 만드는 공정이다. 프레스란 가공하고 싶은 모양 틀인 금형 사이에 철판을 넣고 강한 힘을 가함으로써 성형가공을 하는 기계이다.

2) 차체조립 공정: 프레스 가공으로 만든 패널들을 차체부위의 모양에 맞게 용접하고, 결합하여 차의 모양으로 만드는 공정이다.

3) 도장 공정: 공정부식으로부터 소재를 보호하고, 아름다운 색채로 외관을 향상하며, 다른 차량과 구별하기 위하여 자동차의 표면에 페인트를 입히는 공정이다.

4) 의장 공정: 차체에 실내외 부품을 장착하고 기계부품을 조립하며 전장부품과 배선, 배관 작업을 함으로써 차량을 완성하는 공정이다.

5) 검수: 의장 공정을 통해 완성된 차량을 각종 검사를 통해 성능과 안전을 확인하는 공정이다.

3.1.4 셀 라인 생산 방식

컨베이어 라인에서는 여러 공정을 담당할 수 있는 작업자를 다기능작업자라 한다. 셀 생산 방식은 [그림 3.7]과 같이 셀이라 불리는 작업공간에서 한 명 또는 소수의 다기능작업자가 전체 공정을 담당하여 작업하는 방식이다. 한 생산라인에서 수십 명이 일하는 컨베이어 라인대신에 혼자나 소수인원으로 완제품을 만드는 생산 방식이라 할 수 있다. 셀 생산 방식은 한 명의 작업자가 여러 공정을 담당하기 때문에 컨베이어 라인 생산 방식의 단조로움을 줄일 수 있다. 또한 최소인원의 다기능작업자로 전체 공정을 소화할 수 있기 때문에 다품종 소량 생산에도 적합하며, 생산량에 따라 작업자수를 탄력적으로 조정할 수 있는 장점이 있다. 그러나 작업이 숙련되기까지 훈련에 시간이 많이 소요 될 수 있다.

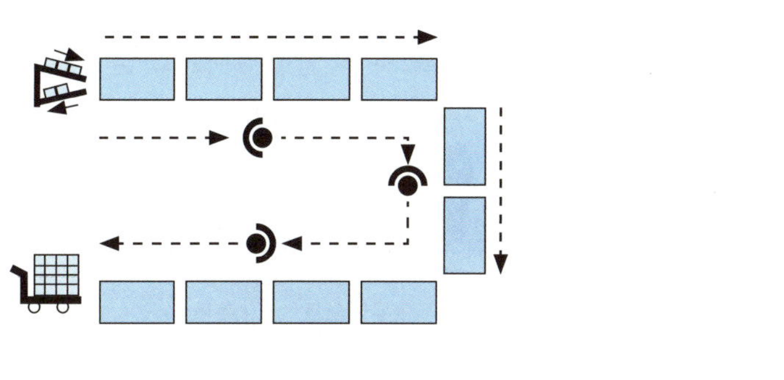

그림 3.7 셀 라인 생산 방식

3.2 업무 프로세스와 작업공정도

3.2.1 업무 프로세스와 절차

활동(activity)이란 하나 이상의 결과를 실현하거나 실현하는 데 기여하기 위하여 수행해야 하고 시간과 자원을 소비하는 일련의 조치로 정의되고, 하나 이상의 입력을 받아들여 가치 있는 결과를 산출하기 위한 활동(activity) 또는 활동의 조합을 프로세스(process)라 한다. 조직에서의 프로세스는 출력을 창출하는데 필요한 동적인 현상을 의미하며, 자원과 업무활동 절차가 포함된다. 조직이 효과적으로 기능을 발휘하기 위해서는 조직은 서로 연관되고 상호작용하는 수많은 프로세스를 파악하고 관리해야 한다. 조직 내에서 적용된 프로세스와 프로세스 간의 상호작용에 대한 체계적인 파악 및 관리를 프로세스 접근방법이라고 부른다.

활동 또는 프로세스를 수행하기 위해 규정된 방식을 절차(procedure)라 한다. 절차는 임무를 완수하기 위해 일하는 방법을 정의한 정적인 개념이며, 절차를 문서화한 자료를 절차서라 한다. 일반적으로 절차에는 목적, 범위 및 적용, 용어 정의, 입력사항, 활동, 출력사항, 참조문서 등의 내용을 포함한다.

미국과 유럽의 자동차 회사들이 참여하여 결성한 IATF(International Automotive Task Force)에서는 프로세스 구성요소를 활동(수행되는 업무 내용), 입력, 출력(제품 또는 규격), 누가(구성원, 역량), 무엇으로(설비, 자재), 어떻게(절차서, 방법), 판정기준(목적, 목표)으로 표현하였다. [그림 3.8]은 프로세스 구성요인도(거북이 그림: Turtle Diagram)를 나타낸다.

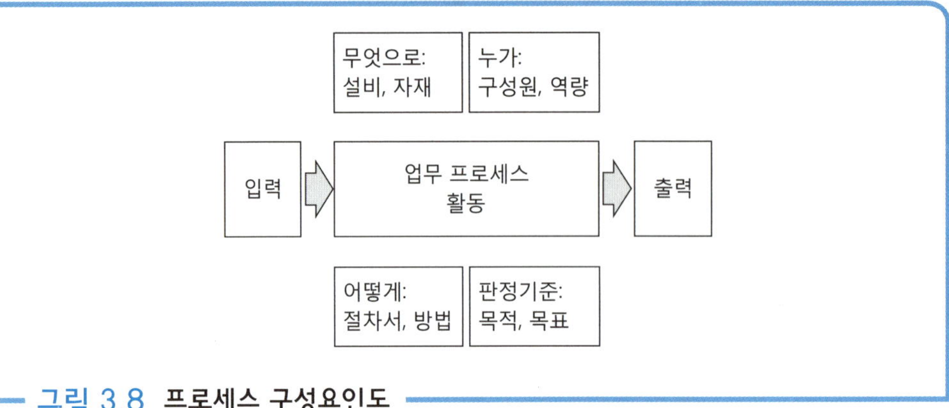

그림 3.8 프로세스 구성요인도

3.2.2 서비업종의 작업공정 사례

서비스업종에서도 업무 프로세스를 분석단위에 따라 공정과 작업 등으로 구분하여 나타낼 수 있다. 서비스업종에 대한 작업공정의 흐름을 나타내는 방법은 여러 방법이 있으나(5장 참조), 본 절에서는 작업공정의 흐름을 중심으로 사례를 제시한다.

사례 3.8 대형마트의 상품유형별 작업공정

[그림 3.9]는 도소매판매업에 해당되는 대형마트의 상품유형별 대표 작업공정과 공정흐름을 나타낸 것이다. 대형마트의 상품유형은 완제품으로 입고되는 일반 상품, 다듬기나 중간가공이 요구되는 야채/과일이나 정육/생선

품목, 생산 제조과정이 직접 진행되는 제빵, 조리음식 등으로 분류할 수 있다. 일반 상품은 입고된 완제품을 수량이나 품목을 검수한 뒤, 창고에 저장하고 필요한 양 만큼을 진열하여 판매하게 된다. 야채/과일이나 정육/생선은 대량으로 가공되지 않은 채로 입고되면 검수한 후에 다듬기나 절단 등의 과정을 통해 포장 단위로 만들어 포장한 뒤 진열하는 과정을 거치게 된다. 제빵이나 조리 음식 등은 재료를 준비하여 만들고 포장, 진열하는 과정을 거쳐 판매하게 된다.

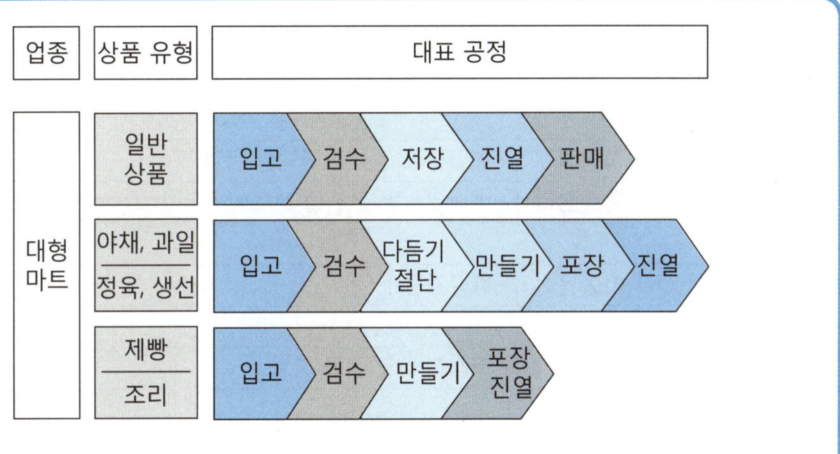

그림 3.9 **대형마트의 상품유형별 작업공정**

사례 3.9 물품배달원의 작업공정

물품배달원은 고객이 주문 및 구매한 각종 물품을 고객이 원하는 곳까지 운반하여 주는 사람을 의미한다. 한국직업사전(한국고용정보원)에선 물품의 배송이나 납품을 위하여 물품을 싣고, 차량을 이용하여 고객의 물품을 목적지까지 배달하는 택배원, 오토바이를 이용하여 의뢰인이 요청한 물품을 수령자에게 전달하는 퀵서비스원, 각종 음식점 등에서 고객의 요구에 따라 해당 요리를 특정장소까지 배달하는 음식배달원으로 표현하고 있다. 차량을 이용한 택배원직종의 작업공정 흐름은 [그림 3.10]과 같이 나타낼 수 있다.

공정 명	작업 명	작업 내용
준비작업	분류작업	- 수취된 물품의 배송지역별 분류 - 콘베이어, 대차 등을 이용한 운반 작업
	포장작업	- 소형물품에 대한 포장랩 작업 - 적재 작업 - 비닐로프를 이용한 묶음 작업

공정 명	작업 명	작업 내용
상차작업	차량적재	- 배달물품의 차량 적재함 반입
	물품정리	- 배송위치별, 크기별 적재함 정리

공정 명	작업 명	작업 내용
이동/운전	차량운전	- 배달차량 운행

공정 명	작업 명	작업 내용
하차작업	물품하차	- 목적지 배달 물품 하차

공정 명	작업 명	작업 내용
배송작업	운반/납품	- 대차를 이용한 운반 - 엘리베이터, 통로 등을 이용한 인력운반 - 배송물품의 최종 인도
	확인작업	- 전달자 확인 날인 - 다음 목적지 확인 및 정리 작업

그림 3.10 **택배원 직종의 작업공정 흐름도**

4. 고용 형태와 근로조건

근로자가 근로를 제공하고 그 대가로 사용자로부터 임금을 지급 받는 관계를 근로관계라 한다. 근로관계는 근로자와 사용자가 동등한 지위에서 자유의사에 의하여 결정한 계약에 의하여 성립한다. 이러한 근로관계의 성립은 구술에 의하여 약정되어지기도 하지만 통상적으로 근로계약서 작성에 의하여 행하여지고 있다. 계약서에는 계약 당사자인 사용자와 근로자의 인적사항과 근무부서, 직위, 급여조건, 근로시간 등의 꼭 필요한 내용으로 구성되어 편리하게 작성할 수 있다.

고용형태는 고용의 안전성을 나타내는 척도로 고용이 어느 정도 지속적으로 보장될 수 있는 가를 의미한다. 고용형태의 정의는 국가별로 차이가 있으며, 정규직, 비정규직, 상용직(permanent), 유럽의 임시근로자(temporary worker), 미국의 한시근로자(contingent worker) 등 다양한 개념이 사용되고 있다.

현재 통계청은 고용계약기간의 길고 짧음을 기준으로 고용형태를 상용근로자, 임시근로자, 일용근로자로 분류한다. 상용근로자는 고용계약 기간에 제약이 없거나 고용계약 기간이 1년 이상인 근로자 또는 소정의 채용절차에 의해 입사하여 인사관리 규정을 적용받기로 하고 고용계약을 하지 않은 경우의 근로자에 해당된다. 임시근로자는 고용계약 기간이 1개월 이상 1년 미만인 근로자 또는 1년 미만의 일정한 사업의 필요에 의해 고용된 근로자에 해당된다. 일용근로자는 고용계약 기간이 1개월 미만인 근로자 또는 매일 고용되어 근로의 대가로 일급 또는 일당제 급여를 받고 일하는 자에 해당된다.

고용형태는 정규직과 비정규직으로도 구분하는데 비정규직 근로자는 정규직 근로자와 비교하여 고용계약 기간, 근무방법, 근로시간, 고용계약 주체와 사용자의 일치여부, 계약유형, 기업내부에서의 신분 등 여러 가지의 기준 가운데 어느 한 가지라도 전형적인 형태에서 벗어난 경우를 말한다.

노동시장이 다양화되고 유연해지면서 근무환경이나 직무조건이 다른 일자리가 많이 존재한다. 2001년 유럽집행위원회(European Commission)에서는 고용의 질을 고용 안전성과 윤리성, 임금 및 복지 혜택, 근로 시간 및 일과 생활의 균형, 고용 보장과 사회적 보호, 기술 개발 및 교육 훈련, 직장 내 관계 및 직무 동기 등의 요인으로 체계화 하였다. 근로자의 근로조건 및 생활개선을 위한 유럽재단(EFILWC)에서는 고용의 질을 1) 경력과 고용 안정성(고용 형태, 임금, 사회적 보호, 노동자 권리 등), 2) 역량 개발(숙련, 훈련과 교육, 경력개발, 학습조직), 3) 일과 생활의 조화(시간 편성, 사회 인프라와 제공 편의), 4) 건강과 복지(보건과 안전, 위험의 노출, 직업보건과 안전 예방제도)의 4개 영역으로 나타내고, 모든 유럽국을 대상으로 4년 주기로 표준화된 설문지에 의해 유럽근로조건조사(EWCS; European Working Conditions Surveys)를 실시하고 있다.

사례 3.10 근로환경조사(KWCS)에서의 고용형태

우리나라의 근로환경조사(KWCS)에서는 고용형태를 2002년 7월 노사정위원회에서 합의한 정의에 따라 조사하고 있으며, 다음과 같이 분류한다.

1) 특수형태 근로종사자: 근로자와 자영인의 중간영역에 있는 자로서, 스스로 고객을 찾거나 맞이하여 상품·서비스를 제공하고 일한만큼 소득(수수료, 수당 등)을 얻고 노무제공의 방법이나 노무제공시간 등은 본인이 독자적으로 결정하는 경우(보험 설계사, 학습지 교사, 퀵서비스 배달기사, 골프장 캐디, 레미콘 운전기사 등)에 해당된다.
2) 재택/가내 근로자: 근로 제공의 방법이나 근로시간 등은 전적으로 본인이 결정하는 경우로, 근로의 장소가 사용자와 공간적으로 분리되어 있고 업무성취도에 따라 고정급을 지급받는 재택근로자와 대개 가정주부 등이 고용관계 없이 부업으로 물품의 가공 등 가내수공업적인 용역을 제공하고 대가를 지급받는 가내 근무자(의류·모피 제품에 단추달기 등)로 구분된다.
3) 파견 근로자: 임금을 지급하고 고용관계가 유지되는 고용주와 업무지

시를 하는 사용자가 일치하지 않는 경우로, 파견사업주에게 고용되어 있으나 사용사업주의 사업체에 파견되어 근로하는 자에 해당된다. 임금이나 신분상의 고용관계는 파견사업주의 관리를 받지만, 업무상 지휘·명령은 사용업체로부터 받는 근로자이다.

4) 용역 근로자: 용역업체가 고용하고 다른 사업주의 사업체에서 근로하는 자로, 임금, 신분상의 고용관계 및 업무상 지휘·명령 등 모두를 용역업체의 지휘·감독을 받는 경우(청소용역, 경비용역 등)에 해당한다.

5) 일일 근로자: 고용·근무형태와 관계없이 근무지속성, 규칙성이 없이 일자리가 생겼을 경우 단기간 근무하는 자이다. 아는 사람이나, 업체, 협회, 취업 알선기관 등의 호출을 받아 일시적으로 근로를 제공하는 경우(행사 도우미, 건설 일용근로자 등)에 해당된다.

6) 단시간근로자: 통상근로자(사업체내 일반적 형태의 근로자)의 1주간 소정근로시간(보통은 1주일에 40시간, 또는 44시간 전후)보다 1시간이라도 짧은 근로시간(예를 들면 1주일에 35시간)동안 근로를 제공하는 근로자(파트타임 근로자 포함)에 해당된다.

7) 기간제 근로자: 일정기간의 근로계약기간을 정하여(구두 또는 묵시적 약속이나 계약도 포함) 근로를 제공하는 근로자이다. 계약기간의 장·단, 계약의 반복갱신 여부, 명칭(계약직, 촉탁직, 임시직, 계절근로자, 계약사원 등) 등과 관계없으며, 일정기간이 지나면 근로계약이 종료된다.

8) 기간제 근로자가 아닌 한시적 근로자: 일정기간의 근로계약을 정하지는 않았으나, 회사 사정에 따라 언제든지 근로계약을 종료한다는 조건으로 근무하게 하는 근로자이다.

9) 정규직 근로자: 상기 8가지 항에 해당하지 않는 근로자로 근로계약기간을 정하지 않거나 특별한 사정이 없는 한 계속 고용이 보장되는 근로자이다. 정규직이지만 임금산정기준이 연봉제라서 연봉계약이 1년 단위로 계속 이루어지는 경우에는 기간제 근로자가 아니라 정규직 근로자로 분류된다.

연습문제

1. 업종과 직종에 관한 설명으로 적절하지 않은 것은?

   ① 직종: 유사한 직업의 종류

   ② 업종: 유사한 사업 활동의 종류

   ③ 한국표준산업분류: 통계청의 업종분류체계

   ④ 한국고용직업분류: 통계청의 직종분류체계

2. 한국표준산업분류체계의 분류기준에 해당되지 않은 것은?

   ① 산출물 특성　　② 노동시장 특성

   ③ 투입물 특성　　④ 생산활동의 결합형태

3. 다음 중에서 한국표준직업분류체계의 활용용도로 적절하지 않은 것은?

   ① 산재보험금　　② 교통사고 보상액

   ③ 한국직업사전　　④ 고용관련통계

4. 직무에 관한 설명으로 옳지 못한 것은?

   ① 직무는 수행해야 할 업무 내용과 임무이다.

   ② 직위는 구성원에게 할당된 일이나 작업의 집합체이다.

   ③ 하나의 직위는 몇 가지 직무를 포함한다

   ④ 목적달성을 위해 수행하는 활동을 작업이라 한다.

5. 다음 중 프로세스의 구성요소와 거리가 먼 것은?

   ① 활동　　② 입력

   ③ 출력　　④ 직무기술서

연습문제 해답 : 1. ④, 2. ②, 3. ③, 4. ③, 5. ④

6. 통계청의 고용형태 분류로 거리가 먼 것은?

① 상용근로자　　② 임시근로자

③ 일용근로자　　④ 용역근로자

7. 다음중 제품의 생산 장소를 한 위치에 고정시키고 제조공정 순서에 맞춰 자재와 작업자를 투입하는 생산방식과 거리가 먼 내용은?

① 위치 고정형 생산　　② 소품종대량생산

③ 선박 생산 공정　　④ 토목공사

8. 설계도의 선박형태대로 도크에서 블록을 연결하는 공정은?

① 조립공정　　② 도장

③ 선행의장　　④ 탑재

9. 공정순서에 맞춰 작업 대상물이 필요한 설비별 부서로 이동하면서 작업을 수행하는 생산방식은?

① 기능별 배치　　② 라인 생산

③ 위치 고정형 생산　　④ 셀 생산 방식

10. 다음 중에서 라인생산의 요건으로 적절하지 않은 것은?

① 연속성　　② 대량생산

③ 비슷한 작업시간　　④ 다품종소량생산

연습문제 해답 : 6. ④, 7. ②, 8. ④, 9. ①, 10. ④

11. 다음 중에서 소수의 다기능작업자에 의한 생산방식과 관계있는 것은?

① 라인 생산 ② 셀 라인 생산

③ 기능별 배치 ④ 위치 고정형 생산

12. 자동차의 외형을 만드는 데 필요한 패널을 만드는 공정은?

① 프레스 ② 차체조립

③ 도장 ④ 의장

연습문제 해답 : 11. ②, 12. ①

실습문제

1. 본인이 10년 뒤에 희망하는 직업을 대상으로 다음 사항을 조사하시오.
   1) 한국표준산업분류체계상의 분류기호
   2) 한국표준직업분류체계상의 분류기호
   3) 직업사전에서의 직무기술서(직무개요, 수행직무 등)와 필요시 보완
   4) 직위, 직급 조사
   5) 업무 프로세스(거북이 그림)
   6) 근로조건 및 근무환경
   7) 관련 직종의 배치나 생산방식 유형
   8) 작업공정 흐름도

2. 학교 수위나 아파트 경비원을 대상으로 1번 문제의 항목들에 대하여 조사하시오.

3. 조별로 직종을 하나 정한 후에 근로환경실태 조사보고서나 해당 직종관련 연구보고서 등을 조사하여 그 직종에 관한 근로조건 등을 요약하시오.

4. 관심있는 제품의 생산공정이나 업무 프로세스를 대상으로 작업공정 흐름도를 조사하여 작성하시오.

제 4 장

작업장과 효율

1. 라인 생산과 효율
2. 작업장 분할

1. 라인 생산과 효율

1.1 라인 생산과 공정 효율

컨베이어 라인 생산방식을 대상으로 하여 어떻게 효율을 정의하고 개선할 수 있는가에 대하여 살펴보자. 대량 생산에서 볼 수 있는 라인 생산방식은 제품 한 개를 만드는데 소요되는 주기시간을 짧게 하려고 다수의 작업자들이 일렬로 라인을 구성하여 제품을 만드는 순서별로 작업을 하게 된다. 라인 생산방식에서는 제품제조 과정에서 이동거리를 짧게 하고, 시간을 단축하기 위해 컨베이어 라인을 설치하여 운용한다. 라인의 작업자는 표준화된 설비와 작업방법에 의하여 반복적인 행위를 하게 되므로, 숙련되는데 시간이 짧게 걸리지만 숙련이 되고나면 업무의 단조로움 때문에 의욕이 떨어질 수 있다. 라인 생산방식에서는 하나의 라인으로 직렬로 연결되므로, 한 명의 작업자라도 작업시간이 길어지거나 어디에서라도 고장이 나면 전체 라인이 영향을 받게 된다.

라인 생산방식에서는 컨베이어가 계속하여 흘러가기 때문에 작업자마다 시간이 다르면, 일찍 작업을 끝낸 다른 작업자는 쉬게 되며(유휴 현상), 작업시간이 긴 작업자 앞에서는 작업 대상물이 쌓이게 된다. 이렇게 작업시간이 길어 전체 작업을 지연시킬 수 있는 작업을 병목(bottle neck) 작업 또는 애로 작업이라 한다.

[그림 4.1]을 보자. 왼쪽의 그림은 컨베이어에 배치된 3개의 작업시간이 모두 같다. 각 작업마다 주기시간에 한 개씩 정확하게 작업 대상물이 처리되므로 유휴시간은 없다. 이와 같이 유휴시간이 전혀 없는 라인 작업을 완전 균형이라고 한다. 오른쪽 그림은 첫 번째 작업시간은 긴 반면에 두 번째, 세 번째의 작업시간은 짧아 유휴시간이 발생한다. 이렇게 발생한 유휴시간(idle time)을 균형 지연(balancing delay)이라 하며, 가장 긴 작업시간을 가진 작업을 병목 작업이라 한다. 병의 지름이 아무리 크더라도 병의 목 지름이 작다면 병에서 물이 나오는 양은 병목 크기에 의해 좌우된다고 하여 병목(애로) 작업이라는 이름을 붙인 것이다. 컨베이어

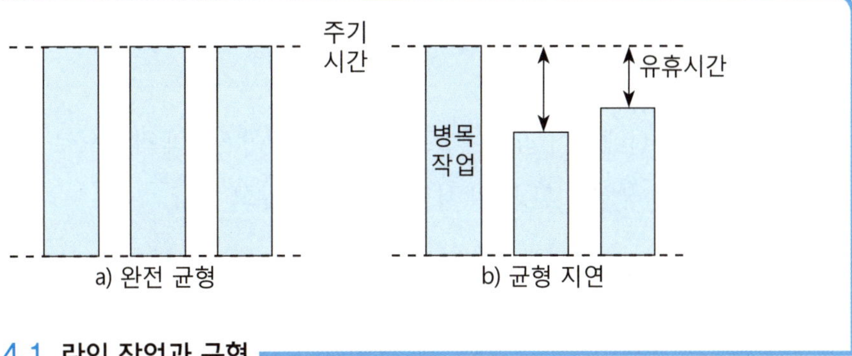

그림 4.1 라인 작업과 균형

라인에서의 작업도 다른 작업들이 아무리 빨리 끝나도 긴 작업이 한 개 있으면 생산 속도는 긴 작업에 의해 정해지는 것이다.

주기시간(cycle time)이란 제품이나 작업 대상물이 한 개 생산되는 데 걸리는 시간이다. [그림 4.1]에서 왼쪽 그림과 오른쪽 그림은 주기시간이 같다. 그러나 왼쪽 그림은 모든 작업시간이 같아서 유휴시간이 하나도 발생하지 않아 효율이 100%이나, 오른쪽 그림은 전체 공정에서 주기시간에 나오는 작업 대상물 개수로 생각하면 상대적으로 유휴시간이 발생하여 효율은 떨어지게 된다.

전체 라인의 균형 손실(balancing loss)은 완전균형시 작업자들의 총시간 대비 전체 라인에서 발생한 유휴시간의 비율로 나타낼 수 있다.

$$\text{균형 손실} = \frac{N \times T_C - \sum T(E_i)}{N \times T_C} \times 100\ \%$$

여기에서 N은 작업 수, T_C는 주기시간, $T(E_i)$는 i 작업자의 작업시간이다. 또한,

$$\text{균형 효율} = \text{총 작업시간}/(\text{작업 수} \times \text{주기시간})$$

으로 표현되며, 이는 완전균형시 총작업시간 대비 라인의 실제 총작업시간에 대한 비율을 의미한다. 균형효율과 균형손실은 다음 관계식이 성립한다.

$$\text{균형 효율} = 1 - \text{균형 손실}$$

사례 4.1 균형 손실

한 개의 컨베이어 라인에 [그림 4.2]와 같이 5개의 작업으로 이루어진 공정이 있다. 각 작업은 한 명의 작업자가 각각 맡고 있다.

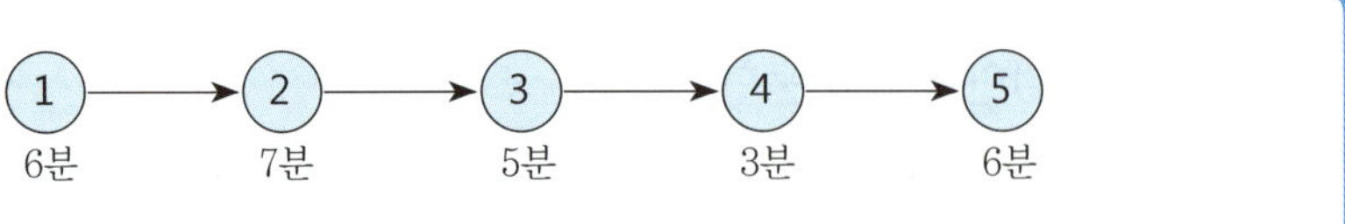

그림 4.2 5개 작업으로 구성된 라인작업

- 주기시간은 얼마인가?

  해 가장 긴 작업이 7분이므로 7분이다.

- 시간당 생산량은?

  해 1개에 7분이 걸리므로 60분/7분 = 8.57개이다.

- 4번 작업의 균형 지연(유휴시간)은?

  해 주기시간이 7분이므로 4분이 균형 지연(유휴시간)이다.

- 전체 라인에 대한 균형 손실은?

  해 총 유휴시간/(작업자 수×주기시간) = 8/(5×7) = 22.86%

- 전체 라인의 균형 효율은?

  해 총 작업시간/(작업자 수×주기시간) = 27/35 = 77.14%

작업장의 유휴시간을 최소화시키고 각 작업장의 부하가 균등하게 되도록 요소 작업들을 작업장에 적절히 분할하는 문제를 라인 밸런싱(line balancing)이라 한다.

라인 생산 방식에서 컨베이어를 설치할 때에는 목표로 하는 주기시간을 정하고 각 작업을 주기시간 안에 맞추어 배치한다. 필요한 작업시간과 목표로 하는 주기시간을 고려하여 어떻게 하면 라인의 공정 효율을 높일 수 있는가를 찾는 것은 전형적인 라인 밸런싱 문제가 된다.

2. 작업장 분할

2.1 작업장 분할 개념

제조 과정 순서에 따라 작업 순서와 내용이 정해지면 작업을 누가 어떻게 할 것 인가를 분할하여 배정하여야 한다. 작업을 공정별로 분할하여 배치하는 문제를 작업장 분할이라 하고, 작업을 작업자에게 배분하는 문제를 작업자 배분이라 한다. 작업장 분할이나 작업자 배분은 생산속도(생산주기)와 연관이 되어 있다. 제품을 생산하는 데 소요되는 전체 시간을 분할하지 않는다면 단위당 생산시간은 전체 소요시간이 요구될 것이다. 그러나 적정 수의 작업장이나 작업자를 단위로 분할하여 배분하고 연속적으로 흘러가는 개념으로 생산한다면 단위당 생산시간은 줄어들게 된다. 따라서 단위당 생산속도를 나타내는 생산주기(T_c)는 작업장 단위의 수(N)와 전체 작업의 소요시간($\sum T(E_i)$)과의 함수로 표시된다. $T(E_i)$는 i 작업의 작업시간을 의미한다.

작업장을 N개로 분할 한 경우에는 의도한 생산주기(T_c)로 모든 작업장이 생산과정을 마치는 것이 이상적이지만 빨리 진행되는 작업장도 있고, 늦게 진행되는 작업장도 있게 된다. 따라서 생산주기(T_c)는 가장 긴 작업장의 작업시간에 의해 정해지며, 다음 관계식이 성립하게 된다.

$$N \times T_c \geqq \sum T(E_i)$$

N개로 구성된 모든 작업장의 작업시간이 생산주기(T_c)와 동일할 때만 전체 작업장의 작업시간의 합과 같게 되고, 이상적이지 않은 경우에는 전체 작업장의 작업시간의 합이 작게 되는 것이다.

2.2 주기시간이 정해진 경우의 작업장 분할

제품 단위당 생산속도를 나타내는 생산주기(T_c)나 시간당 생산량($60/T_c$)이 주어지면 지켜야할 제약조건이 생기는 것으로, 적어도 주어진 생산주기이하로 주기시간을 하거나, 시간당 생산량을 주어진 생산량($60/T_c$) 보다 크게 하여야 한다.

생산주기(T_c)가 주어진 경우 이론적으로 가능한 작업장 수(N)수는 다음 식으로 표현된다.

$$N \geqq \sum T(E_i) \,/\, T_c$$

이론적 작업장수(N)가 정수인 경우에는 가능한 정수의 개수로 작업장 분할이 가능한가를 검토해보고 적절하게 분할되지 않는 경우에는 작업장수를 더 추가하여 분할하는 방식으로 문제를 해결해야 한다. 이렇게 새로운 정보로 조건을 바꾸면서 문제를 시행착오적으로 풀어보며 최적해에 가까운 해를 구하는 방법을 휴리스틱 기법(heuristic approach)이라 한다.

작업장 분할문제는 작업장에 어떤 작업을 먼저 할당하느냐에 관한 우선 순위를 두고, 가능한 주기 조건에 만족되는가를 검토해야 하므로, 우선순위에 대한 정보를 주면 이용할 수 있다. 위치가중치라는 개념이 우선순위에 대한 정보로 이용될 수 있는데 위치가중치는 현재부터 마지막까지의 일정이나 작업을 순차적으로 진행할 때 최소한 필요한 시간으로 정의한다.

사례 4.2 주기시간 정해진 경우의 작업장 분할

[그림 4.3]과 같은 작업시간을 갖는 5개의 작업으로 구성된 컨베이어 라인이 있다. 만일 각 작업을 한 명씩의 작업자가 맡아서 작업을 한다면 주기시간은 작업시간이 가장 긴 2번의 애로 작업 때문에 10분이 되며, 시간당 생산량은 6개이다. 공정 전체에서 발생한 총 유휴시간은 18분이며, 균형 손실은 18/50 = 36%가 되고 공정 효율은 32/50 = 64%로 낮은 편이다.

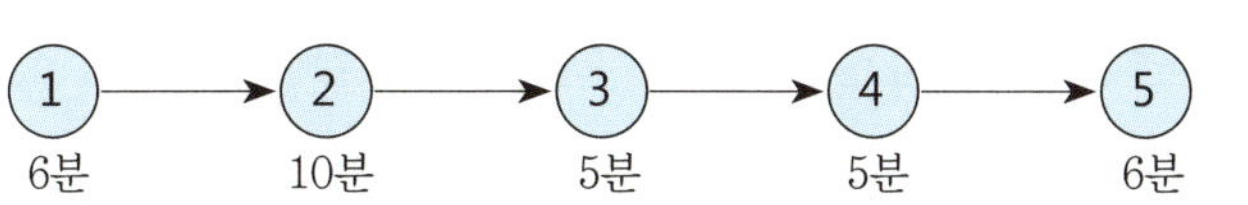

그림 4.3 주기시간을 기준으로 작업장 분할

만일 하루(480분) 30개의 생산량을 만족시키도록 작업자를 분할하는 문제를 고려하여 보자. 주기시간(480분/30개)은 16분이 되므로 이상적인 작업장 개수($N = \sum T(E_i) / T_C = 32/16$)는 2개가 된다. 따라서 [표 4.1]과 같이 작업자 2명이 각각 작업자 1(①, ②)과 작업자 2(③, ④, ⑤)로 나누어서 작업들을 수행하면 생산 주기 16분을 만족하면서 공정 효율은 100%가 된다.

표 4.1 [그림 4·3]에서 주기 16분으로 작업자 분할

	작업 1	작업 2	작업 3	작업 4	작업 5
작업시간	6	10	5	5	6
위치가중치	32	26	16	11	6
작업자	작업자 1		작업자 2		
작업 할당	①, ②		③, ④, ⑤		
작업시간	16분		16분		
공정효율	32/(16X2)×100% = 100%				

2.3 작업장 수(N)가 정해진 경우의 작업장 분할

작업자 수나 작업장 수가 제약조건으로 정해지면 작업자 수를 지키면서 가능한 생산주기(T_c)를 적게 하는 작업장 분할이 필요하다. 작업장 수(N)수가 주어진 경우 이론적으로 가능한 생산주기(T_c)는 다음 식으로 표현된다.

$$T_c \geqq \sum T(E_i) \;/\; N$$

작업장 수(N)가 정해진 경우 작업장 분할 원칙은 이론적 생산주기(T_c)와 같은 값으로 분할될 때 가장 이상적이며, 이상적인 값으로 분할되지 않는 경우에는 생산주기(T_c) 수치를 한 단위 늘려가면서 분할하는 방식으로 문제를 해결한다.

사례 4.3 작업자 수가 정해진 경우의 작업장 분할

[그림 4.4]의 컨베이어 라인을 작업자 4명이 맡아서 작업하는 형태로 라인을 구성하여 보자. 작업자수가 4명이므로 이상적인 생산주기($Tc = 27/4 = 6.75$) 시간은 6.75초가 된다. 그러나 [표 4.2]와 같이 작업자 4명이 라인을 담당하더라도 작업의 선행관계와 단위시간을 맞추어 분할하려면 이상적인 주기시간으로 라인을 구축할 수는 없고, 주기시간은 8초가 된다. 작업자수 4명으로 라인을 구축하면 공정효율은 84.4%로 된다.

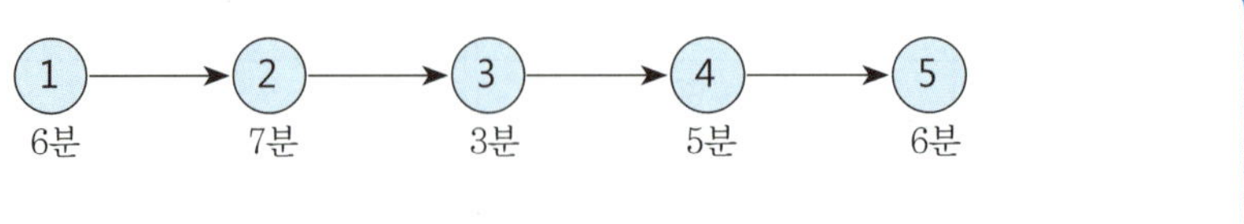

그림 4.4 작업자 수 4명으로 작업장 분할

표 4.2 [그림 4.4]에서 작업자 4명으로 분할

	작업 1	작업 2	작업 3	작업 4	작업 5
작업시간	6	7	3	5	6
위치가중치	27	21	14	11	6
작업자 4명	작업자1	작업자2	작업자3		작업자4
작업 할당	①	②	③, ④		⑤
작업시간	6분	7분	8분		6분
공정효율	27 / (4X8)×100% = 84.4%				

사례 4.4 작업장 분할

[그림 4.5]와 같은 선행도에서 작업장을 4개로 분할하여 배치하는 문제를 고려하여 보자. 작업장이 4개이므로 이상적인 생산주기($T_c \geq \sum T(E_i) / N = 18/4 = 4.5$) 시간은 4.5 분이 된다. 위치가중치를 이용하여 주기시간이 5분이 되도록 작업장을 분할하면, [표 4.3]과 같이 작업장 1에는 ①③② 작업을 배치하고, 작업장 2에서는 ④⑥, 작업장 3에는 ⑤, 작업장 4에는 ⑦⑧을 배치하면 된다. 4개의 작업장을 만들어 생산하면 공정효율은 90%가 된다.

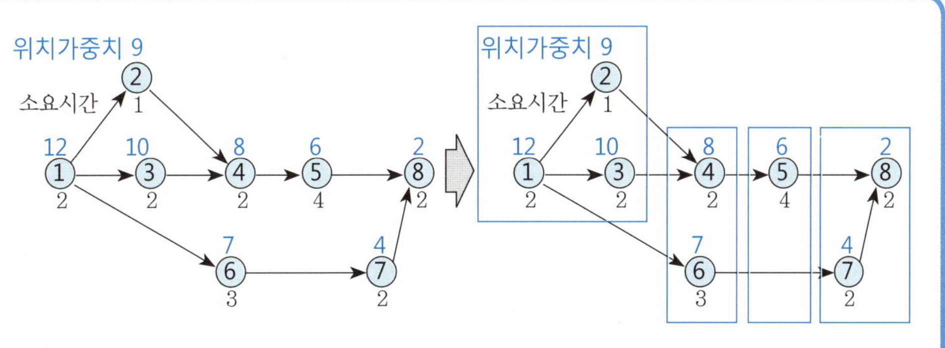

그림 4.5 작업자 수 4명으로 작업 분할

표 4.3 [그림 4·5]에서 작업자 수 4명으로 분할

작업장	작업장 1	작업장 2	작업장 3	작업장 4
작업 할당	①③②	④⑥	⑤	⑦⑧
작업시간	5분	5분	4분	4분
공정효율	18 / (5 X 4) = 90%			

연습문제

1. 어느 회사의 컨베이어 라인에서 작업순서가 다음 표의 번호와 같이 구성되어 있다. 다음 설명 중에서 옳은 것은?

작업	조립	납땜	검사	포장
작업시간(초)	10초	9초	8초	7초

① 라인의 주기시간은 7초이다.
② 애로작업은 검사작업이다.
③ 라인의 시간당 생산량은 6개이다.
④ 공정 손실은 15% 이다.

2. 라인 생산의 요건으로 부적절한 설명은?
① 대량 생산 ② 연속성 ③ 다기능성 ④ 균형성

3. 각 작업자의 시간이 30초, 35초, 32초, 33초, 35초로 구성된 라인의 균형 지연은?
① 10초 ② 35초 ③ 165초 ④ 5.7%

4. 라인 생산 방식에서 균형 손실(balancing loss)이란?
① 라인에서의 유휴시간의 총합 ② 특정 작업의 유휴시간
③ 라인에서의 유휴시간의 비율 ④ 특정 작업의 유휴시간 비율

연습문제 해답 : 1. ④, 2. ③, 3. ①, 4. ③

5. 라인생산에 관한 설명으로 부적절한 것은?

① 병목작업: 작업시간이 길어 전체 작업을 지연 시킬 수 있는 작업

② 완전균형: 모든 작업의 작업 시간이 동일한 라인

③ 균형효율: 전체 라인의 유휴시간 비율

④ 주기시간: 병목작업 시간

6. 라인생산에서 애로작업과 가장 거리가 먼 것은?

① 주기시간 ② 유휴시간 발생 작업

③ 병목작업 ④ 시간당 생산량 산정

7. 5개의 작업으로 이루어진 컨베이어 라인이 다음과 같이 구성되어 있다. 설명으로 올바르지 않은 것은?.

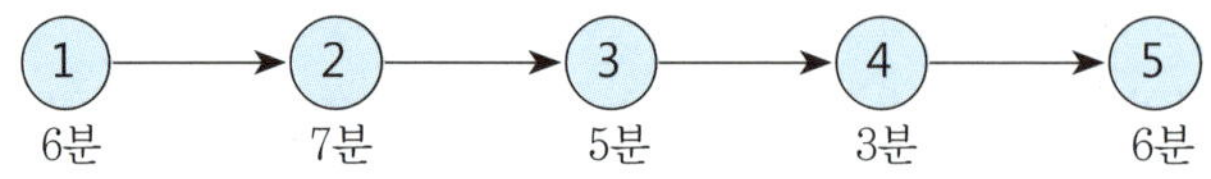

① 주기시간은 7분이다

② 시간당 생산량은 60분/7분 = 8.57개이다.

③ 4번 작업의 균형 지연은 4분이다.

④ 전체 라인의 균형 효율은 22.86%(=8/(5×7)) 이다.

연습문제 해답: 5. ③, 6. ②, 7. ④

8. 다음 5개의 작업으로 구성된 컨베이어 라인을 작업자 4명이 맡아서 작업하는 형태로 라인을 구성한다면 적절하지 않은 설명은?

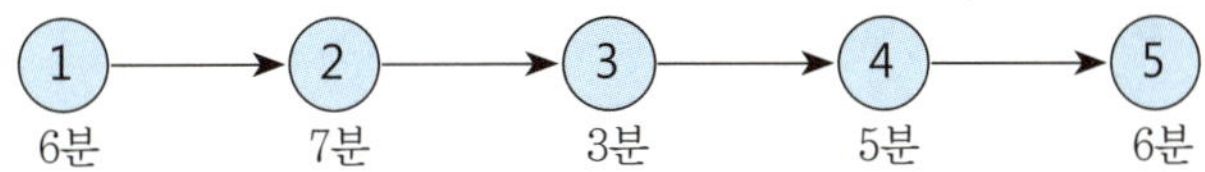

① 이상적인 생산주기($T_c \geq \sum T(E_i) / N = 27/4$) 시간은 6.75초

② 실제 라인의 주기시간은 8초

③ 공정효율은 84.4%

④ 작업자수 4명일 때보다 5명인 경우가 공정 효율이 좋다.

연습문제 해답: 8. ④

실습문제

1. 5개의 가공 공정을 거쳐 완성되는 A제품의 경우, 제품 단위당 각 공정의 소요시간이 아래 표와 같다. 이 흐름 작업에서 사이클 타임과 시간당 생산량은? 공정 효율은?

공 정 별	1	2	3	4	5
소요시간(분)	2.5	3.2	3.5	2.0	2.7

■ 해설 ■

- 주기시간 (사이클 타임) = 3.5분 (가장 긴 작업시간이 주기시간이 됨)
- 시간당 생산량 = 60분 / 3.5분 = 17.14개
- 공정효율= (2.5+3.2+3.5+2.0+2.7)/(3.5×5)×100% = 79.4%

2. 어느 부품을 조립하는 컨베이어 라인의 5개 요소작업에 대한 작업시간이 다음과 같다.

요소작업	1	2	3	4	5
작업시간(초)	20	12	14	13	12

1) 이 라인의 주기시간은 얼마인가?
2) 시간당 생산량은?
3) 공정 효율은?
4) 만일 요소작업 1을 두 사람의 작업자로 배치한다면 컨베이어 라인의 주기시간은 어떻게 변하는가?

■ 해설 ■

1) 주기시간은 가장 긴 작업시간인 20 (초)
2) 시간당 생산량 = 60분 × 60초 / 20초 = 180 (개)
3) 공정효율= (20+12+14+13+12)/(20×5)×100% = 71%
4) 요소 작업 1을 2명이 담당하므로 10(초/개)로 되므로, 주기시간은 14초로 변한다.

3. 다음은 어느 공장의 제조 공정을 선행활동 관계표로 나타낸 것이다.

공 정	1	2	3	4	5	6	7
소요시간(분)	2	1	2	2	1	2	2
선행 공정	-	1	1	2	3	2.4	5.6

1) 선행도를 작성하시오.

2) 시간당 25개를 생산할 수 있도록 작업장을 분할하여 설계하시오. 균형 효율을 구하시오.

■ 해설 ■

1) 선행도

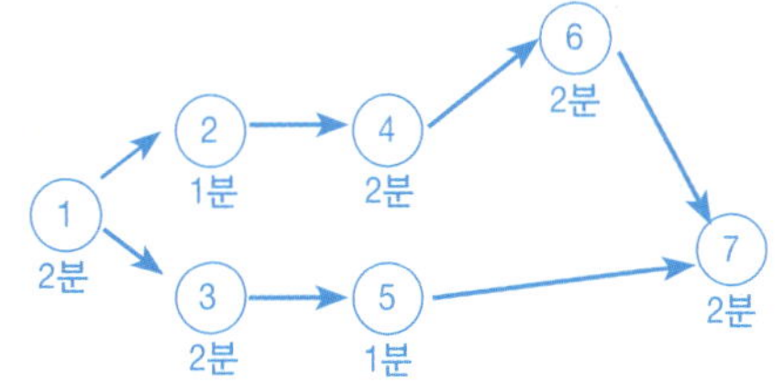

2) 작업장 분할 설계

- 시간당 25개이상 생산하려면 개당(= 60분/25개) 2.4분 이하여야 함.
- 주기시간은 정수값을 취하므로 2분이 된다.
- 최소 작업장 수(N) ≧ ΣTi / 주기시간 = 12/2 = 6(개)
- 선후관계 고려하며 주기시간이 2분이 되도록 작업장을 6개로 분할.

작업장	1	2	3	4	5	6
작업	①	③	②⑤	④	⑥	⑦
작업시간(분)	2	2	2	2	2	2

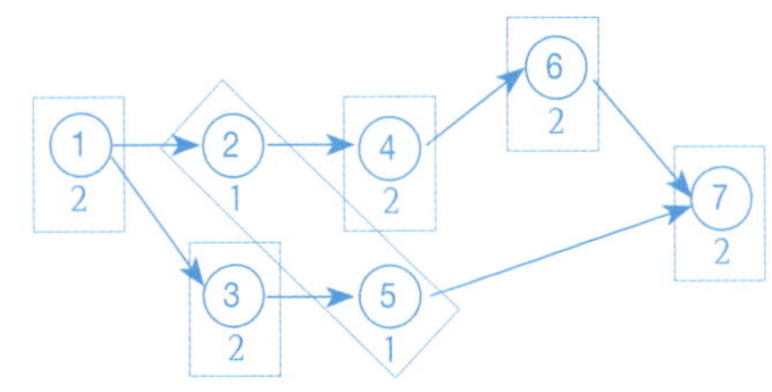

작업장 공정효율=12분/(2분×6개 작업장)×100%=100%

4. 다음 그림은 어느 조립공정의 요소작업을 그림으로 나타낸 것이다. 2시간 동안 50개를 만들수 있도록 작업장을 분할하고자 한다.

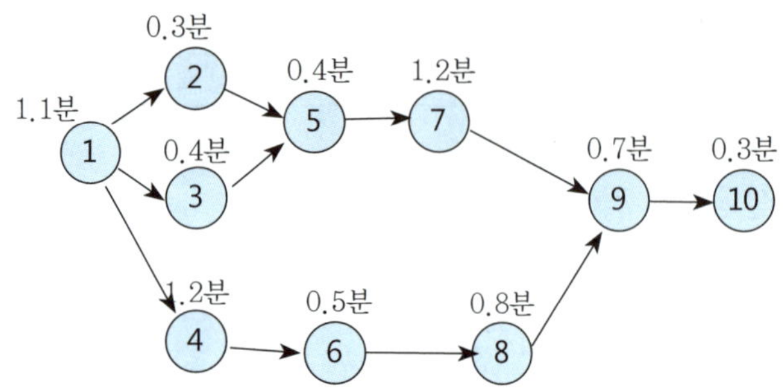

1) 작업장수는 최소 몇 개가 필요한가? 작업장별로 요소작업을 분할하여 배치하시오.

2) 작업장 분할 후의 주기시간, 공정효율, 시간당 생산량은?

■ 해설 ■

1) 2시간동안 50개 생산하려면 주기시간(120분/50개)을 2.4분/개 이하로 생산.
최소작업장 수(N) ≥ ΣTi / 주기시간 = 6.9/2.4 = 2.88

∴ 작업장수는 정수이므로 3개 필요.

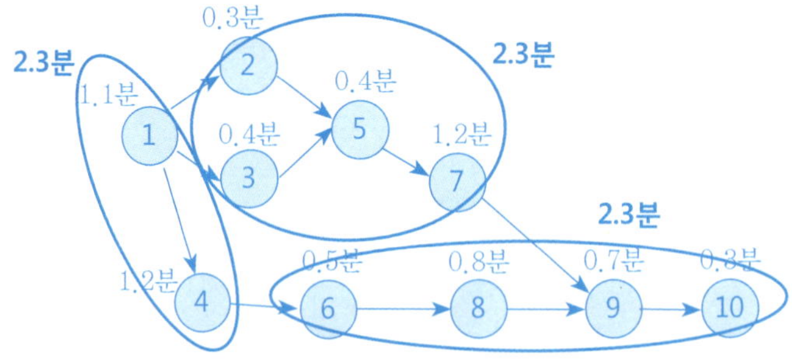

작업장	I 작업장	II 작업장	III 작업장
요소작업	1, 4	2, 3, 5, 7	6, 8, 9, 10
작업시간(분)	2.3	2.3	2.3

2) 주기시간 : 2.3분/개
공정효율 = 총작업시간/(작업장수×주기시간) = 6.9/(2.3×3)×100% =100%
시간당 생산량 = 60분/주기시간 = 60/2.3 = 26.08 (개) 가능

5. 다음 선행도(network diagram)를 이용하여 문제를 해결하시오

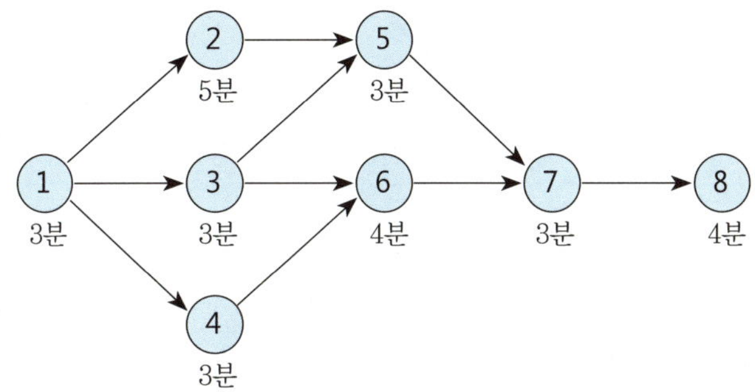

1) 8개의 작업을 작업자 8명이 담당하도록 한 줄의 컨베이어라인으로 설계하고자 한다. 주기시간과 공정효율은?
2) 위치가중치를 구하고, 작업자를 3명만 할당하여 컨베이어라인을 구축하시오. 이 때의 주기시간, 시간당, 생산량, 공정 효율은?
3) 주기시간을 8분으로 하여 작업장(작업자)을 분할하고 균형효율을 구하시오.

■ 해설 ■

1) - 2번 작업이 5분으로 가장 길기때문에 주기시간은 5분.
- 시간당 생산량 = 60분/5분 = 12 (개)
- 공정효율 = 28 / (5×8)×100% = 70.0%
2) 주기시간 ≥ 총작업시간 / 작업자수 = 28/3 = 9.3 (분)
주기 시간 10분이 되도록 위치가중치 이용하여 작업자 3명으로 분할

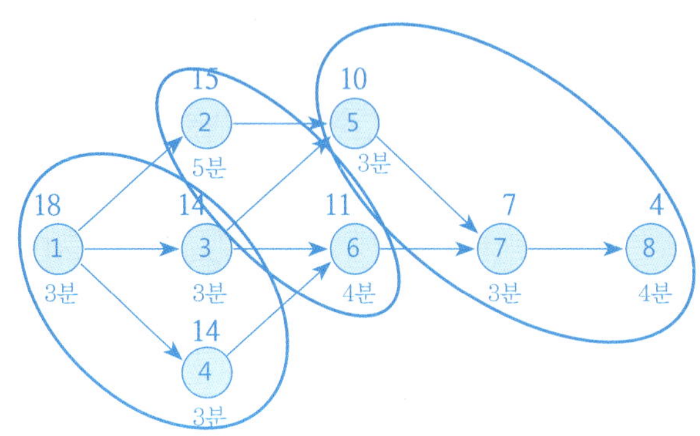

작업자	I 작업자	II 작업자	III 작업자
요소작업	1, 3, 4	2, 6	5, 7, 8
작업시간(분)	9	9	10

- 주기시간 10분
- 시간당 생산량 = 60분/10분 = 6 (개)
- 공정효율 = 28 / (3×10)×100% = 93.3%

3) 작업자수 ≥ 총작업시간 / 주기시간 = 28/8 = 3.5(명), 최소 작업자 4명
- 주기 시간 8분이 되도록 위치가중치 이용하여 작업자 4명으로 분할 .
- 작업자별로 (1, 2), (3,4), (5,6), (7,8)로 작업을 분할하면
  작업자1(8분), 작업자2(6분), 작업자3(7분), 작업자4(7분) 담당
- 균형효율 = 총작업시간/(작업자수 × 주기시간)×100%
  = 28 / (4×8)×100% = 87.5%

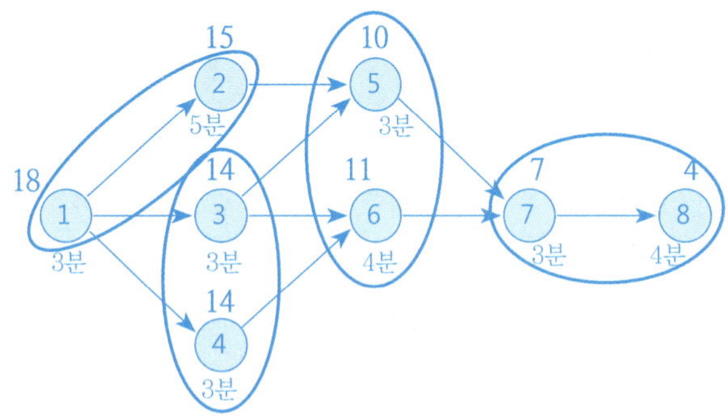

6. 아래 그림과 같이 5개의 작업으로 구성된 컨베이어 라인이 있다. 만일 작업자 인원을 아래의 표와 같이 배정하는 경우에 주기시간과 공정효율에 대한 요약표를 완성하시오.

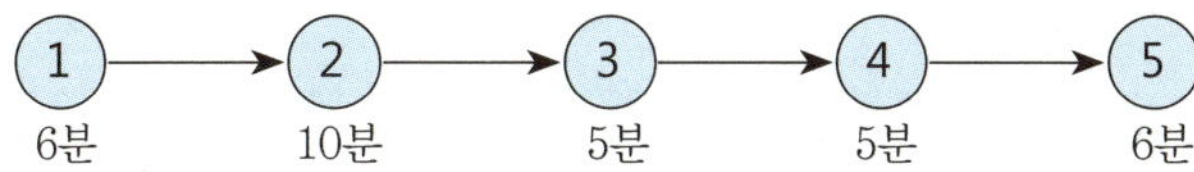

작업 인원	주기시간	시간당생산량	공정효율
6명 (2번/2명)			
5명			
4명			

■ 해설 ■

작업 인원	주기시간	시간당생산량	공정효율
6명 (2번/2명)	6분	60/6=10	32/(6분*6명)=88.9%
5명(1/2/3/4/5)	10분	60/10=6	32/(10분*5명)=64.0%
4명(1/2/3,4/6)	10분	60/10=6	32/(10분*4명)=80.0%

7. 다음은 어느 제조 공정을 선행활동 관계표로 나타낸 것이다. 선행도를 그리고 다음 물음에 답하시오(단위 분).

활동	0	1	2	3	4	5	6	7	8	9	10
소요시간(초)	2	1	2	2	1	3	2	2	3	1	3
선행활동	-	-	0	1	3	2	5	5	4,6	7,8	9

1) 작업장을 6개로 분할하여 설계하고, 주기시간과 시간당 생산량, 균형효율을 구하시오.
2) 시간당 생산량을 10개 이상으로 하고 싶은 경우에 작업장을 분할하고 균형효율을 구하시오.

■ 해설 ■

1) Tc ≧ 작업시간 / 작업장수 = 22/6 = 3.7(분). 따라서, 주기시간은 4분 .

- 위치가중치를 구하고, 가중치를 고려하여 작업장을 분할하면 다음과 같다.
- 시간당 생산량 = 60 / 4 = 15 개
- 공정효율 = 22 / (4×6) = 91.7%

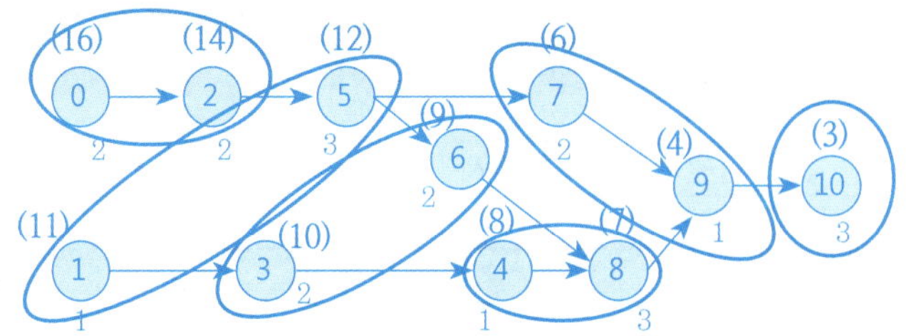

2) N ≧ 작업시간 / 주기시간 = 22/ (60/10) = 3.7 (개). 작업장 4개로 분할

- 위치가중치를 고려하여 주기시간 6분이 되도록 작업장을 분할한다.
- 공정효율 = 22 / (6×4) = 91.7%

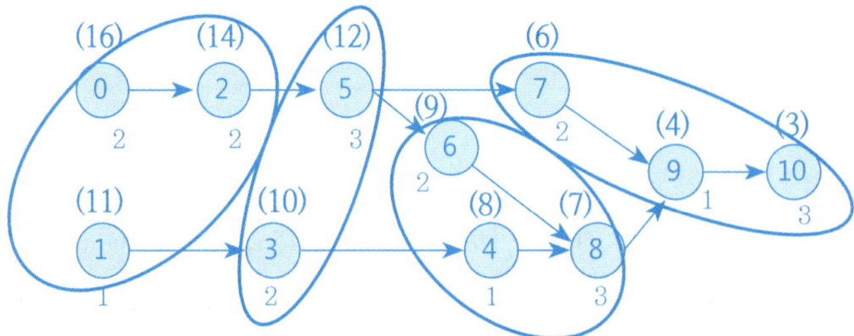

제 5 장

공정분석

1. 공정 분석 도표
2. 다중활동도표

1. 공정 분석 도표

1.1 공정도 기호

공정의 전체 흐름을 설명할 때 가장 좋은 방법 중의 하나는 그림을 이용하여 표현하는 것이다. 공정도(process chart)란 공정의 이해를 돕고 개선을 위해 간결하게 도표로 공정을 기록해 두는 방법이다. 본 절에서는 공정 분석에 사용되는 도표에 대하여 설명하고자 한다.

공정도는 기호를 이용한 그림이므로 자주 쓰이는 활동을 기호로 약속하여 사용한다. 동작 연구에 관심이 많았던 Gilbreth는 40개의 기호를 가지고 생산 공정에 관련된 활동을 표현하였었다. 그러나 지금은 미국 기계공학회인 ASME(American Society of Mechanical Engineers)가 정의한 5개의 기호를 가장 널리 사용하고 있다. ASME가 정의한 5개의 기호는 작업, 검사, 운반, 정체, 저장이다.

작업(operation)은 ○로 표시하며, 작업 대상물의 특성이 변화되는 것을 의미한다. 운반, 검사, 저장을 위한 사전 준비 작업, 작업 대상물의 분해, 조립 작업이나 정보를 주고받을 때, 계산, 계획 수립 등이 모두 작업에 해당한다.

검사(inspection)는 □로 표시하며, 작업 대상물의 품질 확인 또는 수량의 조사에 해당된다. 운반(transport)은 ⇨로 표시하며, 작업 대상물을 다른 장소로 옮기는 것이다. 정체(delay)는 D로 표시하며, 작업 등을 마친 뒤에 다음의 계획된 요소가 즉시 시작되지 않을 때 발생하는 지연이다. 저장(storage)은 ▽로 표시하며, 허가가 있어야만 반출될 수 있는 정체 상태를 의미한다.

한국공업규격에서는 공정도의 기호를 KSA3002로 정의하고 있는데, [그림 5.1]에 나타낸 바와 같이 가공(작업)과 운반 기호는 ASME 기호와 같으며, 정체는 4가지로 세분하여 구분할 수 있게 표시하였고, 검사도 수량 검사와 품질 검사를 구분할 수 있도록 하였다.

공정 분류	공정도시 기호		공정 내용	비고
가공 (작업)	○		원재료 또는 부품을 가지고 작업하는 상태 (물리적, 화학적 변화)	
운반	⇨		재료, 부품, 제품 등이 한 장소에서 다른 장소로 이동하는 상태	
정체	D	△	원료, 재료 및 부분품의 저장	
		▽	제품 또는 반제품의 저장	
		✡	지체 또는 정체	
		▽	대기(수량 또는 로트 대기)	
검사	□	□	수량 검사(검수)	
		◇	품질 검사	
	복합	◇	품질 중심 수량 검사	
		□	수량 중심 품질 검사	

그림 5.1 한국공업규격 KSA3002 공정도 기호

1.2 작업공정도

작업공정도(operation process chart)는 원자재로부터 완제품(반제품)이 나올 때까지 공정에서 이루어지는 작업과 검사의 모든 과정을 순서대로 표현한 도표로 사용되는 재료와 시간 정보를 함께 나타낸다.

작성 방법은 [그림 5.2]와 같이 수평선은 작업에 투입되는 자재의 시점을, 수직선은 제조 과정의 순서를 나타낸다. 작업과 검사만을 대상으로 수직선에 제조 과정의 순서대로 기호를 표시하며 기호의 왼쪽에는 시간을, 오른쪽에는 설명을 기입한다. 일반적으로 주된 공정을 오른쪽에 위치하도록 작성한다. 전체 제조 과정을 작성한 후에는 작업과 검사별로 주 공정부터 제조 과정의 순서대로 일련번호를 기호 안에 적는다. 요약표에는 작업과 검사의 총 회수와 총 시간을 기입한다.

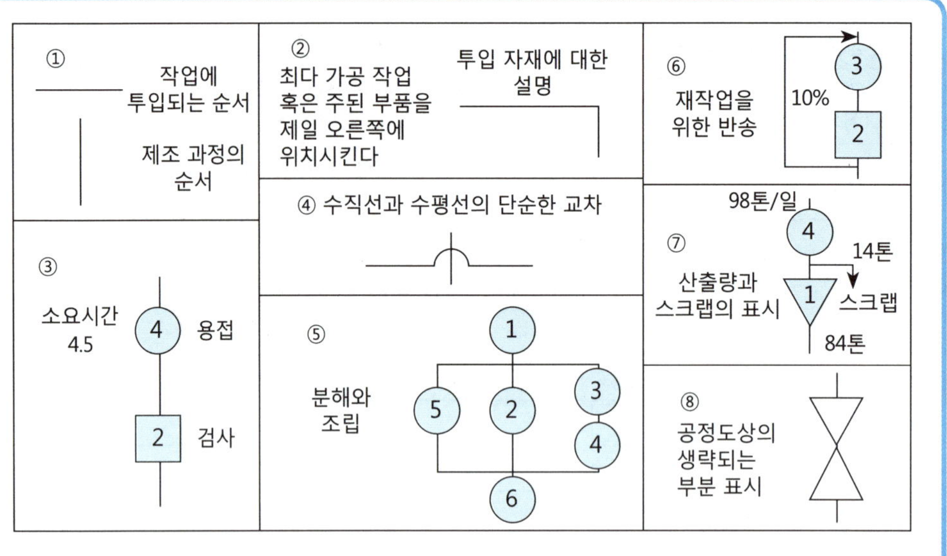

그림 5.2 **작업공정도 작성 방법**

작업공정도는 제조 과정의 순서를 정확하게 파악할 수 있으며, 자재들의 구입 및 조립 여부와 부품들 사이의 조립 관계 등을 파악하는 데에 이용된다. 또한 개선의 ECRS 원칙을 이용하면 개선안을 도출할 수 있다.

사례 5.1 작업공정도 작성

부품 X는 2분이 소요되는 작업을 거친 후 검사(1분)되고 조립(2분)된다. 부품 Y는 완제품으로 구입되며, 부품 Z는 1분이 걸리는 작업을 한 후에 부품 X와 Y와 함께 하나의 제품으로 조립(1분)된다. 조립품은 품질 확인(2분)을 한 후에 포장(1분)이 된다.

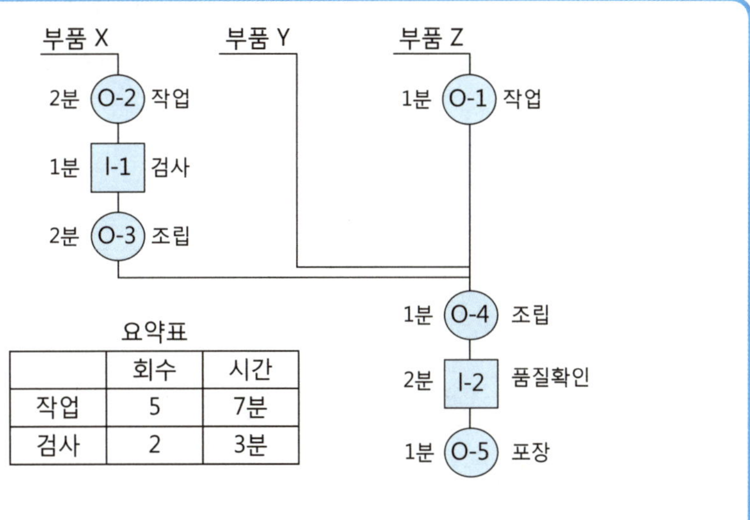

	회수	시간
작업	5	7분
검사	2	3분

그림 5.3 〈사례 5.1〉의 작업공정도

1.3 유통선도

유통선도(flow diagram)는 제조 과정에서 발생하는 작업, 운반, 정체, 검사, 보관 등의 사항이 생산 현장의 어느 위치에서 발생하는가를 알 수 있도록 부품의 이동 경로를 배치도상에 선으로 표시한 후, 공정도에서 사용되는 기호와 번호를 발생 위치에 따라 유통선상에 표시한 도표이다. 유통선도는 기자재 소통상 혼잡 지역을 파악하거나, 공정 흐름 중에서 역류 현상 점검, 시설 재배치(운반 거리의 단축) 등에 이용될 수 있다.

사례 5.2 유통선도

[그림 5.4]와 [그림 5.5]는 정밀기계 회사의 자재보관부서에서 자재가 도착하여 저장되기까지를 유통선도로 나타낸 것이다. [그림 5.4]는 현재의 방

법이고, [그림 5.5]는 보관지역 출입구의 위치를 변경시키고 접수대, 검사대와 Marking대를 서로 인접하게 둠으로써 이동 거리를 줄인 개선 후의 유통선도이다.

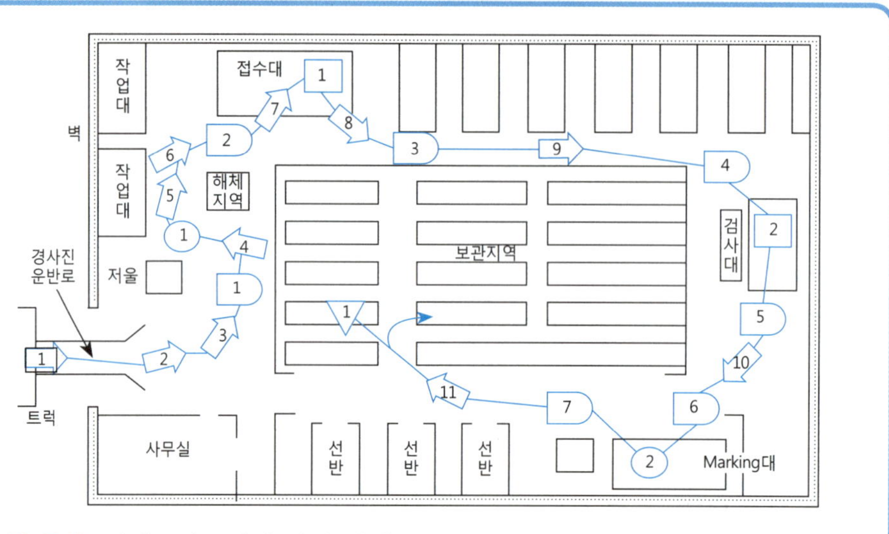

그림 5.4 **자재보관부서의 개선 전 유통선도**

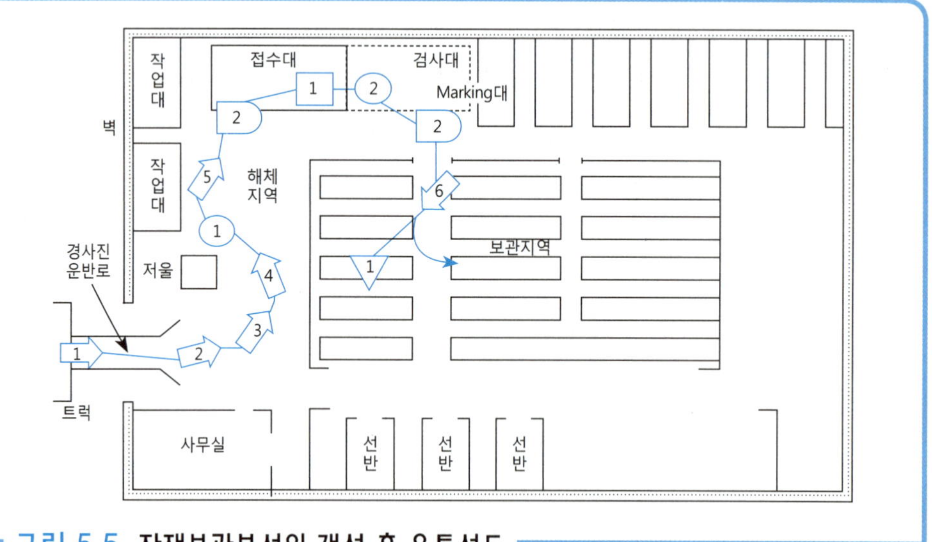

그림 5.5 **자재보관부서의 개선 후 유통선도**

1.4 유통공정도

유통공정도(flow process chart)는 공정 중에 발생하는 모든 작업, 검사, 운반, 저장, 정체 등을 자재나 작업자의 관점에서 흘러가는 순서에 따라 표현한 도표로

요약	현재 방법		개선안		차이	
	회수	시간	회수	시간	회수	시간
○ 작업			2	5		
⇨ 운반			6	20		
□ 검사			1	20		
D 정체			2	10		
▽ 저장			1			
거리(단위: m)			32.2			

작업 명칭 자재 보관 작업

( ) 사람 (V) 자재

작업 부서 자재부

도표 번호

작 성 자 일자

설명 (V) 현재 방안 ( ) 개선안	기호	거리 (M)	시간 (분)	양	비고
1. 트럭에서 경사진 운반로에 UNLOADING	○ ➡ □ D ▽		1.2		작업자 2명
2. 운반로로 밀어 올린다.	○ ➡ □ D ▽		6	5	작업자 2명
3. HAND TRUCK에 싣는다.	○ ➡ □ D ▽		1		작업자 2명
4. UNPACKING 장소로 운반	○ ➡ □ D ▽		6	5	작업자 1명
5. 상자 뚜껑을 연다.	● ⇨ □ D ▽			5	작업자 1명
6. 트럭으로 접수대에 운반	○ ➡ □ D ▽		9	5	작업자 1명
7. UNLOADING 장소로 운반	○ ⇨ □ ◗ ▽			5	
8. 수령 및 품질 검사	○ ⇨ ■ D ▽			20	검사자
9. MARKING한 후 다시 상자에 넣는다.	● ⇨ □ D ▽				창고 사무원
10. 운반될 때까지 정체	○ ⇨ □ ◗ ▽			5	
11. 보관 장소까지 운반	○ ➡ □ D ▽		9	5	작업자 1명
12. 저장	○ ⇨ □ D ▼				
13.	○ ⇨ □ D ▽				
14.	○ ⇨ □ D ▽				
15.	○ ⇨ □ D ▽				
16.	○ ⇨ □ D ▽				
17.	○ ⇨ □ D ▽				
18.	○ ⇨ □ D ▽				

그림 5.6 자재보관부서의 개선 후 유통공정도

소요시간, 운반 거리 등의 정보를 기입한다. 유통공정도는 ① 제품이나 자재, ② 작업이나 작업자 관점의 두 가지 유형으로 분류된다.

유통공정도는 유통선도와 같이 사용되며, 이들을 이용하면 생산 공정에서 발생하는 잠복 비용(hidden cost: 운반 거리, 정체, 저장과 관련되는 비용)을 발견하여 감소시키는 데 도움을 준다.

[그림 5.6]은 <사례 5.2>의 자재보관부서의 개선 작업 내용을 유통공정도로 작성한 것이다. [그림 5.6]의 유통공정도를 보면 유통선도에서는 구체적으로 알 수 없었던 소요시간이나 작업자 수, 수량 등에 대한 작업 내용을 파악할 수 있다.

2. 다중활동도표

2.1 man-machine chart

다중활동도표(multi-activity chart)는 한 개의 작업 부서에서 발생하는 한 사이클 동안의 작업 현황을 작업자와 기계 사이의 상호관계를 중심으로 표현한 도표이다. 특별히 작업자와 기계 사이의 상호관계를 대상으로 작성한 다중활동도표를 man-machine chart라 한다.

man-machine chart는 작업자와 기계로 이루어진 작업의 현황을 체계적으로 파악하여 기계와 작업자의 유휴시간을 단축하고 작업 효율을 높이는 데에 이용된다.

[그림 5.7]에서 보는 바와 같이 일반적으로 작업장에서는 기계에 의한 자동 가공시간이 긴 반면에 작업자의 작업시간은 자재를 물리거나 빼내는 작업 또는 검사 등에 소요되는 시간 정도여서 기계 작업시간에 비해 상대적으로 짧다. 따라서 효율을 높이기 위하여 작업자는 동종의 기계를 여러 대 담당하게 된다.

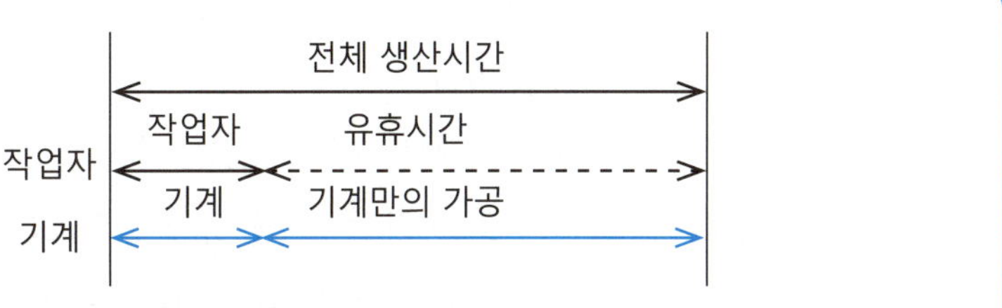

그림 5.7 **기계와 작업자의 작업시간**

작업자가 동종의 기계를 여러 대 담당할 수 있는 경우에 몇 대를 담당하는 것이 경제적인가 하는 문제를 man-machine chart를 이용하여 구할 수 있는데 다음과 같은 가정을 배경으로 한다.

① 기계가 가동 중인 경우에는 작업자가 기계를 돌보지 않아도 된다.
② 가공이 끝난 부품은 그대로 기계에 방치시켜도 문제가 발생하지 않는다.
③ 각 작업의 작업시간은 상수로 알려져 있다.

사례 5.3 man-machine chart

작업자 1명이 자동기계 1대를 담당하여 작업할 때의 작업 현황이 [그림 5.8]과 같다. [그림 5.8]에서 보면 작업자 1명이 동종의 기계를 1대 담당할 경

시간	인간	기계	주기시간
	자재물림 L1	자재물림 L1	4.0
1.5	유휴	자동가동 Run	
4.0			

그림 5.8 **작업자 1명이 1대의 기계 담당**

우에 주기시간은 4.0분이고, 유휴시간은 작업자에게서 2.5분이 발생한다. 시간당 생산량은 60/4 = 15개이다.

작업자 1명이 동종의 기계를 2대, 3대, 4대를 담당할 때의 man-machine chart를 그려보자. [그림 5.9]는 작업자 1명이 동종의 기계를 2대 담당할 때의 man-machine chart이다. 이때 주기시간은 4.0분, 유휴시간은 작업자에게서 1분이 발생하며, 시간당 생산량은 (60/4)×2대 = 30개이다

	인간	기계 1	기계 2
	L1	L1	Run
1.5	L2	Run	L2
3.0	유휴		Run
4.0	L1	L1	
5.5	L2	Run	L2
7.0	유휴		Run

(주기시간: 0~4.0)

그림 5.9 **작업자 1명이 2대의 기계 담당**

[그림 5.10]은 작업자 1명이 3대의 같은 기계를 담당할 때의 man-machine chart이다. 주기시간은 4.5분, 유휴시간은 기계 1대당 0.5분씩이며, 시간당 생산량은 (60/4.5)×3대 = 40개이다.

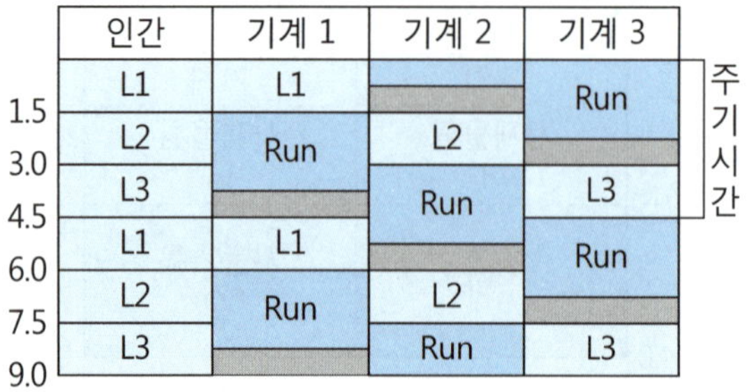

	인간	기계 1	기계 2	기계 3
	L1	L1		Run
1.5	L2	Run	L2	
3.0	L3		Run	L3
4.5	L1	L1		Run
6.0	L2	Run	L2	
7.5	L3		Run	L3
9.0				

(주기시간: 0~4.5)

그림 5.10 **작업자 1명이 3대의 기계 담당**

[그림 5.11]은 작업자 1명이 4대의 기계를 담당할 때의 man-machine chart이다. 주기시간은 6.0분, 유휴시간은 기계 1대당 2.0분씩이며, 시간당 생산량은 (60/6.0)×4대 = 40개이다. 따라서, 기계에서 유휴시간이 발생한 이후에는 기계 대수를 늘려도 생산량은 늘지 않는 것을 확인할 수 있다.

	인간	기계 1	기계 2	기계 3	기계 4
1.5	L1	L1	유휴	유휴	Run
3.0	L2	Run	L2	유휴	Run
4.5	L3	Run / 유휴	Run	L3	유휴
6.0	L4	유휴	Run / 유휴	Run	L4
7.5	L1	L1	유휴	Run / 유휴	Run
9.0	L2	Run	L2	유휴	Run

주기시간

그림 5.11 작업자 1명이 4대의 기계 담당

[표 5.1]은 기계 담당 대수에 따른 작업자와 기계의 작업시간, 유휴시간, 주기시간, 시간당 생산량을 요약하여 정리한 것이다.

〈사례 5.3〉에서 작업자가 담당할 수 있는 이론적 기계 대수를 검토하여 보자.

표 5.1 기계 담당 대수에 따른 요약

	1대	2대	3대	4대
1. 작업자 작업시간(분)	1.5	3.0	4.5	6.0
2. 기계 1대 작업시간(분)	4.0	4.0	4.0	4.0
주기시간(분) = max(1, 2)	4.0	4.0	4.5	6.0
유휴시간(분) = 주기 - min(1, 2)	2.5 (작업자)	1.0 (작업자)	0.5 (기계당)	2.0 (기계당)
시간당 생산량(개) = (60/주기)×기계 대수	(60/4)×1 = 15	(60/4)×2 = 30	(60/4.5)×3 = 40	(60/6.0)×4 = 40

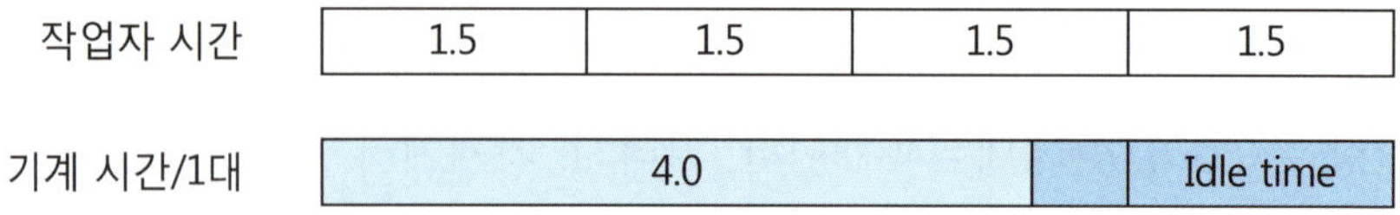

작업자 시간	1.5	1.5	1.5	1.5
기계 시간/1대	4.0			Idle time

그림 5.12 〈사례 5.3〉의 작업자 시간과 기계 시간

$$\text{이론적 기계 대수} = \text{기계 1대의 작업시간}/\text{작업자의 작업시간}$$
$$= 4.0/1.5 = 2.67 \text{ 대}$$

사례 5.4 man-machine chart

[그림 5.13]과 같이 작업자와 기계의 작업시간이 정해져 있는 작업에서 작업자 1명이 기계 1대를 담당할 경우의 작업 상황을 man-machine chart로 나타내어 보자. 그림에서 보면 자재물림(L:loading) 시간이나 가공품 빼냄(U:unloading) 시간은 작업자와 기계 모두가 어울려 작업을 하는 시간이고, 검사시간은 작업자만의 작업시간, 그리고 기계만의 가공시간으로 이루어진 것을 볼 수 있다.

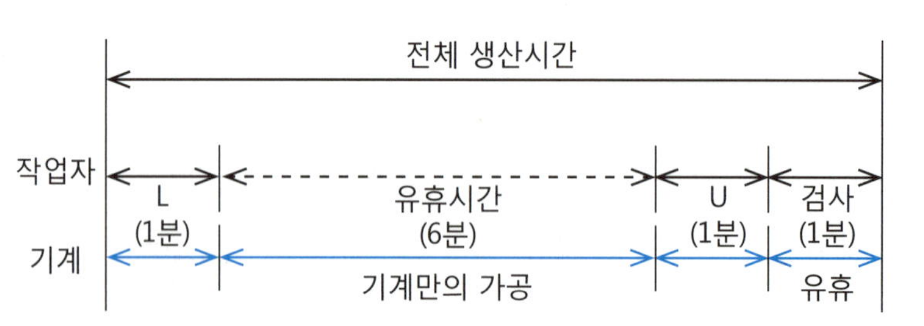

그림 5.13 〈사례 5.4〉의 작업상황도

작업자가 기계 1대를 담당할 때의 man-machine chart를 [그림 5.14]와 같이 그렸다면, 작업자와 기계 모두에서 유휴시간이 발생하므로 개선의 여지가 있다.

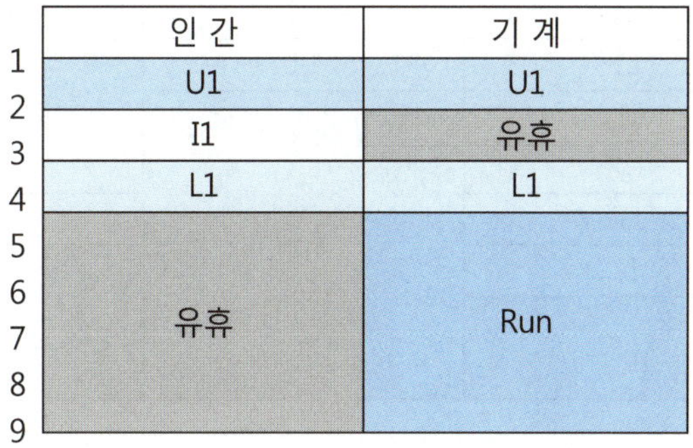

인 간	기 계
U1	U1
I1	유휴
L1	L1
유휴	Run

(시간 축: 1, 2, 3, 4, 5, 6, 7, 8, 9)

그림 5.14 **개선 전 도표**

[그림 5.15]는 개선된 man-machine chart이다. 작업을 어떻게 배치하느냐에 따라 주기시간이 9분에서 8분으로 줄어든 것을 볼 수 있다.

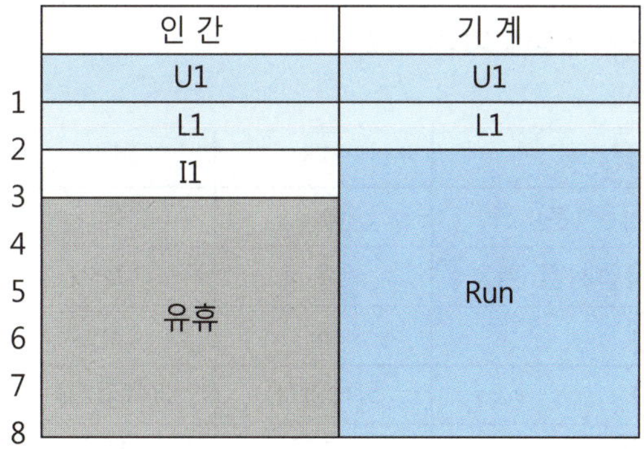

인 간	기 계
U1	U1
L1	L1
I1	Run
유휴	

(시간 축: 1, 2, 3, 4, 5, 6, 7, 8)

그림 5.15 **개선 후 도표**

[그림 5.16]은 작업자가 개선된 작업 순서로 동종의 기계를 2대 담당할 때의 작업 상황을 그린 man-machine chart이다.

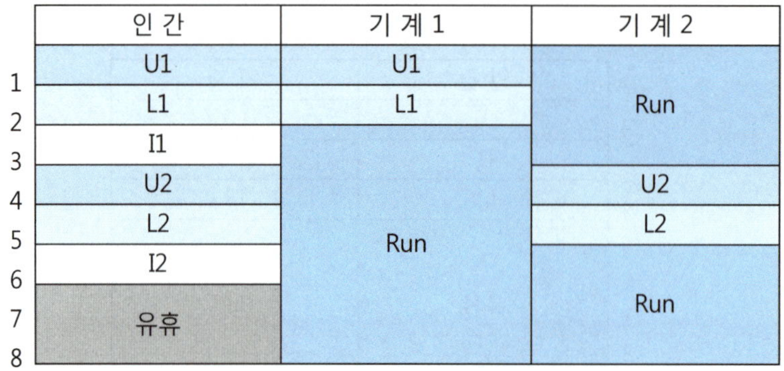

<table>
<tr><th></th><th>인 간</th><th>기 계 1</th><th>기 계 2</th></tr>
<tr><td>1</td><td>U1</td><td>U1</td><td rowspan="3">Run</td></tr>
<tr><td>2</td><td>L1</td><td>L1</td></tr>
<tr><td>3</td><td>I1</td><td rowspan="6">Run</td></tr>
<tr><td>4</td><td>U2</td><td>U2</td></tr>
<tr><td>5</td><td>L2</td><td>L2</td></tr>
<tr><td>6</td><td>I2</td><td rowspan="3">Run</td></tr>
<tr><td>7</td><td rowspan="2">유휴</td></tr>
<tr><td>8</td></tr>
</table>

그림 5.16 **작업자가 2대의 기계를 담당**

이제 요약표를 작성하여 보자[표 5.2]. 작업자가 한 주기에 담당해야 할 작업시간은 3분(loading + unloading + 검사)이고, 기계 1대가 한 주기에 담당하는 작업시간은 8분(loading + unloading + 자동가공)이다.

표 5.2 **기계 담당 대수에 따른 요약**

시간	1대	2대	3대
작업자 작업시간 (분)	3	6	9
기계 1대의 작업시간 (분)	8	8	8
주기시간 (분)	8	8	9
유휴시간 (분)	5(작업자)	2(작업자)	1(기계당)
시간당 생산량 (개)	7.5	15	20

사례 5.5 공정의 효율 개선

[표 5.3]과 [그림 5.17]은 어느 회사의 컨베이어 라인으로 이루어진 조립공정에 대한 요약이다. 자르기 작업은 현재 작업자 1명이 2대의 같은 기계를 담당하여 작업하고 있으며, 1대당 81초의 처리시간이 걸린다. 납땜 작업은 작업자 1명이 58초의 작업시간으로 1개를 처리하며, 2사람의 작업자가 병행하여 작업한다. 개당 처리되는 작업시간을 비교하면 자르기 작업이 애로 작업이고 주기시간은 40.5초가 된다.

표 5.3 조립 공정 요약표

작업 이름	1. 자르기	2. 삽입	3. 납땜	4. 검사	5. 조립
처리시간	81초/1대	29초	58초/1명	28초	25초
작업 내용	작업자 1명 기계 2대 담당	작업자 1명	작업자 2명	작업자 1명	작업자 1명
작업시간/개	40.5초	29초	29초	28초	25초

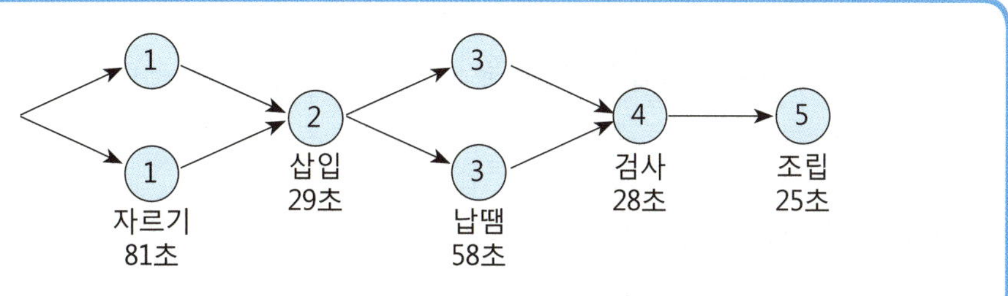

그림 5.17 조립 공정의 흐름도

공정의 주기시간을 줄이는 것은 관리자들의 최대 목표이다. 자르기 작업의 주기시간을 줄이면 전체 공정의 주기시간을 줄일 수 있다. 자르기 작업에 대하여 분석한 결과 [그림 5.18]과 같은 man-machine chart를 얻었다.

자르기 작업의 작업자가 담당할 수 있는 이론적 기계 대수는 3.68대(=81/22)가 된다. 작업자는 현재 2대의 자르기 기계를 담당하고 있으나, 3대의 기계를 담당하여도 유휴시간이 발생하므로 문제가 발생하지 않는다. 작업자에게 자르기 기계 1대를 더 추가하여 3대를 담당하게 하면 자르기 작업은 주기가 27초(=81/3)가 되어 애로 작업에서 벗어난다. 따라서 자르기 작업자가 3대의 기계를 담당함으로써 전체 공정의 주기시간은 40.5초에서 29초로 줄어드는 것이다. 이와 같이 man-machine chart를 이용하면 공정의 효율을 높일 수 있다.

	인 간	기 계 1	기 계 2
	U, L	U, L	자동 가공
9	검사, 처리	자동 가공	
22	U, L		U, L
31	검사, 처리		자동 가공
44	유휴		
81			

그림 5.18 **자르기 작업의 작업현황**

2.2 최적 기계 대수

이제 작업자가 동종의 기계를 담당하는 문제에서 비용을 고려하여 최적 기계 대수를 결정하는 문제를 고려하여 보자.

작업자가 동종의 기계를 담당하는 경우에 작업시간은 ① 자재물림(loading) 시간이나 가공품 빼냄(unloading) 시간과 같은 작업자와 기계 모두가 어울려 작업을 하는 시간, ② 검사 또는 이동과 같은 작업자만의 작업시간, ③ 기계만의 가공시간으로 이루어진 것을 볼 수 있다.

즉, 작업 구분에 따라

a = 작업자와 기계가 동시에 어울려 작업하는 시간의 총합

b = 작업자만의 작업시간의 총합

t = 기계만의 가공시간의 총합

이라고 정의하고 경제적인 기계 대수를 구하여 보자.

제품 1개당 작업자 작업시간(T_o) = a + b

제품 1개당 기계 작업시간(T_m) = a + t

가 되며, 최적 기계대수(n')는 다음과 같이 표현된다.

n' = 제품 1개당 기계 작업시간/제품 1개당 작업자 작업시간

$= T_m / T_o$

n'이 정수이면 바로 작업자가 담당하는 최적 기계 대수가 되며, 이 경우에는 작업자와 기계 모두에서 유휴시간이 발생하지 않는다. n'이 정수가 아닌 경우에는 기계 대수가 정수이어야 하므로 n대와 n + 1의 단위당 비용을 고려하여 비교하여야 한다.

$$n < n' = T_m / T_o < n + 1$$

$$n \times T_o < T_m < (n+1) \times T_o$$

n대를 담당하는 경우에는

$n \times T_o$(작업자 총 작업시간) $<$ T_m(기계 1대 작업시간),

n + 1대를 담당하는 경우에는

T_m(기계 1대 작업시간) $<$ $(n+1) \times T_o$(작업자 총 작업시간)

의 관계식이 성립한다.

따라서 다음과 같은 값들을 구할 수 있다.

주기시간(cycle time) = max(작업자 총 작업시간, 기계 1대 작업시간)

유휴시간(작업시간이 작은 쪽에서 발생)

= 주기시간 − min(작업자 총 작업시간, 기계 1대 작업시간)

시간당 생산량 = (60분/주기시간) × 기계 대수

가 되고, 작업자의 시간당 비용을 C_o, 기계의 시간당 비용을 C_m이라 하면 단위 제품당 비용은 다음과 같이 구할 수 있다.

시간당 총비용 = 시간당 작업자 비용 + 기계 대수 × 시간당 기계 비용

= C_o + 기계 대수 × C_m

단위 제품당 비용 = 시간당 총비용/시간당 생산량

최종적으로 작업자 1명이 동종의 기계를 담당할 수 있는 최적의 기계 대수는 n대와 n + 1대를 담당할 때의 단위 제품당 비용을 고려하여 적은 쪽을 선택하면 된다.

[표 5.4]는 최적 기계 대수를 산정하는 과정을 요약하여 표로 나타낸 것이다.

표 5.4 최적 기계 대수의 산정에 관한 요약

기계 대수	A. 작업자 시간	B. 기계 시간	C. 주기 시간(Tc)	D. 유휴시간	E. 시간당 생산량	F. 시간당 비용	개당 비용 (TC)
n대	$n \times T_o$	T_m	T_m	Man $T_m - n \times T_o$	$(60/T_c) \times n$	$C_o + n \times C_m$	= F/E
n + 1대	$(n+1) \times T_o$	T_m	$(n+1) \times T_o$	M/C $(n+1) \times T_o - T_m$	$(60/T_c) \times (n+1)$	$C_o + (n+1)C_m$	= F/E

사례 5.6 최적 기계 대수 구하기

작업자 1명이 동종의 기계 2대를 담당하는 가공 작업 공정의 man-machine chart가 [그림 5.19]와 같다. 작업 내용은 U(가공품 빼냄), L(자재물림), I(검사), T(기계로 이동), Run(기계 자동가공)으로 표시하였다. 만일 작업자의 시간당 임금이 15,000원, 시간당 기계비용은 10,000원이라면 작업자가 담당할 수 있는 최적 기계 대수는 얼마인가 구하여 보자. 기계를 1대 담당할 경우에 작업자가 담당하는 총 시간은 5분, 기계 1대의 총 작업시간은 12분이므

<table>
<tr><th>인 간</th><th>기 계 1</th><th>기 계 2</th></tr>
<tr><td>U1 (2분)</td><td>U1 (2분)</td><td rowspan="4">Run (5분)</td></tr>
<tr><td>L1 (1분)</td><td>L1 (1분)</td></tr>
<tr><td>I1 (1분)</td><td rowspan="7">Run (9분)</td></tr>
<tr><td>T2 (1분)</td></tr>
<tr><td>U2 (1분)</td><td>U2 (2분)</td></tr>
<tr><td>L2 (1분)</td><td>L2 (1분)</td></tr>
<tr><td>I2 (1분)</td><td rowspan="3">Run (4분)</td></tr>
<tr><td>T1 (1분)</td></tr>
<tr><td>유휴 (2분)</td></tr>
</table>

그림 5.19 〈사례 5.6〉의 man-machine chart

표 5.5 2대와 3대를 담당할 때의 개당 비용

기계 대수	작업자 시간	기계 시간	주기 시간(TC)	유휴 시간	시간당 생산량	시간당 비용	개당 비용 (TC)
2대	5×2=10	12	12	Man 2	(60/12)×2=10	15,000+20,000 =35,000	35,000/10 =3,500
3대	5×3=15	12	15	M/C 3	(60/15)×3=12	15,000+30,000 =45,000	45,000/12 =3,750

로 경제적 기계 대수는 2.4(=12/5)대가 된다. 따라서 2대와 3대를 담당할 때의 개당 비용을 구하면 된다. [표 5.5]는 2대와 3대의 개당 비용을 구하는 요약표로 2대를 담당할 때의 개당 비용이 더 적으므로 최적 기계 대수는 2대가 된다.

연습문제

1. 작업의 정의에 해당하지 않는 것은?
   ① 물리적으로 변화시킬 때
   ② 다음 작업을 위해 사전 준비 작업을 할 때
   ③ 정보를 주고받을 때
   ④ 작업 대상물을 확인하거나 수량을 조사할 때

2. 가공이나 검사가 이루어지지 않으면서 생산 대상이 기다리고 있거나 보관되어 있는 상태는 다음 중 어느 것인가?
   ① 운반　　② 검사　　③ 정체　　④ 작업

3. 재료, 부품, 제품 등이 일정한 장소에서 다른 장소로 이동하는 상태는 다음 중 어느 것인가?
   ① 작업　　② 검사　　③ 운반　　④ 정체

4. 공정도에서 사용되는 기호 중 ◇⃝ 기호는?
   ① 수량과 품질의 동시 검사(수량이 주)를 나타낸다.
   ② 수량의 검사와 가공(수량이 주)을 나타낸다.
   ③ 작업과 품질의 검사(작업이 주)를 나타낸다.
   ④ 작업과 수량의 검사(작업이 주)를 나타낸다.

5. 공정도 기호 중에서 수량과 품질의 동시 검사에서 수량이 주가 되는 것은?
   ① ◇⃞　　② ○⃞　　③ ⟠　　④ ◇⃝

연습문제 해답 : 1. ④, 2. ③, 3. ③, 4. ③, 5. ①

6. 작업 대상물을 확인하거나 그것의 품질 또는 수량을 조사할 때 사용되는 기본 도시 기호는?

① ○ ② □ ③ D ④ ◇

7. 물품 표면에 묻은 기름 찌꺼기를 닦으면서 물품 표면에 흠이 있나 없나를 검사하였다면 어떤 공정 도시 기호가 필요한가?

① ⧈ ② ◈ ③ ⊠ ④ ◇

8. operation process chart 작성 시 반드시 기입되어야 할 사항이 아닌 것은?

① 대상물의 명칭, 도번 ② 현 방법인가 개선 방법인가
③ 작성 년 월 일 ④ 작업 및 운반 조건 및 방법

9. 다음 중 flow process chart를 작성해서 검토해야 할 사항이 아닌 것은?

① material handling ② plant layout
③ 정체·대기 시간 ④ 연계 작업의 효율성

10. 작업공정도 작성 시에 분석 기호 좌측과 우측에 기입할 내용은?

① 좌측에 소요시간, 우측에 작업 내용과 조건
② 좌측에 작업 내용과 조건, 우측에 소요시간
③ 좌측에 부품 명칭, 우측에 분석상의 수량 단위
④ 좌측에 분석상의 수량 단위, 우측에 부품 명칭

연습문제 해답 : 6. ②, 7. ②, 8. ②, 9. ②, 10. ①

11. 공정 분석에서 운반, 정체는 포함하지 않고 모든 가공과 검사를 그의 순서에 따라 기호로 나타낸 도표는?

① operation process chart ② flow process chart

③ flow diagram ④ multiple activity chart

12. 공정의 절차에서 생기는 모든 가공, 검사, 정체, 운반의 순서를 기호로 나타내고 분석에 필요한 정보까지도 기재하는 도표는?

① operation process chart ② flow process chart

③ man-machine chart ④ multiple activity chart

13. 정체, 저장, 대기, 운반 등의 분석에 적합한 공정 분석 도표는?

① man-machine chart ② operation process chart

③ flow process chart ④ assembly chart

14. 다음 중 operation process chart에 대한 설명 중 틀린 내용은?

① 가공, 검사만의 기호 사용

② 공정 상호간의 관계를 개괄적 파악

③ 정체와 운반에 소요된 시간을 파악

④ 개선의 ECRS를 통한 작업 방법의 개선

15. 작업공정도 작성 시 공정의 순서는?

① 공정 기호를 위에서 아래쪽으로 기입

② 공정 기호를 아래쪽에서 위쪽으로 기입

연습문제 해답: 11. ①, 12. ②, 13. ③, 14. ③, 15. ①

③ 공정 기호를 왼쪽에서 오른쪽 방향으로 기입

④ 공정 기호를 오른쪽에서 왼쪽 방향으로 기입

16. 다중활동분석표는 다음 중 어느 경우에 사용하는가?

① 손 또는 다른 신체 부위에 수행되는 일련의 작업

② 복수의 작업자가 조 작업을 할 경우

③ 양손을 사용하는 작업을 분석할 경우

④ 작업에 종사하는 작업자의 동작을 분석할 경우

17. 어떤 공장의 주물부에서는 기계에 작업물을 물리는 데 2분, 빼는 데 1분, 기계만의 가공에 4분이 소요된다. 작업자 1명이 동종의 기계 3대를 담당할 때의 주기시간은?

① 3분 ② 4분 ③ 7분 ④ 9분

18. 어느 제품 1개를 생산하기 위해서는 원자재를 기계에 물리는 데 1.5분, 기계 자동가동에 2.5분이 걸린다. 작업자가 동종의 기계를 2대 담당하는 경우의 설명으로 맞는 것은?

① 유휴시간: 기계에서 발생 ② 주기시간: 8분

③ 시간당 생산량: 30개 ④ 이론적 기계 대수: 4대

19. 다음 중 잠복 비용을 발견하거나 작업장 시설 배치에 유용한 것은?

① 작업공정도 ② 작업자 공정도

③ 유통공정도 ④ 조립공정도

연습문제 해답 : 16. ②, 17. ④, 18. ③, 19. ③

※ 다음은 작업자 1명이 동종의 기계 2대를 담당할 때의 man-machine chart 이다. 20번부터 22번까지의 물음에 답하시오.

<table>
<tr><th>단위시간</th><th>인간</th><th>기계1</th><th>기계2</th></tr>
<tr><td>1분</td><td>unload 1</td><td>unload 1</td><td rowspan="3">자동가동</td></tr>
<tr><td>2분</td><td>load 1</td><td>load 1</td></tr>
<tr><td>1분</td><td>검사</td><td rowspan="5">자동가동</td></tr>
<tr><td>1분</td><td>unload 2</td><td>unload 2</td></tr>
<tr><td>2분</td><td>load 2</td><td>load 2</td></tr>
<tr><td>1분</td><td>검사</td><td rowspan="5">자동가동</td></tr>
<tr><td>1분</td><td>유휴</td></tr>
<tr><td>1분</td><td>unload 1</td><td>unload 1</td></tr>
<tr><td>2분</td><td>load 1</td><td>load 1</td></tr>
<tr><td>1분</td><td>검사</td><td>자동가동</td></tr>
</table>

20. 작업자 1명이 기계 3대를 담당할 때의 주기시간은?

① 4분 ② 9분 ③ 12분 ④ 27분

21. 작업자 1명이 4대의 기계를 담당할 경우에 유휴시간은?

① 작업자: 1분 ② 작업자: 4분

③ 기계당: 4분 ④ 기계당: 7분

22. 작업자 1명이 2대의 기계를 담당할 때의 시간당 생산량은?

① 10개 ② 15개 ③ 13.3개 ④ 30개

연습문제 해답: , 20. ③, 21. ④, 22. ③

실습문제

1. 어느 회사의 자재 창고의 시설 배치도와 자재보관 작업에 대한 작업 내용이 다음과 같은 경우에 유통공정도를 작성하시오. 또한 유통선도를 그리시오.

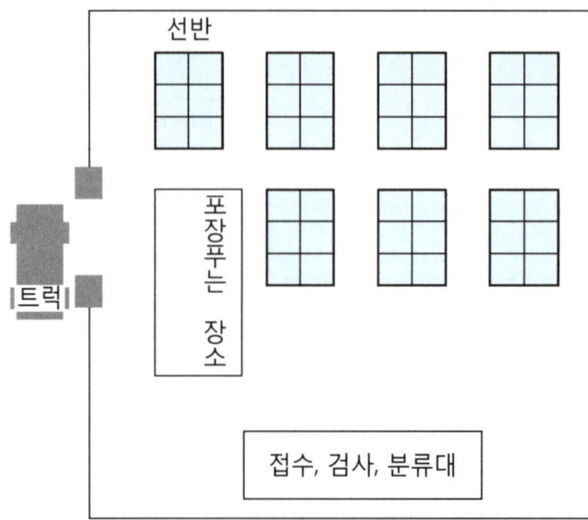

번호	작업 내용
1	트럭으로 운반 도착
2	하역 작업 대기
3	운반
4	포장 작업 대기
5	포장 작업 실시
6	운반을 위한 대기
7	접수, 검사, 분류대로 운반
8	접수 대장과 수량 확인
9	접수 대장에 기록
10	분류 작업 실시
11	운반을 위한 대기
12	운반
13	저장 선반에 올려놓기 실시

■ 해설 ■

작업내용에 맞는 공정도 기호를 정하여 작업위치에 순서대로 연결하여 유통공정도를 작성한다.

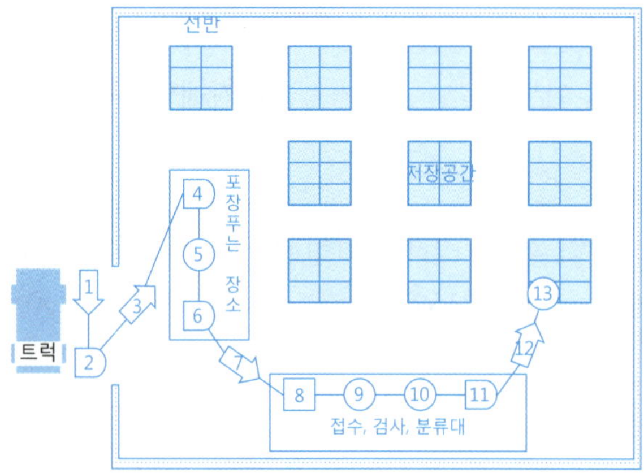

2. 다음은 어느 전자제품의 조립 과정을 선후 관계도표로 나타낸 것이다.

작업 내용	소요시간(분)	선행 작업
1. 부품 X 2개를 결합	2	없음
2. 부품 Y를 검사	1	없음
3. 회로기판에 Y를 삽입	1	2
4. 회로기판에 X를 삽입	2	1.3
5. 납땜	2	4
6. 검사	1	5
7. 포장	1	6

1) 작업공정도를 그리시오.

2) 선행도를 그리시오. 만일 컨베이어 라인을 구축한다면 주기시간은?

3) 5 명의 작업자에게 작업을 어떻게 할당하는 것이 최적인가를 고려하여 컨베이어 라인을 설계하시오. 이 때 공정효율은?

■ 해설 ■

1) 작업공정도: 작업과 검사기호를 이용하여 작성, 부품/자재와 자재 투입시점은 수평선, 수직선은 작업 순서 표현.

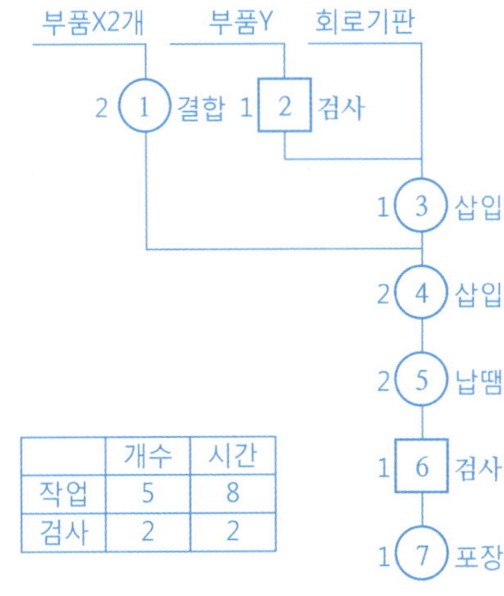

2) 선행도

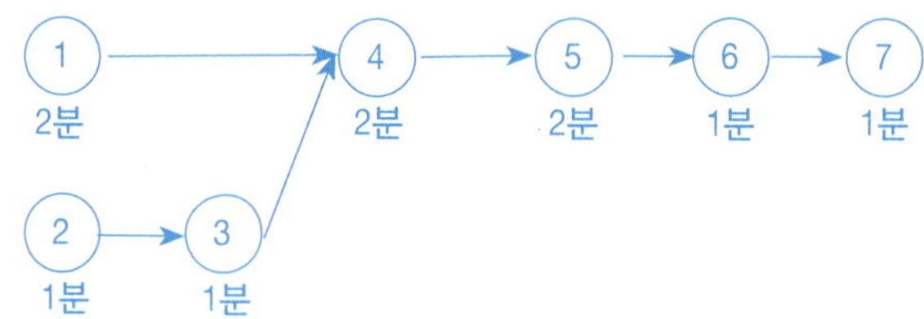

컨베이어 라인 주기시간은 가장 긴 작업시간인 2분이 된다.

3) 컨베이어라인을 작업자 5명으로 분할,
주기시간 ≥ 총작업시간 / 작업자수 = 10/5 = 2분.

작업장	1	2	3	4	5
작업	①	②③	④	⑤	⑥⑦
작업시간(분)	2	2	2	2	2

공정효율 = 작업시간/(작업자수×주기시간) = 10/(2×5)×100% = 100%

3. 다음은 어느 전자제품의 조립과정을 선행활동관계표로 나타낸 것이다.

작업번호	1	2	3	4	5	6	7	8	9	10
시간(초)	2	3	2	3	2	3	3	4	2	3
선행작업	-	1	-	3	-	5	6	2,4,7	8	9
작업내용	조립	조립	검사	조립	삽입	검사	납땜	삽입	검사	포장
소요자재	PCB 기판		부품 Y		부품 X					

1) 위의 자료를 이용하여 작업공정도를 그리시오.

2) 선행도를 그리고, 위치가중치를 구하시오. 만일 5명의 작업자로 컨베이어라인을 구축한다면 이론적 주기시간은? 작업을 어떻게 할당하는 것이 최적인가를 고려하여 컨베이어 라인을 설계하시오. 이 때 시간당 생산량은?

■ 해설 ■

1) 작업공정도

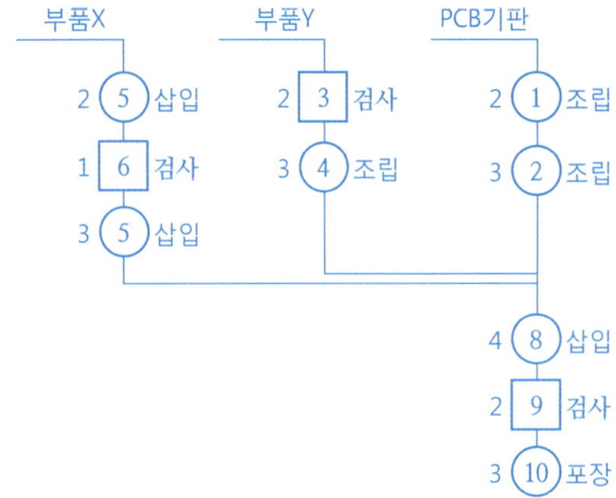

2) 선행도와 위치가중치

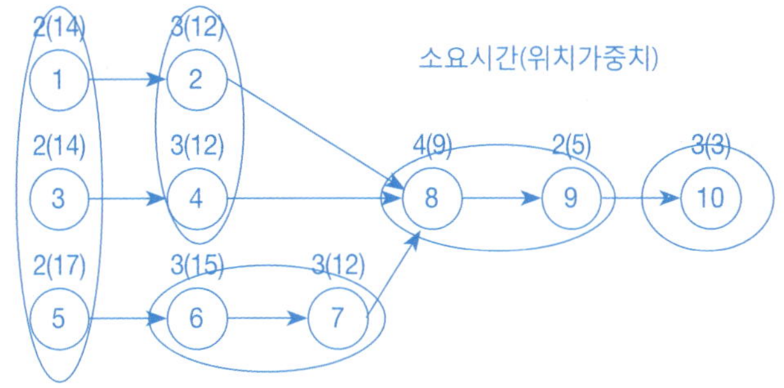

작업자수 5명

(1) 주기시간 ≧ ∑Ti /작업자수 = 27/5 = 5.4 (초), 주기시간 6초

(2) 위치가중치를 고려하여 주기시간이 6초가 되도록 5명에 분할

작업장	1	2	3	4	5
작업	1, 3, 5	6, 7	2, 4	8, 9	10
작업시간(분)	6	6	6	6	3

(3) 시간당 생산량 = 60분 × 60초 / 6초 = 600 (개)

4. 어느 공사장에서 포크레인을 이용하여 흙을 퍼내는 작업을 하고 있다. 포크레인은 덤프트럭에 흙을 싣는 데에 10분이 걸리고, 덤프트럭은 20분을 걸려 운반한 뒤, 3분 동안 흙을 내린다. 그리고 빈 덤프트럭이 공사장까지 복귀하는 데에는 15분이 걸린다. 포크레인은 1시간에 4만원, 덤프트럭은 1시간에 2만원을 지불하여야 한다.

1) 3대의 덤프트럭을 가정하여 man-machine chart를 그리시오.

2) 최적 덤프트럭 대수를 구하시오.

■ 해설 ■

1) 3대 덤프트럭인 경우의 man-machine chart

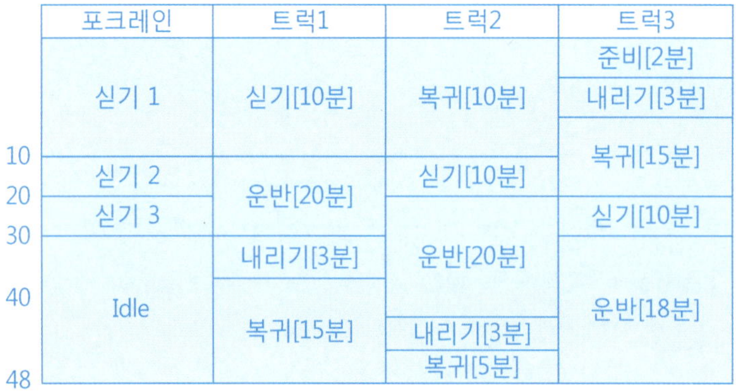

<table>
<tr><th></th><th>포크레인</th><th>트럭1</th><th>트럭2</th><th>트럭3</th></tr>
<tr><td rowspan="3"></td><td rowspan="3">싣기 1</td><td rowspan="3">싣기[10분]</td><td rowspan="3">복귀[10분]</td><td>준비[2분]</td></tr>
<tr><td>내리기[3분]</td></tr>
<tr><td rowspan="2">복귀[15분]</td></tr>
<tr><td>10</td><td>싣기 2</td><td rowspan="2">운반[20분]</td><td>싣기[10분]</td></tr>
<tr><td>20</td><td>싣기 3</td><td rowspan="3">운반[20분]</td><td>싣기[10분]</td></tr>
<tr><td>30</td><td rowspan="4">Idle</td><td>내리기[3분]</td><td rowspan="4">운반[18분]</td></tr>
<tr><td>40</td><td rowspan="3">복귀[15분]</td></tr>
<tr><td></td><td>내리기[3분]</td></tr>
<tr><td>48</td><td>복귀[5분]</td></tr>
</table>

2) 최적 덤프트럭 대수를 구하시오.

- 포크레인 시간 = 10분, 덤프트럭 시간 = 48분
- 이론적 기계대수 = 48/10 = 4.8대, 4대와 5대의 개당비용 비교

덤프 대수	포크레인 시간	덤프 시간	주기 시간	유휴 시간	시간당 생산량(A)	시간당비용 만원(B)	개당 비용 (B/A)
4대	40분	48분	48분	포크레인 8분	(60/48)×4	4+(2×4)	24000원
5대	50분	48분	50분	트럭 2분	(60/50)×5	4+(2×5)	23333원

∴ 개당 비용이 적은 5대가 최적 덤프트럭 대수이다.

5. 다음은 작업자 1명이 기계 1대를 담당할 때의 man-machine chart를 나타낸 것이다.

소요시간	인간	기계
1분	load	load
8분	유휴	자동가공
1분	unload 1	unload 1
1분	검사	유휴

1) 비능률을 개선하고, 작업자 1명이 같은 기계 2대를 담당할 때의 man-machine chart를 그리시오.

2) 시간당 작업자 비용이 10,000원, 기계 비용이 10,000원인 경우에 작업자 한 명이 담당할 수 있는 최적 기계 대수는 얼마인가를 구하시오.

■ 해설 ■

1) 비능률 개선

- 인간과 기계 동시에 유휴시간이 발견되므로 비능률적으로 순서가 배치됨.
- 개선의 ECRS중에서 R(Rearrange) 적용
- unload, load 작업을 한 후에 검사를 하면 기계에서 유휴시간이 제거된다.
- 개선효과: 주기시간이 11분에서 10분으로 감소됨.

개선후의 작업자 1명이 2대 담당 man-machine chart

- 작업자 시간 = 3분, - 기계 시간 = 10분

<table>
<tr><th>시간</th><th>인간</th><th>기계1</th><th>기계2</th></tr>
<tr><td>1</td><td>U1</td><td>U1</td><td rowspan="3">R2</td></tr>
<tr><td>2</td><td>L1</td><td>L1</td></tr>
<tr><td>3</td><td>I1</td><td rowspan="5">R1</td></tr>
<tr><td>4</td><td>U2</td><td>U2</td></tr>
<tr><td>5</td><td>L2</td><td>L2</td></tr>
<tr><td>6</td><td>I2</td><td rowspan="2">R2</td></tr>
<tr><td>10</td><td>유휴시간</td></tr>
</table>

2) 이론적 기계 대수 = 10/3 = 3.3대, 3대와 4대의 개당 비용 비교

기계 대수	작업자 시간	기계 시간	주기 시간	유휴 시간	시간당 생산량(A)	시간당비용 만원(B)	개당 비용 (B/A)
3대	9분	10분	10분	작업자 1분	(60/10)×3	1+(1×3)	2,222원
4대	12분	10분	12분	기계 2분	(60/12)×4	1+(1×4)	2,500원

∴ 개당 비용이 적은 3대가 최적 기계 대수이다.

6. 다음은 작업자 1명이 기계 2대를 담당할 때의 man-machine chart를 그린 것으로, 기계2의 작업 내용은 지워진 상태이다.

<table>
<tr><th>소요시간</th><th>인간</th><th>기계1</th><th>기계2</th></tr>
<tr><td>2분</td><td>U1 (unload 1)</td><td>U1</td><td rowspan="9"></td></tr>
<tr><td>1분</td><td>I1 (검사 1)</td><td>유휴</td></tr>
<tr><td>2분</td><td>L1 (loading 1)</td><td>L1</td></tr>
<tr><td>1분</td><td>T2 (기계2로 이동)</td><td rowspan="6">R
자동
가공</td></tr>
<tr><td>2분</td><td>U2 (unload 2)</td></tr>
<tr><td>1분</td><td>I2 (검사 2)</td></tr>
<tr><td>2분</td><td>L2 (loading 2)</td></tr>
<tr><td>1분</td><td>T1 (기계1로 이동)</td></tr>
<tr><td>10분</td><td>유휴</td></tr>
</table>

1) man-machine chart에서 기계2의 공란에 작업내용을 유추하여 그리시오.

2) 비능률을 개선하고, 작업자 1명이 기계 2대를 담당할 때의 man-machine chart를 그리시오.

3) 시간당 기계비용이 10,000원, 작업자비용이 20,000원이라면 최적 기계대수를 구하시오.

■ 해설 ■

1) 지워진 man-machine chart 복원

- 같은 기계를 사용하므로 기계2는 기계1과 같은 패턴으로 작업이 진행됨.

<table>
<tr><th>소요시간</th><th>인간</th><th>기계1</th><th>기계2</th></tr>
<tr><td>2분</td><td>U1 (unload 1)</td><td>U1</td><td rowspan="4"></td></tr>
<tr><td>1분</td><td>I1 (검사 1)</td><td>유휴</td></tr>
<tr><td>2분</td><td>L1 (loading 1)</td><td>L1</td></tr>
<tr><td>1분</td><td>T2 (기계2로 이동)</td><td rowspan="6">R
자동
가공</td></tr>
<tr><td>2분</td><td>U2 (unload 2)</td><td>U2</td></tr>
<tr><td>1분</td><td>I2 (검사 2)</td><td>유휴</td></tr>
<tr><td>2분</td><td>L2 (loading 2)</td><td>L2</td></tr>
<tr><td>1분</td><td>T1 (기계1로 이동)</td><td rowspan="2"></td></tr>
<tr><td>10분</td><td>유휴</td></tr>
</table>

2) 비능률의 계산

- 비능률적으로 순서가 배치되어 인간과 기계 동시에 유휴시간이 나타남.
- unload, load 작업을 한 후에 검사를 하고 이동하면 기계에서 유휴시간이 제거된다.

<table>
<tr><th>소요시간</th><th>인간</th><th>기계1</th><th>기계2</th></tr>
<tr><td>2분</td><td>U1 (unload 1)</td><td>U1</td><td rowspan="4"></td></tr>
<tr><td>1분</td><td>I1 (검사 1)</td><td>L1</td></tr>
<tr><td>2분</td><td>L1 (loading 1)</td><td rowspan="7">R
자동
가공</td></tr>
<tr><td>1분</td><td>T2 (기계2로 이동)</td></tr>
<tr><td>2분</td><td>U2 (unload 2)</td><td>U2</td></tr>
<tr><td>1분</td><td>I2 (검사 2)</td><td>L2</td></tr>
<tr><td>2분</td><td>L2 (loading 2)</td><td rowspan="3"></td></tr>
<tr><td>1분</td><td>T1 (기계1로 이동)</td></tr>
<tr><td>9분</td><td>유휴</td></tr>
</table>

2) 최적 기계대수
- 작업자 시간: 6분, 기계시간: 21분
- 이론적 기계대수 = 21/6 = 3.5 대, 3대와 4대의 개당비용 비교

기계 대수	작업자 시간	기계 시간	주기 시간	유휴 시간	시간당 생산량(A)	시간당비용 만원(B)	개당 비용 (B/A)
3대	18분	21분	21분	작업자 3분	(60/21)×3	2+(1×3)	5,833원
4대	24분	21분	24분	기계 3분	(60/24)×4	2+(1×4)	6,000원

∴ 개당 비용이 적은 3대가 최적 기계 대수이다.

7. 어느 작업의 작업자가 기계와 어울려 작업하는 과정이 다음과 같다.

- 작업자가 기계에 자재를 물림(Loading): 4분
- 기계만의 자동가공(작업자는 유휴): 20분
- 작업자가 가공된 물건을 기계에서 꺼냄(Unloading): 2분
- 작업자가 가공된 물건을 검사함(기계는 무관): 2분
- 작업자가 다른 기계로 이동하는 데 소요되는 시간: 1분
- 시간당 인건비는 10,000원, 시간당 기계 비용은 15,000원

1) 한 사람이 기계 2대를 담당할 때의 man-machine chart를 그리시오.

2) 엑셀을 이용하여 다음 내용을 완성하시오.

기계 대수	1	2	3	4
작업자 시간				
기계 시간				
주기시간				
유휴시간				
시간당 생산량				
시간당 비용				
개당 비용				

3) 작업자가 담당할 수 있는 최적 기계 대수는?

■ 해설 ■

1) 한 사람이 기계 두 대를 담당할 경우의 man-machine chart
 - 1대 담당 작업자 시간 = 9분, 기계 전체 작업시간 = 26분

<table>
<tr><th>시간</th><th>작업자</th><th>기계1</th><th>기계2</th></tr>
<tr><td>2</td><td>U1</td><td>U1</td><td rowspan="4">R</td></tr>
<tr><td>6</td><td>L1</td><td>L1</td></tr>
<tr><td>8</td><td>I1</td><td rowspan="7">R</td></tr>
<tr><td>9</td><td>T2</td></tr>
<tr><td>11</td><td>U2</td><td>U2</td></tr>
<tr><td>15</td><td>L2</td><td>L2</td></tr>
<tr><td>17</td><td>I2</td><td rowspan="3">R</td></tr>
<tr><td>18</td><td>T1</td></tr>
<tr><td>26</td><td>Idle</td></tr>
</table>

2) 요약표

기계대수	1대	2대	3대	4대
작업자시간	8	18	27	36
기계시간	26	26	26	26
주기시간 =max(작업자시간, 기계시간)	26	26	27	36
시간당생산량 =(60분/주기시간)*기계대수	2.31	4.62	6.67	6.67
시간당총비용 =10,000원+기계대수*15,000원	25,000	40,000	55,000	70,000
개당비용 =시간당 총비용/시간당 생산량	10,833	8,667	8,250	10,500

3) 이론적 기계 대수 = 26/9 = 2.89대
 2대와 3대를 비교하면, 개당 비용이 적은 3대가 최적 기계대수이다.

8. 아래 요약표와 그림은 어느 회사의 컨베이어 라인으로 이루어진 조립공정에 대한 요약이다. 자르기 작업은 현재 작업자 1명이 2대의 같은 기계를 담당하여 작업하고 있으며, 1대당 90초의 처리시간이 걸린다. 납땜 작업은 작업자 1명이 60초의 작업시간으로 1개를 처리하며, 2사람의 작업자가 병행하여 작업한다.

작업 이름	1. 자르기	2. 삽입	3. 납땜	4. 검사	5. 조립
처리시간	90초/1대	25초	60초/1명	27초	25초
작업내용	작업자 1명 기계 2대 담당	작업자 1명	작업자 2명	작업자 1명	작업자 1명
작업시간/개					

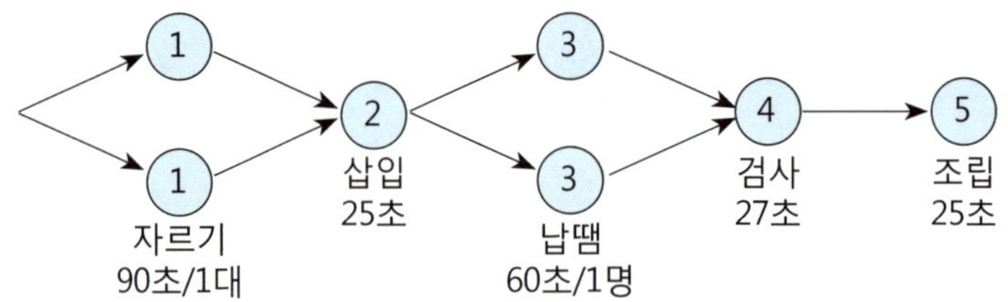

1) 요약표에서 '작업시간/대' 항목의 빈칸을 채우고, 주기시간을 구하시오.

2) 공정을 개선하기 위하여, 자르기 작업에 대한 작업분석결 다음과 같은 man-machine chart를 얻었다. 작업자가 기계 3대를 담당할 수 있는가를 검토하시오.

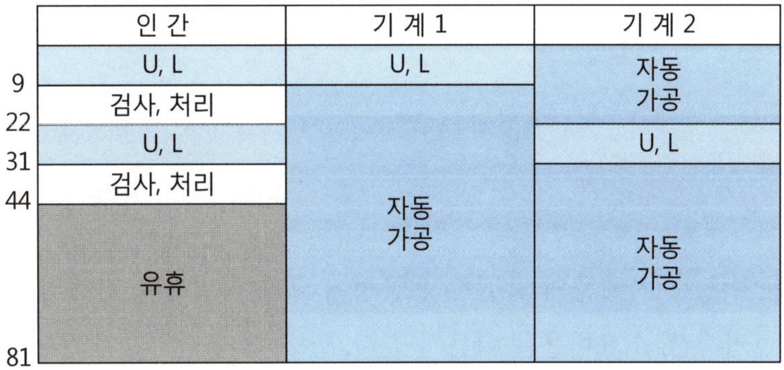

	인 간	기 계 1	기 계 2
	U, L	U, L	자동 가공
9	검사, 처리	자동 가공	
22	U, L		U, L
31	검사, 처리		자동 가공
44	유휴		
81			

3) 만일 자르기 작업을 개선할 수 있다면, 컨베이어라인의 주기시간과 공정효율은 어떻게 변하는가?

■ 해설 ■

1) – 자르기 작업은 작업자 1명이 2대를 90초에 동시에 담당하므로 개당 45초, 납땜은 60초에 작업자 2명이 2개를 납땜하므로 개당 30초가 소요됨.

– 개당 처리되는 작업시간을 비교하면 자르기 작업시간이 제일 길기때문에 주기시간은 45초가 된다.

작업 이름	1. 자르기	2. 삽입	3. 납땜	4. 검사	5. 조립
처리시간	90초/1대	25초	60초/1명	27초	25초
작업내용	작업자 1명 기계 2대 담당	작업자 1명	작업자 2명	작업자 1명	작업자 1명
작업시간/개	45초	25초	30초	27초	25초

2) 작업자는 1대당 22초 담당, 기계는 1개당 90초
이론적 기계대수 = 90/22 =4.09 대 가능
따라서, 작업자가 3대를 담당하늠 것이 가능하다.
(작업자가 3대 담당하여도 66초를 작업하여 24초의 유휴시간 존재)

3) (1) 개선전
- 주기시간: 45초
- 공정효율 = (45+25+30+30+27+25)/(45초×6명)×100% = 67.4%

(2) 개선후
- 주기시간: 30초
자르기 작업에서 작업자 1명이 3대의 기계를 담당하면 90초에 3개가 생산

되므로 개당 30초가 걸린다. 따라서, 개당 작업시간이 납땜작업과 같아진다. 개당작업시간은 30초가 제일 길기때문에 주기시간은 30초가 된다.

- 공정효율=(30+25+30+30+27+25)/(30초×6명)×100%=92.8%

(3) 개선효과: 개선전 공정효율이 67.4%에서 92.8%로 개선됨.

9. 어느 전자제품의 품질검사 공정에 대한 작업자와 기계의 요소작업 및 작업시간, 소요비용은 다음과 같다. 한 사람의 작업자가 동일한 기계를 담당한다면 최적기계대수는?

구분	요소작업	작업시간
작업자만의 작업	- 덮개 부착 - 부속품 부착 - 전원 및 작동시험 - 외관 품질검사	1.2분 0.5분 0.9분 0.6분
기계만의 작업	- 자동 성능시험	8.5분
작업자, 기계 동시작업	- 자동 성능시험을 위한 준비	1.3분
비용	- 인건비 10,000원/시간 - 기계비용 20,000원/시간	

■ 해설 ■

a : 작업자와 기계의 동시 작업시간 = 1.3
b : 독립적인 작업자 활동시간 = 1.2 + 0.5 + 0.9+ 0.6 = 3.2
t : 기계 가동시간 = 8.5

이론적 기계 대수 n′= (a+t)/(a+b) = (1.3+8.5)/(1.3+3.2) =2, 1

기계대수	2대	3대
주기시간	9.8	3×4.5=13.5
시간 당 비용	10,000+2×20,000=50,000	10,000+3×20,000=70,000
시간 당 생산량	(60/9.8)*2대=12.24	(60/13.5)*3대=13.33
단위 제품당 비용	50,000/23.24=4,083원	70,000/13.5=5,250원

기계 2대를 배정하는 것이 경제적이다.

유통공정도

요약	현재 방법		개선안		차이	
	회수	시간	회수	시간	회수	시간
○ 작업						
⇨ 운반						
□ 검사						
D 정체						
▽ 저장						
거리(단위: m)						

작업 명칭　자재 보관 작업

( ) 사람　　(V) 자재

작업 부서　자재부

도표 번호

작 성 자　　　일자

설명 (V) 현재 방안 ( ) 개선안	기호	거리 (M)	시간 (분)	양	비고
1.	○ ⇨ □ D ▽				
2.	○ ⇨ □ D ▽				
3.	○ ⇨ □ D ▽				
4.	○ ⇨ □ D ▽				
5.	○ ⇨ □ D ▽				
6.	○ ⇨ □ D ▽				
7.	○ ⇨ □ D ▽				
8.	○ ⇨ □ D ▽				
9.	○ ⇨ □ D ▽				
10.	○ ⇨ □ D ▽				
11.	○ ⇨ □ D ▽				
12.	○ ⇨ □ D ▽				
13.	○ ⇨ □ D ▽				
14.	○ ⇨ □ D ▽				
15.	○ ⇨ □ D ▽				
16.	○ ⇨ □ D ▽				
17.	○ ⇨ □ D ▽				

제3부

작업분석 및 평가

제 6 장 동작분석과 작업개선

제 7 장 작업평가와 근골격계질환 예방

제 8 장 작업 위험성 평가

제 9 장 사무작업과 환경의 설계

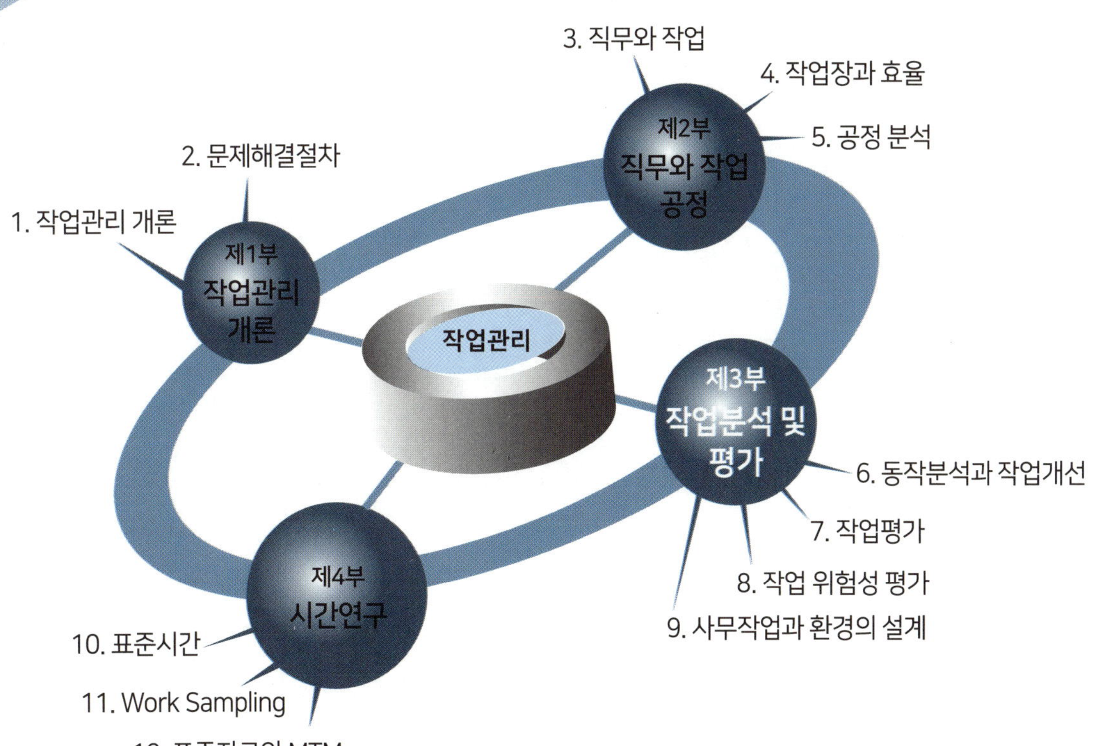

제 6 장

동작분석과 작업개선

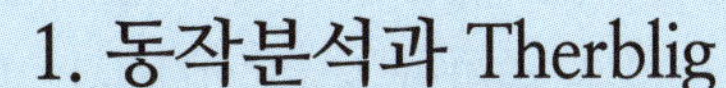

1. 동작분석과 Therblig
2. 동작경제원칙
3. 작업자중심의 작업설계
4. 작업설계 및 개선원리

1. 동작 분석과 Therblig

1.1 동작 분석 개요

인간은 다른 동물과는 다르게 직립 자세를 취한다. 직립 자세를 취함으로 인하여 신체의 동작은 시야가 넓어지고 동작의 반경이 커질 뿐만 아니라 양손을 이용한 작업이 가능하게 되어 동작의 효율이 높아지게 되었다. 그러나 구조적으로는 좁은 지지면에 긴 막대기 모양으로 서 있기 때문에 자세에서는 불안정한 동작이 많이 나올 수밖에 없다. 따라서 같은 내용의 작업을 하더라도 어떻게 자세를 취하고 어떤 방법으로 하느냐에 따라 신체에 무리를 줄 수도 있고 쉽게 할 수도 있는 것이다.

예를 들어, 망치로 못을 박는 동작을 생각하여 보자. 재질이 같더라도 망치로 허리 아래에 위치한 탁자에 못질을 하는 경우보다는 벽에 못질을 하는 것이 힘들 것이며, 벽보다는 천정에 못질을 하는 것이 더욱 힘들 것이다. 그렇다면 가급적 천정으로 하는 못질을 줄이는 방향으로 작업을 해야 할 것이다. 미리 아래에서 못질을 다 해놓고, 할 수 없는 것만 천정을 향해 못질을 하는 것이 몸에 무리를 안 주고 효율도 높이는 방법이 될 것이다.

동작 분석(motion analysis)은 작업을 수행하고 있는 신체 각 부위의 동작을 분석하여, 위험 요소 작업은 제거하고 비능률적인 동작은 개선하여 최선의 동작을 발견하는 데에 목적이 있다.

Gilbreth 부부는 주로 인간의 효율적 동작에 관심을 갖고 동작 연구(motion study)의 토대를 마련하였다. 최근에는 캠코더의 활용이 일반화되면서 효율적인 동작뿐만 아니라 작업 자세의 위험요소를 평가하는 데에도 동작 분석이 이용되고 있다.

1.2 Therblig 분석

Therblig은 동작 연구 학자인 Gilbreth가 정의한 개념으로 인간이 행하는 손 동작(manual operation)에서 분해 가능한 최소한의 기본 단위 동작을 의미한다. Gilbreth는 손동작의 내용(어떤 형태로 이루어지는가)보다는 손동작의 목적에 따라 기본 동작을 18가지로 구분하였는데, 현재는 F(find: 찾아냄)는 제외되고 17가지 기호만 이용된다.

[표 6.1]은 Therblig의 기호(심볼 및 영문자)와 정의를 나타낸다.

표 6.1 Therblig 기호 및 정의

Therblig	기 호		정 의
	영문	심볼	
찾기 (Search)	Sh		눈 또는 손으로 목표 위치를 알고자 할 때 발생 (공구나 부품의 위치를 고정시켜 배제 가능) 예) 연필이 어디 있는가 두리번거린다.
고르기 (Select)	St	→	2개 이상의 비슷한 물건 중에서 하나를 선택할 때 (일반적으로 찾기 다음에 고르기 발생) 예) 연필통에서 연필 한 자루를 집을 때
쥐기 (Grasp)	G	∩	대상물을 손가락으로 잡을 때 예) 못을 박기 위하여 망치를 손에 쥘 때
빈손 이동 (Transport Empty)	TE	◡	빈 손으로 대상물에 손을 뻗침(Reach) 예) 책상 위에 놓여져 있는 펜을 잡으러 갈 때
운반 (Transport Loaded, Move)	TL		손으로 물건을 움직이는 동작. 끌거나 미는 경우의 저항을 받는 손동작은 운반으로 취급 예) 편지에 서명하기 위하여 펜을 가져옴
잡고 있기 (Hold)	H		손으로 대상물을 잡아 그 위치를 고정시키는 동작 예) 볼트를 잡고 있으면서 다른 손으로 너트를 끼움
내려 놓기 (Release Load)	RL		작업자가 대상물을 손에서 놓는 동작. 소요시간이 가장 적게 걸리는 Therblig 예) 펜꽂이에 펜을 꽂은 후 손을 뗀다.
바로 놓기 (Position)	P	9	의도한 위치에 대상물을 놓을 수 있도록 대상물의 방향을 바꾸거나 위치를 바로잡는 동작 예) 열쇠를 구멍에 일렬로 가져가는 동작

미리 놓기 (Pre-Position)	PP	8	다음을 위하여 대상물을 정해진 장소에 놓는 동작 예) 다음에 사용하기 위하여 지우개를 정해진 위치에 놓음
검사 (Inspect)	I	0	규격에 일치하는지의 여부를 판정하는 동작 예) 육안으로 바느질의 재봉의 불량 여부를 검사
조립 (Assemble)	A	#	두 개 이상을 통합하여 한 개로 만드는 동작 예) 만년필 뚜껑을 만년필에 씌우는 것
분해 (DisAssemble)	DA	++	대상물을 분리하여 두 개로 만드는 동작 예) 만년필 뚜껑을 만년필로부터 분리시킨다.
사용 (Use)	U	U	도구, 연장 등을 사용 목적에 따라 다루는 동작 예) 펜으로 편지에 서명을 한다.
피할 수 있는 지연 (Avoidable Delay)	AD	⌊_o	부주의, 태만에 의해 발생하는 피할 수 있는 지연
불가피한 지연 (Unavoidable Delay)	UD	⌒o	작업자가 본의 아니게 어쩔 수 없이 겪는 지연
계획 (Plan)	Pn	P	신체 동작을 하기 위한 정신적인 반응 과정 예) 다음 조립부품이 무엇인지 모색하는 경우
휴식 (Rest)	R	ᒷ	피로회복을 위하여 허용된 피로 여유시간

Therblig은 효율적 therblig과 비효율적 therblig으로 분류할 수 있다. 효율적 therblig은 작업의 진행과 직접적인 연관이 있는 동작으로 동작 분석을 통하여 시간의 단축은 가능하나, 동작을 완전하게 배제하기는 어렵다. 비효율적 therblig은 작업을 진행시키는 데에 도움이 되지 못하는 동작들로써 동작 분석을 통하여 제거할 수 있다.

Therblig을 이용한 분석은 동작 내용을 파악하여 therblig으로 나타낸 후에 비효율적인 therblig은 배제하거나 감소하려고 노력하고, 효율적인 therblig은 어떻게 하면 쉽게 빨리 행할 수 있는가를 분석하게 된다.

효율적 therblig과 비효율적 therblig을 분류하면 다음과 같다.

(1) 효율적 therbblig

① 기본 동작

TE, TL, G, RL, PP

② 동작 목적을 가진 동작

U, A, DA

(2) 비효율적 therblig

① 정신적/반정신적 동작

Sh, St, P, I, Pn

② 정체적인 동작

UD, AD, R, H

사례 6.1 Therblig 분석

통에 놓여 있는 핀 중에서 한 개를 선택하여 핀 보드에 꽂는 동작을 therblig 기호로 표시하여 보자[그림 6·1].

빈손 이동(TE) → 핀 선택(St) → 핀을 쥠(G) → 핀을 운반(TL) → 구멍 위치 조절(P) → 핀을 꽂음(A) → 손을 놓음(RL) → 빈손 이동(TE)

비효율적인 therblig은 St와 P로서 동작 개선을 위한 일차적인 대상으로 볼 수 있다.

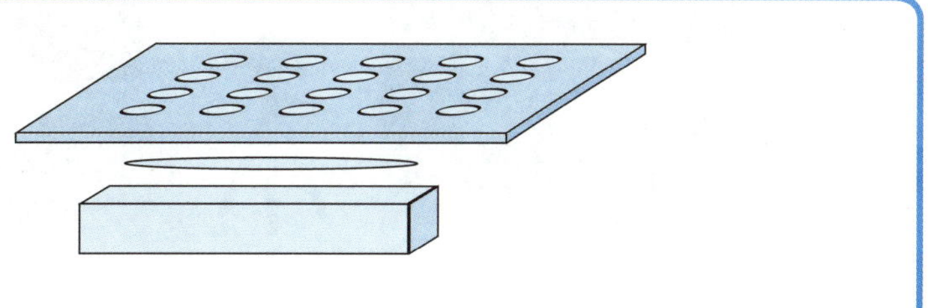

그림 6.1 **핀 보드와 핀**

1.3 비디오 분석

1.3.1 개요

비디오 분석은 분석 대상 작업을 촬영하여 각 프레임을 분석함으로써 동작 내용, 순서 및 동작시간 등을 파악할 수 있으며, 작업 동작의 위험 요소와 비효율적 동작 등을 검토하여 작업 개선에 도움을 주기 위한 기법이다.

비디오 분석을 이용한 동작 연구는 시간과 노력을 요구하므로 ① 고도의 반복 동작, ② 장기간 동안 같은 방법으로 수행될 동작을 대상으로 분석하게 된다.

비디오 분석은 연구 방법에 따라 미세 동작 분석(micromotion analysis), 메모모션 분석(memomotion analysis) 등으로 분류된다.

미세 동작 분석은 주기가 짧고 반복적인 작업을 대상으로 동작의 최소 단위까지 자세하게 촬영하여 작업 내용과 작업 자세, 작업시간 등을 상세하고 정확하게 분석하는 방법이다. 일반 캠코더를 이용하여 분석할 수도 있지만 좀 더 자세한 분석을 원할 경우에는 초당 찍을 수 있는 프레임이 훨씬 많은 고속 카메라(high speed camera)와 고속으로 촬영한 내용을 분석할 수 있는 동작 분석기를 이용한다. 요즘은 [그림 6.2]와 같이 고속으로 촬영한 내용을 컴퓨터에서 직접 프레임별로 분석하거나, 신체 관절에 부착한 마커(marker)들을 인식하여 동작을 분석하는 동작 분석 시스템들이 이용되고 있다.

메모모션 분석은 마치 찰리 채플린이 나오는 영화와 같이 초당 프레임 수를

그림 6.2 동작 분석 시스템의 구성도

적게 촬영한 후에 보통 속도로 재생을 함으로써 장시간의 실제 작업을 빠르게 검토하는 분석 방법이다. 일반적인 캠코더로는 보통 속도로 촬영한 후에 빠른 속도로 재생하여 사이클이 긴 작업이나 불규칙한 작업의 동작, 작업자와 설비의 가동상태 및 운반 유통경로 등을 분석할 수 있다.

1.3.2 방법

비디오 분석에서 분석 대상으로는 가급적이면 숙련된 작업자를 선발한다.

비디오를 이용한 분석에서 촬영은 측면과 정면에서 이루어져야 한다. 측면 촬영은 작업자의 허리와 목이 앞으로 굽는지의 여부와 팔의 동작 등을 파악할 수 있다. 정면은 손동작의 내용과 자세를 파악하기에 좋은 방향이다. 정면 촬영은 작업장 배치에서 촬영하기 편한 곳으로 선택하며, 팔꿈치의 들림 여부, 목의 젖혀짐과 비틀림 등을 파악할 수 있다[그림 6.3]. 만일 측면과 정면 중에서 한 곳 만 가능하면 측면 동작을 촬영하는 것이 좋다.

작업 상황을 파악하기 위해서는 광각 촬영과 근접 촬영을 둘 다 하는 것이 바람직하다. 광각 촬영에서는 작업자의 신체 전체와 작업장 배치, 부품 상자와 도구들이 전반적으로 나타나도록 한다. 근접 촬영에서는 작업자의 손동작을 중심으로 자세한 작업 내용과 손의 꺾임과 자세까지도 나타나도록 촬영한다.

분석하기를 원하는 작업은 작업 상황을 모두 파악할 수 있도록 4~5회 이상으로 반복하여 촬영하는 것이 좋다. 팔레트나 부품 상자 등을 이용하는 경우에는 부품이 쌓여 있다가 바닥이 될 때까지의 상태를 파악할 수 있도록 반복하여 촬영하는 것이 바람직하다.

촬영이 끝난 후에는 작업 방법의 개선이나 작업 자세의 평가의 목적에 따라 각기 다른 분석을 할 수 있다. 본 장에서는 작업 방법의 분석과 개선에 초점을 맞추어 서술하고자 하며, 작업 자세의 평가에 대하여는 차후에 다시 서술하고자 한다.

작업 촬영이 끝나면 작업 분석과 개선을 위하여 작업자 공정도(operator process chart)를 그려서 작업을 분석한다.

그림 6.3 작업자의 정면 촬영 모습

2. 동작경제원칙

2.1 동작 경제 원칙

동작의 효율성에 관한 지침(guideline)으로는 Barnes의 동작 경제 원칙(principles of motion economy)이 대표적이다. Barnes는 피로를 줄이고 동작의 효율을 높이기 위한 22가지 지침을 제시하였는데, 동작 연구 학자인 Gilbreth 부부가 제시한 동작의 경제성과 능률 제고를 위한 20가지 원칙을 수정한 것이다. 동작 경제 원칙은 신체 사용에 관한 원칙(9개), 작업장의 배치에 관한 원칙(8개), 공구 및 설비 디자인에 관한 원칙(5개)으로 구성되어 있으며 내용은 다음과 같다.

(1) 신체 사용에 관한 원칙(use of human body)

- 두 손의 동작은 같이 시작하고 같이 끝나도록 한다.
- 휴식시간을 제외하고는 양손이 같이 쉬지 않도록 한다.
- 두 팔의 동작은 서로 반대 방향으로 대칭적으로 움직인다.

- 가능한 한 관성을 이용하여 작업을 하되, 작업자가 관성을 억제하여야 하는 경우에는 발생되는 관성을 최소한도로 줄인다.
- 손의 동작은 완만하게 연속적인 동작이 되도록 하며, 방향이 갑자기 크게 바뀌는 모양의 직선 동작은 피하도록 한다.
- 평상시 사용하던 근육을 사용하는 자연스러운 동작은 제한되거나 통제된 동작보다 더 신속하고 용이하며 정확하다.
- 가능하다면 쉽고도 자연스러운 리듬이 생기도록 동작을 배치한다.
- 눈의 초점을 모아야 작업을 할 수 있는 경우는 가능하면 없애고, 불가피한 경우에는 눈의 초점이 모아지는 두 지점간의 거리를 짧게 한다.
- 손과 신체의 동작은 작업을 원만하게 처리할 수 있는 범위 내에서 가장 낮은 동작 등급을 사용하도록 한다. [표 6.2]는 신체 동작 등급을 구분한 것으로 손가락 관절만을 이용하는 낮은 동작 등급에서 허리를 이용하는 동작까지 동작 신체 부위를 중심으로 분류하여 놓았다.

(2) **작업장의 배치에 관한 원칙**(workplace arrangement)

- 모든 공구나 재료는 자기 위치에 있도록 한다.
- 공구, 재료 및 제어 장치는 사용 위치에 가까이 두도록 한다.
- 중력 이송 원리를 이용하여 부품을 제품 사용 위치에 가까이 보낼 수 있도록 한다.

표 6.2 신체 동작 등급

동작 축	동작 신체 부위				
손가락 관절	손가락				
손목	손가락	손			
팔꿈치	손가락	손	전완		
어깨	손가락	손	전완	상완	
허리	손가락	손	전완	상완	몸통

- 가능하다면 낙하식 운반 방법을 사용하라.
- 공구나 재료는 작업 동작이 원활하게 수행되도록 위치를 정해 준다.
- 작업자가 잘 보면서 작업할 수 있도록 적절한 조명을 한다.
- 작업자가 작업 중에 자세를 변경할 수 있도록, 즉 앉거나 서는 것을 임의로 할 수 있도록 작업대와 의자 높이가 조정되도록 한다.
- 작업자가 좋은 자세를 취할 수 있도록 의자는 높이뿐만 아니라 디자인도 좋아야 한다.

(3) **공구 및 설비 디자인에 관한 원칙**(design of tools and equipment)

- 치구나 족답 장치를 효과적으로 사용할 수 있는 작업에서는 이러한 장치를 활용하여 양손이 다른 일을 할 수 있도록 한다.
- 공구의 기능을 결합하여 사용하도록 한다.
- 공구와 자재는 사용하기 쉽도록 가능한 한 미리 위치를 잡아 준다.
- 각 손가락이 서로 다른 작업을 할 때에는, 작업량을 각 손가락의 능력에 맞게 분배해야 한다.
- 레버, 핸들, 제어 장치는 작업자가 몸의 자세를 크게 바꾸지 않더라도 조작하기 쉽도록 배열한다.

2.2 작업자 공정도

작업자 공정도(operator process chart)는 주로 수작업을 대상으로 양손의 움직임을 관찰하여 작업을 분석하는 공정도로 left and right hand process chart라 부르기도 한다.

작업자 공정도는 왼손과 오른손의 작업 내용을 이해하기 쉽게 표현하기 위하여 작업대 위의 부품 상자와 작업 도구 등의 위치를 스케치한 후에 왼손과 오른손의 순차적인 작업 내용을 서술한다.

작업자 공정도는 일반적으로 작업의 개괄적인 순서를 8가지 therblig인 빈손 이동(TE), 쥐기(G), 운반(M 또는 TL), 바로 놓기(P), 사용(U), 내려 놓기(RL), 지연(D), 잡고 있기(H)로 표현한다. 17가지의 therblig를 이용하여 좀 더 상세하게 작업 내용을 분석하고 시간까지 표시하는 경우에는 SIMO chart(simultaneous motion cycle chart/therblig time chart)라고도 한다.

작업자 공정도를 작성한 후에는 개선안을 도출하기 위하여 동작의 효율성에 관한 지침(guideline)이나 점검표(checklist) 등을 이용한다.

작업자 공정도를 작성한 후에는 양손의 동작이 동작 경제 원칙에 위배되는지를 파악하여 비능률적인 동작을 제거 또는 개선하고, 반복 작업에 따른 꺾임이나 비틀림 등의 위험 요소 동작이 있는지를 파악하여 제거하고자 노력하여야 한다.

다음의 개선에 관한 ECRS 질문도 개선을 위한 검토에 이용된다.

- 꼭 필요한 동작인가? 제거할 수는 없는가?
- 다른 동작과 결합할 수는 없는가?
- 순서가 적합한가? 다른 순서로 하면 더 효율적이지 않은가?
- 더 쉽거나 빠르게 할 수는 없는가?

개선안이 도출되어 작성된 개선안 작업자 공정도는 작업 방법에 관한 개선 전, 후의 차이점을 비교하는 데에 이용할 수 있으며 새로운 작업 방법을 교육하는 데에 효과적으로 이용할 수 있다.

작업명: 케이블 클램프의 조립	요약표	왼손	오른손
작업자: 신나라	효율적 시간	2.7	11.6
분석자: 고민해	비효율적 시간	11.6	2.7
작업방법 (☑현재안, □개선안)	주기시간	14.3초	

작업대 스케치

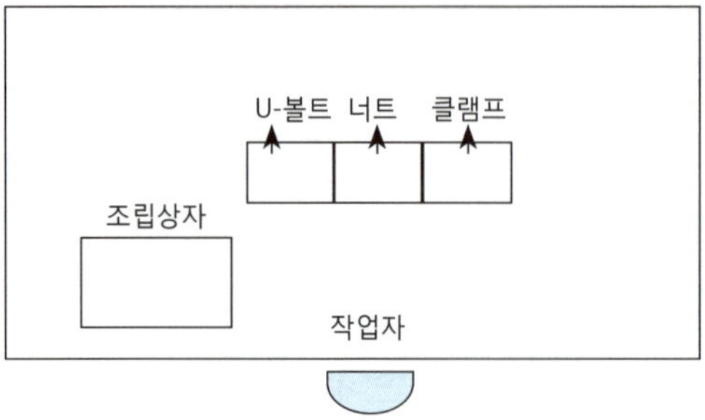

U-볼트 너트 클램프

조립상자

작업자

왼손			오른손		
작업 내용	기호	시간	시간	기호	작업 내용
U-볼트를 잡음	TE G	1.0	1.0	TE G	케이블 클램프를 잡음
U-볼트를 가져옴	M P	1.2	1.2	M P RL	클램프를 가져와 U볼트에 맞춰 놓음
U-볼트를 잡고 있기	H	11.0	1.0	TE G	첫째 너트를 잡음
			1.2	M P	첫째 너트를 가져옴
			3.4	U RL	첫째 너트를 돌려 끼움
			1.0	TE G	둘째 너트를 잡음
			1.2	M P	둘째 너트를 가져옴
			3.4	U RL	둘째 너트를 돌려 끼움
조립 상자에 넣기	M RL	1.1	0.9	UD	불가피한 지연

그림 6.4 **작업자 공정도**

사례 6.2 작업공정도

[그림 6.4]는 케이블 클램프의 조립 작업에 대한 작업자 공정도이다. 작업장 스케치를 보면 작업자가 앉아 있는 정면에 U-볼트, 너트, 클램프 부품 박스가 나란히 3개 있고, 왼쪽 아래에 조립품 상자가 위치하여 있다. 작업 내용은 우선 왼손으로 U-볼트를, 오른손으로 케이블 클램프를 가져와 끼운다. 왼손은 U-볼트를 계속 잡고 있고 오른손은 너트를 하나씩 가져와 두 개를 끼운 후에 조립된 부품을 왼손으로 조립 상자에 넣으면 된다. 작업 내용 중에서 U-볼트, 너트, 클램프 등을 가져오는 동작에는 바로 놓기 동작(P)이 0.6초 동안 발생한다. 왼손에서 발생한 비효율적인 therblig 동작시간은 잡고 있기(H) 시간 11초를 포함하여 총 11.6초가 되며, 오른손은 세 번의 바로 놓기 동작(P)과 불가피한 지연(UD)이 0.9초 발생하여 총 2.7초의 비효율적인 시간이 존재한다.

[그림 6.4]의 작업자 공정도를 토대로 동작 경제 원칙에 위배되는 내용들이 어떤 것이 있는가를 검토하여 보자.

- 두 손의 동작은 같이 시작하고 같이 끝나지 않고 있다.
- 두 팔의 동작은 서로 반대 방향으로 대칭적으로 움직이지 않고 있다.
- 가능한 한 관성을 이용하여 작업을 하도록 하되, 작업자가 관성을 억제하여야 하는 경우에는 발생되는 관성을 최소한도로 줄인다.
- 중력 이송 원리를 이용한 부품 상자나 낙하식 운반 방법을 이용하지 못하고 있다.
- 치구 등을 이용하지 못하고 있다.

동작 경제 원칙에 위배되는 내용들을 토대로 개선안을 검토할 수 있다. 여러분은 어떤 개선안을 제시하겠는가?

사례 6.2 부품 삽입 작업의 고려 사항

전자제품의 발달로 인하여 거의 모든 전자제품에는 인쇄 회로 기판인 PCB(printed circuit board)가 장착되어 있다. PCB에는 많은 부품들이 삽입되는데 크기가 작고 비슷한 부품들은 자동화하고, 크기가 크거나 높은 부품들은 [그림 6.5]와 같이 작업자가 PCB 기판에 직접 삽입하는 경우가 많다. 부품 삽입 작업은 전자제품 조립 작업장에서 볼 수 있는 대표적인 수작업이다.

그림 6.5 **부품 삽입 작업**

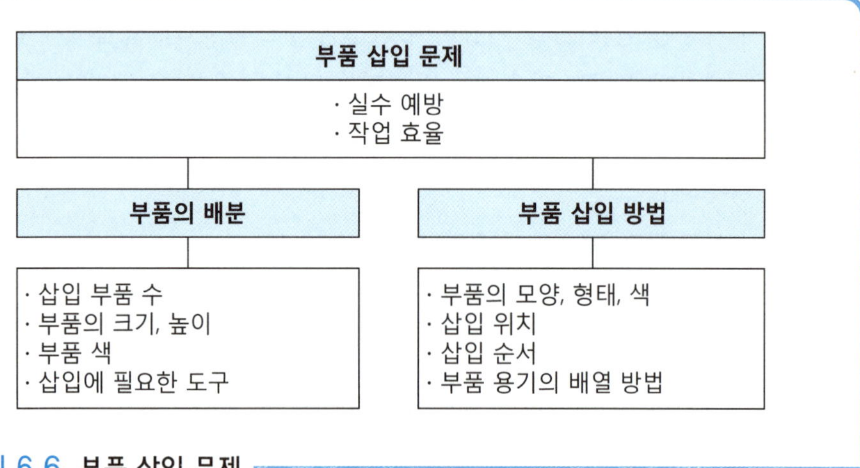

그림 6.6 **부품 삽입 문제**

[그림 6.6]에 나타낸 것과 같이 일반적으로 부품의 삽입 작업은 PCB 기판에 삽입할 위치와 삽입하려는 부품들이 제약조건(모양, 크기, 높이, 색)으로 정해져 있는 상태에서 몇 명의 작업자에게 몇 개씩 부품을 분배하며, 각 작업자에게는 어떤 순서로 정해진 부품을 삽입하고, 부품 용기는 어떻게 배열하느냐를 결정하는 문제가 된다. 즉, 부품 삽입 문제는 기억하기 쉽고, 불필요한 이동이 적게 부품 용기의 위치와 삽입 순서를 배치함으로써 작업자의 실수를 줄이고 작업 효율을 높이고자 함이 목적이다.

부품 삽입 작업의 효율성 제고 방안은 다음과 같다.

- 부품의 높이가 작은 부품을 먼저, 큰 부품을 나중에 삽입한다.
- 가급적 양손을 이용한 삽입 작업이 가능하도록 설계한다.
- 삽입 순서는 위에서 아래로, 바깥에서 안쪽으로 등의 흐름이 존재하도록 설계한다.
- 부품이 흘러내리도록 부품 용기를 기울여서 배치하여 부품을 잡기가 용이하고 이동 거리를 적게 한다.
- [그림 6.7]과 같이 삽입 부품과 연계해서 부품 용기를 배치하여 기억하기 쉽고, 불필요한 이동이 적게 한다.

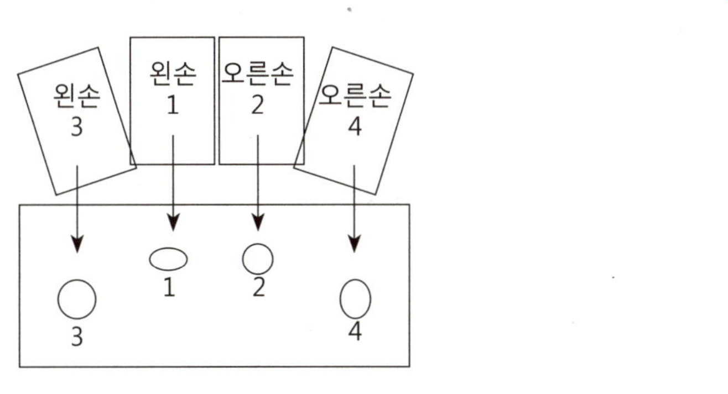

그림 6.7 **부품 용기와 삽입 위치**

3. 작업자중심의 작업설계

3.1 작업자중심의 작업설계

최근 작업장을 살펴보면 근로자의 평균 나이가 많아지고 있으며, 여성 작업자들이 늘어나고 있다. 이에 따라 작업의 요구 사항을 만족하는 작업자를 선발하던 시대에서 힘이 약하고 튼튼하지 않은 초보자도 쉽게 작업 할 수 있도록 작업을 설계해야 하는 시대로 바뀌게 되었다. 작업자의 능력을 고려한 작업 설계가 되지 않으면 원하는 생산성과 품질을 확보하기가 더욱 더 어려워지고, 작업의 요구 사항을 못 견디고 실수를 하거나 사고를 당할 수도 있고, 작업관련성 질환이 발생할 수도 있게 된 것이다. 따라서, 작업자의 신체적 능력을 고려한 작업자 중심의 작업장 설계를 하는 것이 작업의 생산성과 품질, 안전을 확보하는 길이라고 할 수 있다.

작업 현장에서 어려운 작업은 설계 단계에서 고려되었더라면 쉽게 해결할 수 있는 문제들이 많이 존재하므로 설계 단계부터 작업자를 고려한 작업 방법에 대하여 관심을 가져야 한다. 작업 도구나 설비들을 구매하는 관리자들은 어떤 도구나 장비가 작업자가 작업하는데 편리하고 안전한가에 관심을 가지고 작업자의 의견을 청취하여 제조업자들에게 요구를 하여야 한다.

작업자 중심의 설계를 바탕으로 한 작업 개선 활동은 생산성 향상을 위한 활동과 같은 효과를 가져 오므로 작업자가 편하고 쉽게 작업할 수 있도록 작업장을 개선하려는 노력이 필요하다.

3.2 작업분석 및 개선 절차

현재의 작업을 분석하고 개선하기 위한 절차는 [그림 6.8]과 같이 1) 현재의

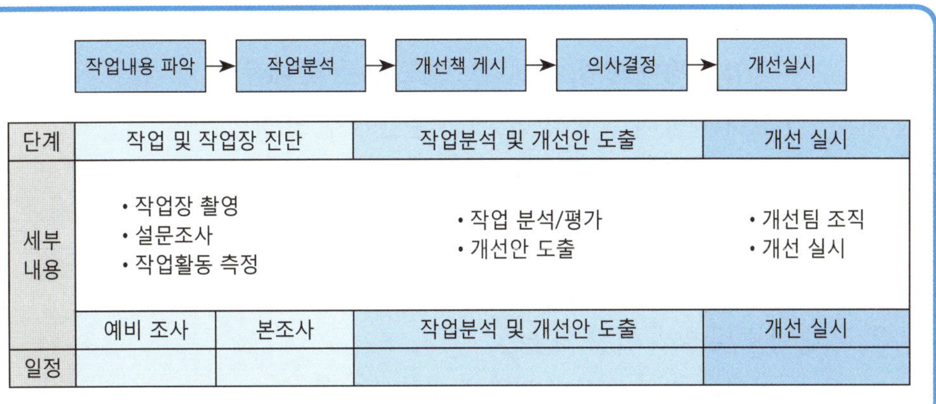

그림 6.8 작업분석 및 개선 절차

작업 및 작업장 진단(내용 파악), 2) 작업 분석 및 개선안 도출, 3) 작업 개선실시의 단계로 구분할 수 있다.

1) 현재의 작업 및 작업장 진단

현재의 작업 및 작업장을 진단하기 위해서는 먼저 현장 방문, 작업자 및 관리자 인터뷰, 작업 불량이나 사고에 관한 기록의 검토 등의 예비 조사를 실시한다.

예비조사의 내용을 토대로 조사할 작업장과 작업 등을 도출하면, 조사 목적에 맞게 인터뷰나 설문조사의 대상과 내용, 작업 내용의 측정 및 분석 방법, 조사 일정 등에 관한 구체적인 사항을 결정한다. 관련부서와 협의하여 조사일정 등을 점검한 후에는 본격적인 조사를 실시한다. 본조사에서는 다음과 같은 내용을 파악한다.

① 구성원의 특성

- 성별, 연령별 분포, 근속년수 등

② 작업 및 직무관련 규정 및 조직 관련 내용

- 1일/1주 작업시간, 잔업시간, 작업 속도(라인, 팀, 개인), 계절별 변화

여부

• 작업자 평가 방법, 인센티브 제도 유무 및 내용
• 교대 작업 유무 및 방법, 작업 순환 유무 및 방법
• 작업자들의 다기능작업 수행 여부 및 내용
• 안전 보건, 품질활동 여부 및 방법
• 작업자 만족도 관련 사항

③ 작업 내용 및 방법 관련 내용

• 작업대/작업장 설비 전반에 대한 스케치
• 작업방법, 작업대 높이, 작업 영역, 여유 공간 등에 대한 촬영 및 실측
• 작업 대상물의 무게, 모양, 위치, 작업에 필요한 힘의 측정
• 작업 도구의 모델명, 제조회사, 무게, 유지 보수 계획에 관한 사항

2) 작업분석 및 개선안 도출

분석 대상이 되는 작업의 애로사항이나 위험요인을 파악하고, 현재의 위험요인이나 애로사항을 해결할 수 있는가에 대하여 체계적으로 분석하는 단계이다. 주로 체크리스트를 이용하거나 설문조사와 작업촬영 자료의 분석, 실측 자료를 통한 작업평가 등을 이용하여, 문제점을 파악한다. 다음은 작업분석 단계에서 고려해야 할 개선대상 작업의 요소와 체크리스트의 예이다.

① 작업유형

• 신체의 불안전한 자세(과도한 뻗침 자세, 비틀림 자세, 굽힘 자세)
• 중량물 취급: 들고, 내리기, 운반에 관한 시간과 거리, 빈도
• 특정 부위의 반복 사용, 신체 압박 등

② 작업 대상물

• 취급 대상물의 무게, 크기
• 손으로 잡는 데 어려움
• 무게 중심의 불안정

• 날카롭거나, 뜨겁거나, 그 밖의 잠재 위험 요소가 있는가?

③ 작업 환경
- 충분한 여유 공간이 존재하는가?
- 작업장 바닥의 높낮이 차이, 미끄러운 정도 등
- 작업이 이루어지는 지점, 작업대 및 대차 높이와 깊이 등
- 생물학, 화학적 유해요인, 온도, 조명 상태 등의 적절성

④ 개인 특성
- 작업자에게 특별히 요구되는 체격이 있는가?
- 안전한 작업 수행을 위하여 특별한 지식이나 훈련이 필요한가?

현실적인 개선안을 도출하기 위해선 작업자와 설비 개선 담당자나 제조업자, 의사결정의 주체인 관리자들이 긴밀하게 협조하여야 한다. 작업자는 실제 도구나 설비를 사용할 주체로 불편한 사항을 가장 잘 알고 있으며, 설비 제조업자(개선 담당자)는 개선 요구사항에 대한 현실적인 실행 주체자이며, 소요되는 비용에 대한 결정권을 갖고 있다. 관리자는 어떤 것을 개선할 것인가에 대한 우선순위를 정하고, 개선을 위한 투자를 할 것인가에 대한 의사결정을 하게 된다.

3) 개선 실시 단계

개선계획이 정해지면 개선팀이 조직되어 개선안을 확정하고 개선을 시행하게 된다. 개선안을 확정하고 현장에 적용하거나 작업에 적합한 편이장비를 도입할 때는 최종적으로 다음 사항을 고려하여야 한다.

① 개선안이나 장비의 기능
- 현재의 불편함이나 애로사항이 제거되거나 충분히 감소되는가?
- 개선안의 적용 용이성은? 같은 효과를 내면서 비용이 적은 대안은 없는가?

- 개선안을 시행하는데 기술적, 금전적, 시간적 제약은 없는가?
- 작업자들이 정서적으로 긍정적으로 받아들일 수 있는 대안인가?
- 개선안 시행에 필요한 훈련 시간은 적당하고 가능한가?

② 적절한 자세를 취할 수 있도록 설계되었는가?

- 팔꿈치가 올라가지 않는 적절한 높이에서 잡고 취급할 수 있는가?
- 손목이 굽혀지지 않는 상태로 조종할 수 있는가?
- 사용시 신체를 압박하거나, 여유공간이 부족하지는 않는가?

③ 표시장치와 조정장치는 작동하기 편한가?

- 손으로 잡는데 간격이 너무 크거나, 조작하는데 너무 힘이 들지는 않는가?
- 조정장치의 레버나 스위치를 계속 누르면서 조작해야 되지는 않는가?

④ 안전성과 보수유지는 확보되어 있는가?

- 개선 후 과거에 인지되지 않았던 위험요소가 첨가되지는 않는가?
- 방향 회전, 중량물 적재 등으로 인하여 추락 등의 사고 가능성은 없는가?
- 오조작, 사용상의 미숙 등의 비상시를 대비한 안전장치가 설계되어 있는가?
- 유지보수가 편하고, 유지보수용 도구는 적절한가?
- 자주 사용되는 소모품이나, 분실우려가 큰 부품들은 충분히 지급될 수 있는가?

개선을 시행한 후에는 개선후의 생산성 향상정도, 작업 위험의 감소 정도, 품질의 개선정도, 작업 만족도의 향상정도 등을 조사하여 개선 효과를 분석한다.

4. 작업설계 및 개선원리

4.1 좋은 작업 자세를 유지하라

4.1.1 척추의 S자 커브를 유지하라

[그림 6.9]와 같이 등은 목 부위, 가슴 부위, 허리부위에 3개의 자유스러운 곡선을 가지고 있다. 즉, 정상적인 등뼈의 정렬형태는 목 부위에서의 안쪽으로의 곡선, 가슴 부위에서의 바깥쪽으로 곡선, 허리 부위의 안쪽으로의 곡선 형태를 지닌 S자 커브 모양이다. 이들 곡선은 귀와 어깨, 엉덩이가 일직선일 때 똑바로 정렬된다. 이러한 자세는 몸무게를 특정 부위에 가중시키지 않고 균등하게 분포하게 한다.

척추 뼈들 사이에는 충격을 흡수할 수 있도록 부드러운 디스크들이 위치해 있다. 척추 디스크(intervertebral disc: 추간판)는 척추와 척추 사이의 유연성을 유지시켜 주는 연골로서 충격을 흡수하는 쿠션 역할을 한다. 척추가 움직일 때마다 디스크는 운동 방향에 따라 눌려지기도 하고 늘어나기도 한다. 척추 디스크를 물 풍선으로 비유하여 설명한다면 똑바로 서 있는 자세에서는 물 풍선을 아래위로 힘을

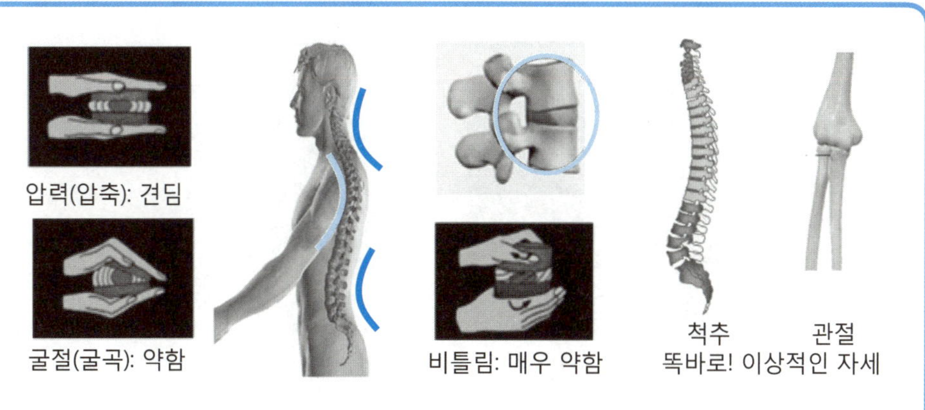

그림 6.9 척추의 S자 곡선과 디스크

가하게 되므로 터뜨리기가 어렵다. 허리를 굽히는 경우에는 물 풍선을 한 쪽에서 누르는 형태가 되어 한 쪽만 튀어나오는 모양이 될 것이고 굽힌 각도가 심할수록, 힘을 많이 줄수록 튀어나오는 양은 많아질 수 있다. 물 풍선에 힘을 주어 비틀 때에 물 풍선은 제일 쉽게 터뜨릴 수 있다.

4.1.2 관절이 바르게 정렬되도록 중립자세를 취하라

신체는 비틀림과 꺾임에 약하다. 중립자세는 신체부위들의 부하와 피로를 감소시킨다. 중립자세란 비틀리거나 꺾이지 않고 자연스러운 정렬된 자세를 의미한다. 근육들은 관절들이 중립자세로 일할 때 가장 힘이 세다. 손목이 자연스럽게 펴진 상태, 팔꿈치 각도가 90° 정도를 유지하고 어깨에 힘이 빠진 상태로 작업할 때 중립 자세가 되며, 작업 중의 근육이나 건에 부담이 줄어든다. 신체 부위들이 중립적인 위치(neutral position)을 벗어나는 자세를 불편한 자세라고 한다. 불편한 자세는 강하고 큰 근육들을 이용하여 최대 효율로 일하는 것을 방해하고, 작고 약한 근육들이 힘을 과도하게 쓰게 만든다(Cal/OSHA, 1999). 따라서 효율이 떨어질 뿐만 아니라 쉽게 피로하게 만든다.

불편한 자세는 작업자의 올바르지 못한 작업 방법과 부적절하게 설계되거나 배치된 작업장, 작업도구 및 설비 등에서 발생한다. 불편한 자세는 작업점이 너무 낮아 굽힘과 뻗침, 비틀림이 존재하거나, 작업점이 너무 멀리 떨어져 있거나

a) 불편한 자세

b) 개선된 자세

그림 6.10 불편한 농작업 자세의 개선

너무 높아 과도하게 뻗침이 발생하는 경우, 협소한 작업공간으로 인한 제한된 작업 자세와 정밀 작업으로 인한 목 굽힘 자세 등이 해당된다. [그림 6.10]은 쪼그리고 굽힌 작업 자세를 천정 수레의 받침대를 이용하여 앉아서 작업하도록 개선한 사례를 보여주고 있다. 불편한 자세로 지속적으로 작업하는 경우에는 잠깐이라도 휴식을 자주하는 것이 피로를 줄이는 데 많은 도움을 주게 된다.

4.1.3 가능한 동작이 편한 작업영역에서 작업하라.

[그림 6.11]은 신체의 위치에 따른 동작 난이도와 권장 구간을 나타낸 것이다. 선 자세에서의 중량물 취급 동작은 주먹 높이에서 팔꿈치 높이까지 범위 내에서 수행될 때 가장 용이하며, 어깨 위나 무릎 아래 위치에서 뻗치면서 동작이 일어날 때 힘든 동작이라고 할 수 있다. 따라서, 중량물 취급 작업은 가급적 무릎 위에서 어깨 높이 범위에서 동작이 일어나도록 설계한다.

수평 작업면 영역에서는 팔 뻗치는 동작에 의한 도달 영역으로 정상 작업역(normal area)과 최대 작업역(maximum area)이라는 개념을 이용한다. 정상 작업역은 상완을 자연스럽게 몸에 붙인 채로 전완을 움직일 때 도달하는 영역이며,

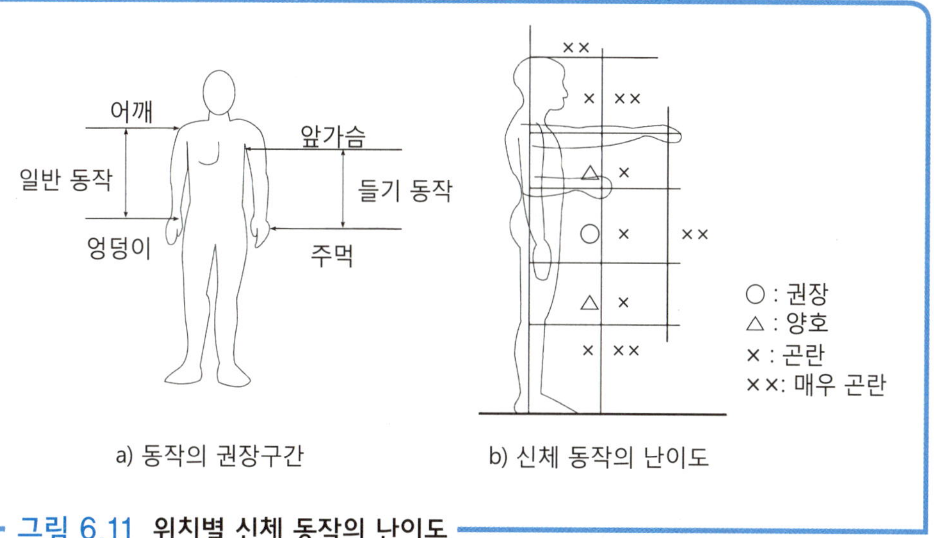

그림 6.11 위치별 신체 동작의 난이도

최대 작업역은 어깨에서부터 팔을 뻗쳐 도달하는 최대 영역을 뜻한다.

일반적으로 즉각적으로 혹은 빈번하게 취급해야 하는 물건은 정상 작업역(25cm 이내) 안에 위치해야 하며, 그렇지 않은 물건들은 최대 작업역(50cm 이내) 안에 위치하면 된다. 작업자가 최대 작업역 밖에 물건을 위치시키면 몸을 굽히거나 뻗쳐야 하므로 빈번하거나 정기적으로 발생하는 작업은 적어도 최대 작업역 내에 위치하는 것이 바람직하다.

4.2 중량물 취급 원리

4.2.1 중량물 취급 허용 한계선을 검토하라

중량물 취급 작업을 설계할 때는 위치에 따른 중량물 취급 허용 한계선을 검토하여 설계해야 한다. [그림 6.12]는 영국의 산업안전보건청(HSE, 2004)에서 제시한 남녀 자세 위치별 개인의 중량물 취급 작업에서의 허용 중량에 대한 한계선

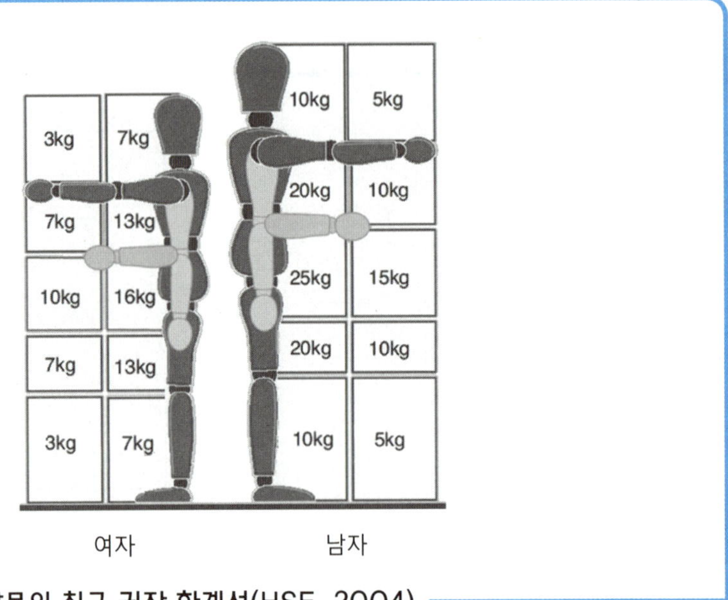

그림 6.12 중량물의 취급 권장 한계선(HSE, 2004)

을 표현한 것이다. 중량물 취급은 가능한 좋은 자세로 팔꿈치 높이에서 취급하는 것이 가장 효율적이며, 중량물 취급에 관한 허용 기준은 좋지 않은 조건에서 작업할 때를 기준으로 중량물 취급 허용한계를 정하는 것이 예방 측면에서 의의가 있다고 할 수 있다. 예를 들면 작업대 위에 있는 중량물을 어깨 위의 선반 위에 올려놓는 작업자라면 어깨 위로 뻗쳐서 중량물을 취급하는 자세를 기준으로 잡고 [그림 6.12]를 이용하여 남자만 작업하는 경우에는 5kg이하로 여자와 남자가 같이 작업하는 경우에는 3kg이하로 기준을 선정하는 것이 요통 예방을 위하여 바람직한 철학이라 할 수 있다.

4.2.2 허리를 똑바로, 다리를 이용하여 중량물을 들어라

갑자기 무거운 물건을 들어 올리거나 허리를 비틀어 디스크에 압력이 지나치게 가해질 경우에는 압력을 이기지 못하여 디스크가 바깥쪽으로 튀어나오게 되는데 이를 추간판 탈출증이라 한다. 디스크가 튀어나오면 신경조직을 압박하여 허리를 움직일 때마다 요통이나 좌골 신경통이 나타나게 된다. 따라서 허리 비틀림이 발생하는 자세로 중량물을 취급하는 경우가 가장 나쁜 자세라고 할 수 있으며, 많이 굽힌 자세도 나쁜 자세로 척추 디스크에 압박을 주게 된다. 척추를 똑바

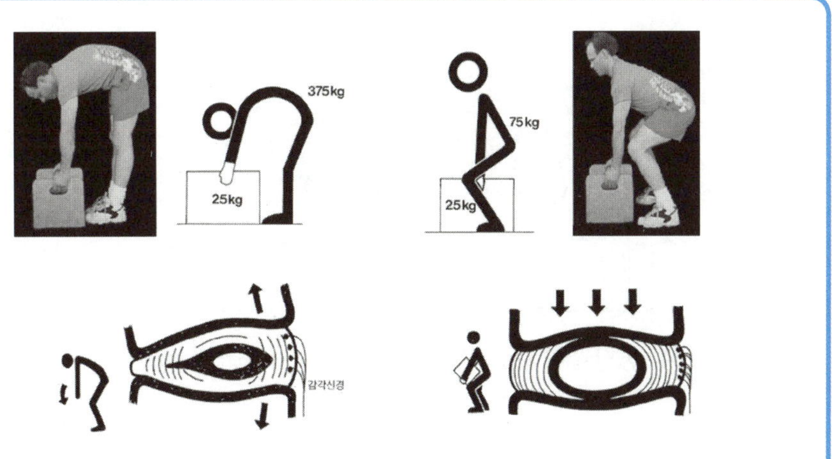

그림 6.13 중량물 취급과 허리 디스크의 모양

로 유지할 수 있는 자세가 제일 좋은 자세인 것이다.

[그림 6.13]의 왼쪽과 같이 허리를 구부리고 중량물을 들어야 하는 경우에는 디스크 앞쪽이 눌려지고 된다. 반면 오른쪽의 다리를 이용하여 드는 경우에는 디스크가 똑바르게 유지됨을 볼 수 있다. 중량물이 무거우면 무거울수록 허리를 굽히면 굽힐수록 허리 디스크가 받는 압박은 심해지게 되므로, 중량물을 들때는 허리로 들지 말고 다리를 이용하여 들어야 한다.

4.2.3 중량물은 몸에 가깝게 붙여서 취급하라

[그림 6.14]와 같이 같은 무게라도 허리가 받는 하중은 다르다. 중량물은 몸에서 얼마나 떨어져 있느냐에 따라 요추부에 가해지는 압력이 달라지므로 가능한 몸에 붙여서 중량물을 취급한다.

신체 역학적인 측면에서 볼 때 돌아가는 힘인 염력(moment)은 거리와 힘의 곱으로 작용되기 때문에, 몸에서 거리가 멀리 떨어질수록 더 큰 하중이 요추에 걸리게 된다. 미국 OSHA에서는 몸에서 25cm를 벗어나지 않도록 권장하고 있다.

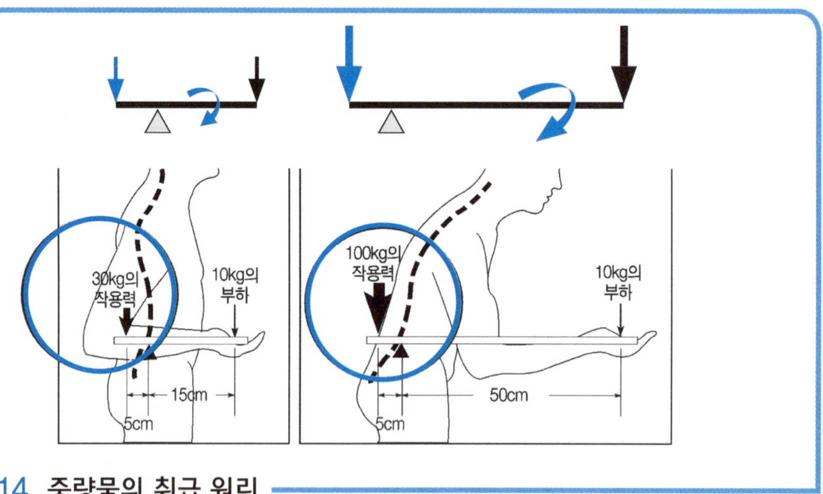

그림 6.14 중량물의 취급 원리

4.2.4 손잡이를 제공하라

중량물을 취급할 때는 가능한 손잡이를 이용하라. 가능하면 손가락으로 잡는 핀치그립(pinch grip)보다는 손바닥으로 감싸 안아 잡는 파워그립(power grip)을 이용한다. [그림 6.15]과 같이 손을 감싸 안아서 잡을 수 있는 손잡이를 제공하면 손의 근육 피로도도 줄일 수 있고, 허용 중량도 훨씬 높아지게 된다. 손잡이가 없는 중량물은 손잡이가 있는 가벼운 플라스틱 박스에 담아 운반하고 적재하는 것을 고려한다.

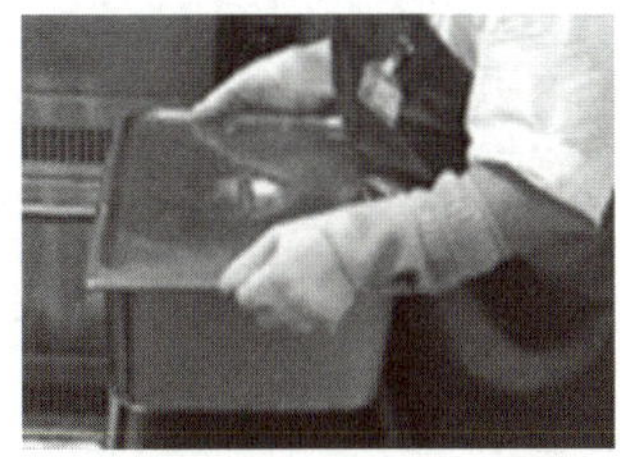
a) 손잡이가 없는 경우

b) 손잡이를 제공한 개선

그림 6.15 **손잡이를 제공한 개선사례**

4.3 과도한 반복을 피하고 잠깐의 휴식을 이용하라

반복 작업에서는 동일한 동작으로 인하여 같은 근육과 건, 관절들이 반복적으로 사용된다. 반복 정도는 작업 속도와 작업의 다양성 정도, 근육이 회복에 필요한 휴식시간의 수와 길이 등에 따라 달라진다. 반복 정도가 심할수록 근육은 쉽게 피로하게 되며 회복에 더 긴 시간이 요구된다.

단순한 반복 작업인 경우 근육 조직에는 극히 미세한 손상만이 발생하며, 평상시 동작에서는 전혀 문제가 되지 않는다. 그러나 장기간의 연속 작업이나 부족한 휴식은 회복에 필요한 충분한 시간을 가질 수 없기 때문에, 경우에 따라서는 미세 손상이 복원이 불가능한 상태까지 갈 수도 있다. 따라서 극한 상황까지 이어지지 않도록 작업 중간에 잠깐이라도 휴식시간이 주어져야 한다.

4.4 신체 압박을 피하라

신체적 압박은 날카롭고 단단한 면이나 물체가 신체와 접촉하는 경우에 발생한다. 신체의 손가락, 손바닥, 손목, 전완, 팔꿈치, 무릎, 앉은 자세에서의 허벅지의 부드러운 조직 등은 신경과 건, 혈관 등이 피부와 가까워 신체적 압박에 민감하다. 무릎이나 팔꿈치, 허벅지 등에 가해지는 장시간의 반복적인 압박은 피부에 해를 입힐 수 있고, 근육의 기초를 이루는 건에 해를 입히거나 신경의 기능을 손상시킬 수 있다. 신체에 가해지는 압박은 작업장의 개선을 통하여 자세를 변경할 수 있는 경우도 있지만, 쪼그려 앉거나 무릎을 꿇고 작업을 할 수밖에 없는 작업자들을 위해서는 위험을 줄이기 위한 다음과 같은 보완책이 필요하다. 여기에서 중요한 것은 작업자들 스스로가 본인에게 적합한 보조 도구들을 선택할 수 있도록 하는 것이 효용성을 높이는 방법이라는 것이다.

- 쪼그려 앉거나 무릎 꿇는 것을 요하는 낮은 위치에서는 꼭 필요한 일만 하도록 작업을 설계하는 것이 중요하다.
- 반복적으로 쪼그려 앉는 것을 피하고 가급적이면 시간을 줄일 수 있도록 노력한다.
- 작업자가 자세를 바꿀 수 있도록 하고, 잠시 쉬는 시간을 자주 갖는다.
- 무릎 보호대 등과 같이 신체 압박에 의한 충격을 완화시키는 신체 보호대를 제공한다.

4.5 수공구 설계원리

작업을 편하고 쉽게 할 수 있는 작업 설비와 보조 도구들을 사용하는 것이 바람직하다. 작업 도구를 사용하는 경우에 손잡이 직경은 너무 크거나 작지 말아야 하며, 손바닥 일부분의 압박을 줄이기 위하여 손잡이의 길이가 충분히 길어야 한다. 무게가 2kg 이상 되는 작업 도구는 공구의 무게를 줄이기 위한 보조 고정 장치를 이용하거나 매다는 것이 바람직하다.

수공구의 손잡이는 손바닥 전체에 압력이 분포되도록 설계하는 것이 바람직하며, 힘을 전달하여야 하는 경우에는 [그림 6.16]과 같이 T자형 손잡이로 설계하는 것이 좋다. 특히, 쥐고 작업하기에 너무 작은 작업 도구들은 손바닥의 일부분에만 압박을 가하여 효율성이 떨어지므로 손잡이를 크게 만드는 것이 편할 뿐만 아니라 시간도 적게 걸린다.

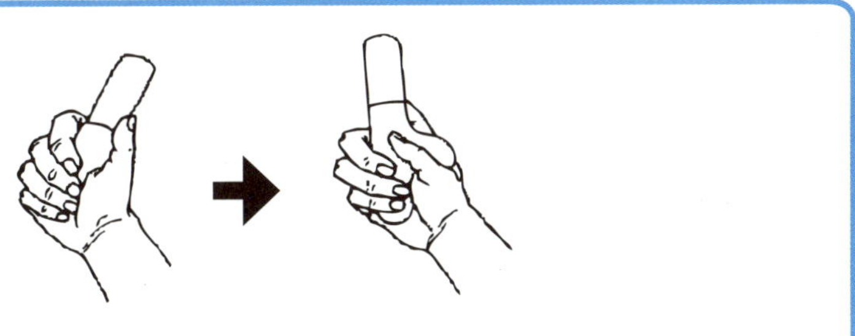

그림 6.16 **T자형 손잡이**

연습문제

1. 대상물을 미리 정해진 장소에 놓거나 다음 동작에 알맞도록 올바른 위치에 놓는 동작에 사용하는 therblig 기호는?

   ①   ② 9   ③ 8   ④ U

2. 펜의 뚜껑을 끼우는 동작에 사용하는 기호는?

   ① ∩   ②   ③ #   ④ ++

3. 다음 therblig 중에서 비효율적인 동작이 아닌 것은?

   ① PP   ② P   ③ St   ④ I

4. 다음 therblig 중에서 동작 목적을 가지는 동작으로 분류되는 것은?

   ① G   ② PP   ③ DA   ④ RL

5. 대상물이 의도한 위치에 놓이도록 방향을 바꾸거나 위치를 결정하는 동작에 사용되는 therblig은?

   ① P   ② PP   ③ I   ④ G

6. 다음 중에서 동작 경제 원칙에 해당되지 않는 것은?

   ① 신체 사용에 관한 원칙   ② 작업장 배치에 관한 원칙
   ③ 공구류 및 설비에 관한 원칙   ④ 작업 개선의 원칙

연습문제 해답 : 1. ③, 2. ③, 3. ①, 4. ③, 5. ①, 6. ④

7. 신체 사용에 관한 동작 경제 원칙 중에서 가장 거리가 먼 것은?

① 양손은 동시에 시작하고 멈춘다.

② 가능한 한 관성을 이용한다.

③ 두 팔은 동시에 동일 방향으로 움직인다.

④ 휴식시간을 제외하고는 양손이 같이 쉬지 않도록 한다.

8. 다음 설명 중에서 동작 경제 원칙에 가장 적합한 내용은?

① 곡선보다는 직선을 그리는 동작을 유지한다.

② 자연스러운 리듬이 생기도록 작업을 배치한다.

③ 양손 작업은 최대 작업역에서 행한다.

④ 가급적 눈의 초점을 집중하는 작업을 늘린다.

9. 드라이버를 손으로 쥐고 나사를 조이는 작업에 대한 therblig 기호와 관련이 없는 것은?

① PP ② U ③ A ④ G

10. 작업장에 관한 동작 경제의 원칙이 아닌 것은?

① 재료는 운반하기 쉽도록 용기를 사용할 것

② 가능하면 낙하식 운반 방법을 이용할 것

③ 적절한 조명을 제공할 것

④ 작업대의 높이는 적절할 것

연습문제 해답 : 7. ③, 8. ②, 9. ①, 10. ①

11. 손으로 쥐고 있던 펜을 펜꽂이에 끼운 뒤에 놓는 작업에서 개선의 대상이 되는 therblig은?

① A　　② RL　　③ P　　④ Sh

12. 왼손으로 볼트를 잡고 오른손으로 너트를 끼우는 작업을 반복할 때에 개선할 수 있는 내용이 아닌 것은?

① 양손이 동시에 쉬고 있는가?
② 양손의 동작이 대칭적인가?
③ 잡고 있기 동작을 없앨 수 있는가?
④ 양손의 동작이 같이 시작하는가?

13. 손동작에서 분해 가능한 최소한의 기본 단위동작을 무엇이라 하는가?

① therblig　　② task　　③ motion　　④ process

14. 다음 설명 중에서 적절하지 못한 설명은?

① 부적절한 자세란 신체 부위들이 중립적인 위치를 취하는 자세이다.
② 부적절한 자세는 강하고 큰 근육들을 이용하는 것을 방해한다.
③ 서 있을 때에는 등뼈가 S 곡선을 유지하는 것이 좋다.
④ pinch grip은 power grip보다 좋지 않다.

15. 작업자가 작업 중 허리를 굽히거나 이동하지 않고 작업을 할 수 있는 최대 영역은?

① 최소 작업역　　② 정상 작업역
③ 최대 작업역　　④ 임계 작업역

연습문제 해답 : 11. ③, 12. ①, 13. ①, 14. ①, 15. ③

16. 다음 중에서 수공구를 이용한 작업의 개선 원리로 적합하지 못한 것은?

① 손바닥 전체로 스트레스를 분산한다.

② 손바닥으로 감싸 안아 잡는 power grip을 이용한다.

③ 손잡이 표면에 홈이 파진 수공구를 이용한다.

④ 동력 공구는 그 무게를 지탱할 수 있도록 매단다.

17. 최대 작업역에 관한 설명으로 가장 적절하지 못한 것은?

① 작업 중 허리를 굽히거나 이동하지 않고도 작업을 할 수 있는 영역

② 어깨를 축으로 팔을 휘두를 때의 부채꼴 모양의 원호 내부 지역

③ 양손 작업을 쉽게 할 수 있는 영역

④ 작업자가 쉽게 동작할 수 있는 최대 작업 공간 영역

18. 다음 설명 중에서 중량물 취급을 편하게 할 수 있는 구간으로 가장 적합한 것은?

① 주먹 높이에서 팔꿈치 높이

② 무릎 높이에서 어깨 높이

③ 바닥에서 허리 높이

④ 바닥에서 어깨 높이

연습문제 해답 : 16. ③, 17. ③, 18. ①

실습문제

1. 다음은 볼트에 세 개의 와셔를 돌려서 조립하는 작업에 대한 작업자 공정도이다. 빈 칸에 서블릭 영문 기호를 채워 넣고, 동작 중에 나타난 비효율적 서블릭 기호를 열거하시오. 단, 록와셔와 강철와셔는 볼트에 맞추어 떨아 뜨리면 되고, 고무 와셔는 힘을 주어 끼워야 한다.

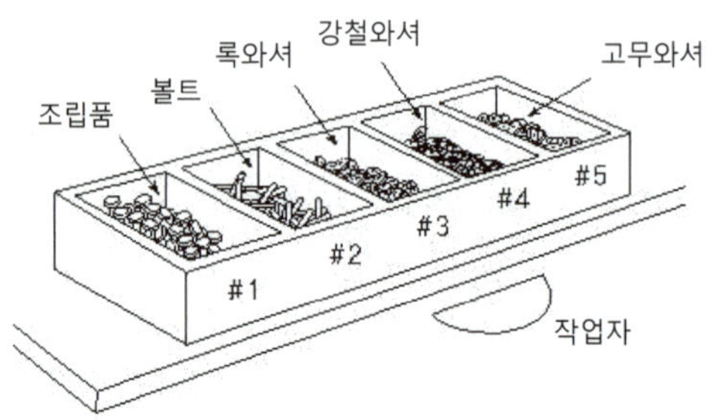

왼손	기호		오른손
조립품을 상자1로 운반한다.	M		록와셔로 손을 가져간다.
부품을 상자에 놓는다.			록와셔를 잡는다.
상자2의 볼트로 손을 가져간다.		M	록와셔를 중앙으로 가져온다.
볼트를 잡는다.			
볼트를 중앙으로 가져온다.	M		록와셔를 볼트에 맞춘다.
볼트를 잡고 있는다.			록와셔를 볼트에 놓는다.
			강철와셔로 손을 뻗친다.
			강철와셔를 집는다.
		M	강철와셔를 볼트로 가져온다.
			강철와셔를 볼트에 맞춘다.
			강철와셔를 놓는다.
			고무와셔로 손을 뻗는다.
			고무와셔를 잡는다.
		M	고무와셔를 볼트로 가져온다.
			고무와셔를 볼트에 맞춘다.
			고무와셔를 조립한다.
조립 완제품을 상자1로 가져간다.	M		조립품에서 손을 뗀다.

■ 해설 ■

1) 비효율적인 서블릭: P(바로 놓기), H(잡고 있기)

왼손	기호		오른손
조립품을 상자1로 운반한다.	M	TE	록와셔로 손을 가져간다.
부품을 상자에 놓는다.	RL	G	록와셔를 잡는다.
상자2의 볼트로 손을 가져간다.	TE	M	록와셔를 중앙으로 가져온다.
볼트를 잡는다.	G		
볼트를 중앙으로 가져온다.	M	P	록와셔를 볼트에 맞춘다.
볼트를 잡고 있는다.	H	RL	록와셔를 볼트에 놓는다.
		TE	강철와셔로 손을 뻗친다.
		G	강철와셔를 집는다.
		M	강철와셔를 볼트로 가져온다.
		P	강철와셔를 볼트에 맞춘다.
		RL	강철와셔를 놓는다.
		TE	고무와셔로 손을 뻗는다.
		G	고무와셔를 잡는다.
		M	고무와셔를 볼트로 가져온다.
		P	고무와셔를 볼트에 맞춘다.
		A	고무와셔를 조립한다.
조립 완제품을 상자1로 가져간다.	M	RL	조립품에서 손을 뗀다.

2. 손을 뻗쳐 책상 위에 놓여 있는 USB를 잡은 후에 컴퓨터에 꽂고, 마우스에 손을 올려놓기까지의 과정을 therblig을 이용하여 분석하고 (그림과 영문 심벌을 모두 표시), 제거 가능한 비효율적인 therblig을 나열하시오.

■ 해설 ■

– 비효율적인 서블릭: P(바로 놓기)

작업내용	기호	
	영문	심볼
손을 뻗침	TE	
USB를 잡음	G	
USB를 운반	TL	
위치 조정	P	
USB를 삽입	A	
손을 뗌	RL	
마우스로 손을 뻗침	TE	
마우스를 잡음	G	

3. 오른손을 뻗쳐 책상 위에 있는 만년필을 잡은 뒤에 왼손으로 뚜껑을 빼고 오른손으로 종이 위의 특정 위치에 서명을 한다. 다시 뚜껑을 닫아서 제자리에 가져간 후에 내려놓기까지의 과정을 작업자 공정도로 나타내고, 작업 개선의 대상이 되는 therblig을 나열하시오.

■ 해설 ■

작업자 공정도

– 작업 개선의 대상이 되는 therblig(비효율적인 서블릭): P, UD, H

작업명: 종이에 서명하기	요약표	왼손	오른손
작업자: 신나라	효율적 시간		
분석자: 고민해	비효율적 시간		
작업방법: 현재안	주기시간		

작업대 스케치

왼손 작업내용	왼손 기호	오른손 기호	오른손 작업내용
불가피한 지연		TE	만년필을 잡음
		G	
손을 만년필로 이동시킴	TE	TL	만년필을 앞으로 가져옴
뚜껑을 뺌	G	H	만년필을 쥐고 있음
	DA		
뚜껑 잡고 있기	H	TL	만년필을 종이 위로 가져옴
		P	
		U	서명을 함
뚜껑을 앞으로 가져옴	TL	TL	만년필을 앞으로 가져옴
뚜껑 잡고 있기	H	P	만년필을 뚜껑에 끼움
		A	
손을 내려놓음	RL		
불가피한 지연	UD	TL	만년필을 둠
		RL	

4. Barnes의 동작경제원칙 중 신체사용에 관한 원칙 3가지 이상을 열거하시오.

■ 해설 ■

1) 두 손의 동작은 같이 시작하고 같이 끝나도록 한다.
2) 휴식시간을 제외하고 양손의 동작이 동시에 쉬지 않도록 한다.
3) 두 팔의 동작은 동시에 서로 반대방향으로 대칭적으로 움직이게 한다.
4) 관성을 이용하여 작업하되, 관성을 조절해야 하는 경우는 발생되는 관성을최소화 한다.
5) 손동작은 연속적으로 부드럽게 하고 급격한 방향 변경을 최소화 한다.
6) 통제된 동작보다는 자연스러운 동작이 가능하도록 한다.
7) 리듬감이 있는 작업동작이 가능하게 한다.
8) 눈의 초점을 모아야 되는 작업지점간의 거리를 짧게 한다.
9) 손과 신체의 동작은 작업을 원만하게 할 수 있는 범위에서 낮은 동작 등급을사용 한다.

5. Barnes의 동작경제원칙 중 작업장 배치에 관한 원칙 3가지 이상을 열거하시오.

■ 해설 ■

1) 모든 공구나 재료는 지정된 위치에 있도록 한다.
2) 공구, 재료 및 제어 장치는 사용위치에 가까이 있도록 한다.
3) 중력의 원리를 이용하여 부품을 전달한다.
4) 가능하면 낙하식 운반방법을 채택한다.
5) 재료 및 도구에 위치는 동작의 순서에 적합하도록 한다.
6) 적절한 조명을 유지하도록 한다.
7) 작업자의 자세 변경이 용이한 작업대나 의자를 사용한다.
8) 높이조절이 가능한 의자를 사용한다.

6. 분석하고자 하는 특정 작업의 작업내용을 촬영한 후 동작경제원칙이나 작업 개선 원리를 이용하여 평가하고 개선안을 제시하시오.

7. 아래의 왼쪽 그림과 오른쪽 그림을 이용하여 올바른 들기자세를 평가하시오.

■ 해설 ■

- 왼쪽과 같이 허리를 구부리고 중량물을 들어야 하는 경우에는 디스크 앞쪽이 눌려지게 된다.
- 오른쪽의 다리를 이용하여 드는 경우에는 디스크가 똑바르게 유지된다.
- 중량물이 무거우면 무거울수록 허리를 굽히면 굽힐수록 허리 디스크가 받는 압박은 심해지게 되므로, 중량물을 들때는 허리로 들지 말고 다리를 이용하여 들어야 한다.

8. 중량물을 취급할 때는 몸에 붙여서 취급하는 것이 요추에 걸리는 부하를 적게한다. 이러한 이유를 회전하는 힘인 모멘트의 평형 원리를 이용하여 설명하시오.

■ 해설 ■

- 돌아가는 힘인 염력(moment)은 거리와 힘의 곱으로 작용된다.
- 아래 그림에서 같은 무게의 중량물을 취급하더라도 떨어진 거리의 배수만큼 돌아가는 힘이 커지므로 요추에 걸리는 힘도 커진다. 따라서 몸에 붙여서 취급한다.

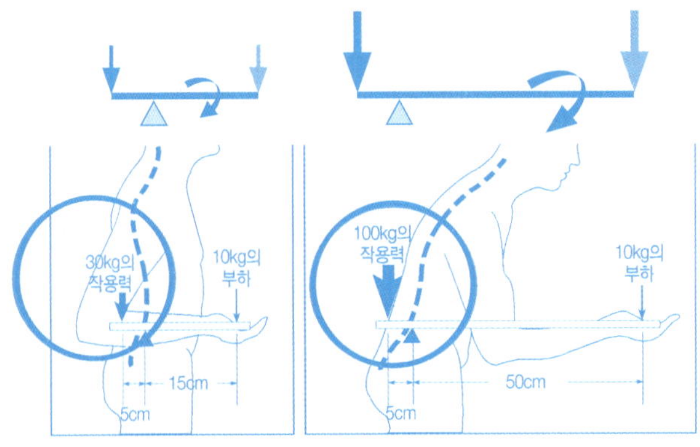

9. 아래 그림은 조리사가 음식물을 배식하기 위해 반찬 통을 운반하는 모습이다. 인간공학 측면에서 문제점을 찾아 해결점을 제시하시오.

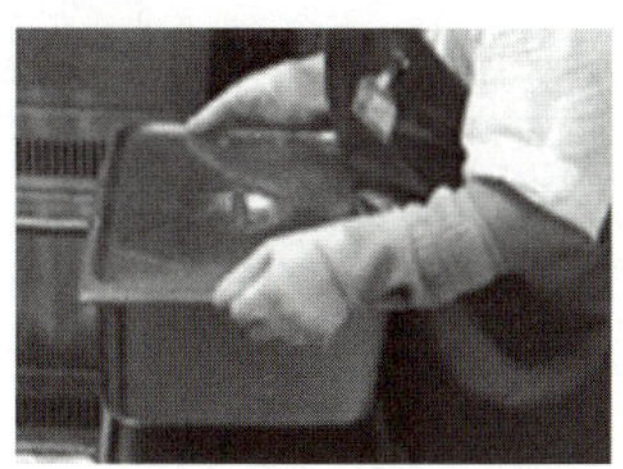

■ 해설 ■

- 반찬 통의 손잡이가 없어 힘이 적은 손가락으로 반찬 통을 받쳐서 드는 불편한 작업을 하고 있다. 따라서, 손으로 감싸잡고 운반할 수 있도록 아래 그림과 같이 손잡이를 제공한다.

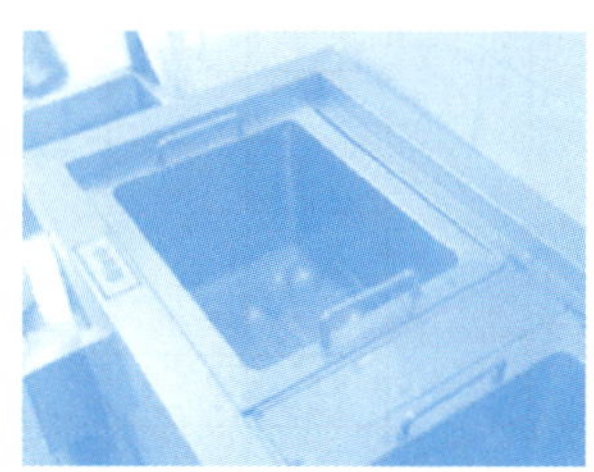

작업자 공정도

작업명	요약표	왼손	오른손
작업자	효율적 시간		
분석자	비효율적 시간		
작업방법 (□현재안, □개선안)	주기시간		
작업대 스케치			

왼손			오른손		
작업 내용	기호	시간	시간	기호	작업 내용

제 7 장

작업평가와 근골격계질환 예방

1. 작업평가원리 및 개요
2. 전신작업 평가도구 REBA
3. 근골격계질환 예방과 유해요인조사

1. 작업평가 원리 및 개요

1.1 작업 평가원리

사람에게 작업이란 목적을 가진 신체 동작들의 모임을 의미하며, 신체 동작은 작업 자세들의 모임으로 볼 수 있다.

작업평가는 작업의 힘든 정도나 불편한 정도, 육체적 부담정도, 작업으로 인한 통증이나 질환으로 이어질 수 있는 정도 등을 파악하기 위하여 시행되는 것으로, 평가목적에 따라 작업 부담정도 평가, 작업의 힘든 정도 평가, 작업부하평가, 인간공학적 작업평가라는 용어 등으로 사용되고 있다. 작업평가는 작업을 이루고 있는 신체 동작과 작업 자세를 기준으로 한다.

작업평가는 작업의 불편함이나 힘든 정도, 신체를 움직이는 부위와 관련한 질병인 근골격계질환을 유발시킬 수 있는 가능성 등을 조사하기 위해 시행되지만, 이들 모두가 동작이나 자세와 연관되어 있기 때문에 평가에 필요한 절차나, 평가요인 등이 서로 밀접한 관계를 가지고 있다. 즉 신체 동작이나 자세는 불편하면 힘들고, 쉽게 피로해지며, 과도하거나 지속적으로 불편한 자세를 취하는 경우에는 통증을 일으키게 된다. 이러한 통증을 유발시키는 요인에 장기간 노출되는 경우에는 통증이 만성화되거나 신체활동의 행동범위가 축소되는 근골격계질환으로 이어질 수 있는 것이다. 따라서 본 장에서는 작업 개선이나 근골격계질환 예방을 위한 작업평가 원리와 절차에 대하여 다루고자 한다.

[그림 7.1]은 작업 평가 및 개선 절차를 나타낸다. 신체 동작은 척추와 관절의 움직임으로 이루어지며, 척추가 똑바로 유지되고 관절은 중립적인 위치에 있을 때 가장 이상적인 자세가 된다. 척추나 관절은 굽힘이나 비틀림이 있으면 불편해지고, 힘이나 중량물을 취급하면 불편함은 가속화 된다.

일반적으로 작업에 관한 평가는 작업 자세의 분류체계와 관련되어 있다. 작업 자세의 분류체계는 자세에 관한 설명과 관계되어 있으며, 목-몸통-다리의 중심축과 어깨-팔꿈치-손으로 구성된 팔축, 그리고 중량물 취급 여부로 표현할 수 있다. 어깨-팔꿈치-손은 위팔-아래팔-손목으로도 표현된다.

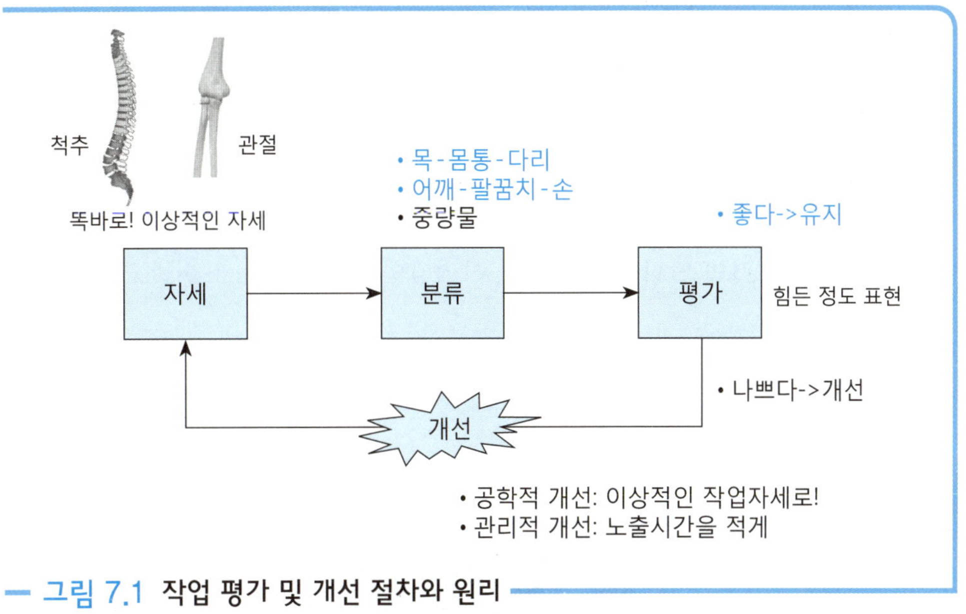

그림 7.1 **작업 평가 및 개선 절차와 원리**

만일 목과 몸통, 다리가 똑바로 자세를 유지하지 못하거나 어깨, 팔꿈치, 손목이 중립 자세를 취하지 않게 되면 불편한 자세가 된다. 즉 척추와 관절은 어느 부위라도 굽히거나 비틀리게 되면 이상적인 자세에서 벗어나 불편한 자세가 되는 것이다. 이렇게 불편한 자세를 평가하는 데는 척추와 각 신체부위의 비틀림 정도와 굽힌 정도, 힘의 사용 여부 등이 평가요소로 이용되며, 평가요소 항목에 따른 자세의 불편도에 관한 연구 결과를 반영하여 작업평가 도구들이 개발되었다.

작업 평가 도구는 신체 부위별 굽힌 정도나 비틀린 정도에 따라 최종 평가를 '좋다' 또는 '나쁘다'의 형태로 하게 된다. 평가 결과가 '나쁘다'로 나오면 작업공간이나 작업방법들이 이상적인 신체 자세에서 벗어나 불편함을 야기 시킬 수 있으므로, 이상적인 상태로의 개선을 검토할 필요가 있다. 일반적으로 작업 평가에서는 평가 결과를 등급으로 표시하며, '1등급: 현재 유지', '2등급: 관찰', '3등급:

개선', '4등급: 즉시 개선' 등으로 표현한다.

작업 개선은 작업 방법이나 작업 공간, 설비 등을 개선하여 작업 자세를 이상적인 상태로 바꾸어주는 공학적 개선과 나쁜 작업 자세에 노출되는 시간을 줄이는 관리적 개선으로 분류할 수 있다.

사례 7.1 작업자세의 표현과 분류

[그림 7.2]의 발판작업에 관한 작업자의 작업자세를 표현하고 평가하여 보자.

표현력이 떨어지는 사람은 불편한 자세라 할 것이다. 그렇지만 어떤 자세인지 구체적으로 연상은 되지 않는다.

그림 7.2 발판 작업의 작업자 자세

목-몸통-다리와 어깨-팔꿈치-손과 관련한 자세분류체계에 의해 표현하여 보자. 목-몸통-다리 중심축을 보면 머리를 들어 목이 약간 젖혀지고, 허리를 굽힌 채 옆으로 돌린 자세로, 다리의 무릎이 양쪽 모두 굽혀진 채로 앞쪽 발에 중심이 있는 자세이다. 어깨-팔꿈치-손목의 팔축을 기준으로 보면 위팔은 몸통에서 떨어져 중력방향으로 늘어뜨린 채 팔꿈치와 일직선이 되고,

손으로 파이프를 쥐고 있는 자세로 표현할 수 있다. 자세 분류체계로 표현하면 어떤 자세인지를 연상하기가 쉬워진다.

분류체계를 중심으로 이상적인 자세에서 벗어난 신체부위를 파악하여 보면, 목과 몸통, 다리 모두가 똑바로 자세에서 벗어나 젖혀지거나 굽힌 상태이며, 위팔은 몸통에서 떨어진 상태라고 할 수 있다.

1.2 작업관련성 근골격계질환

작업과 관련한 근골격계 질환(WMSD: work-related musculoskeletal disorders)은 반복적인 일이나 동작으로 인해 특정 신체부위를 무리하게 사용하면서 나타나는 질환으로 신경, 근육, 인대, 관절 등에 문제가 생겨, 통증과 이상 감각, 마비 등의 증상이 나타나는 질환들을 총칭하여 말한다. 근골격계 질환은 작업과 관련한 위험요인에 의하여 오랜 시간을 두고 반복적인 작업이 누적되어 질병이 발생되기 때문에 누적 외상병(CTD: cumulative trauma disorders)이라 불리기도 하며, 반복성 작업에 기인하여 발생하므로 RTS(repetitive trauma syndrome)로도 알려져 있다.

근골격계 질환은 [그림 7.3]과 같이 작업과 관련하여 과도한 힘의 사용, 반복적인 동작, 부적절한 자세, 부족한 휴식이 주요 원인이 된다.

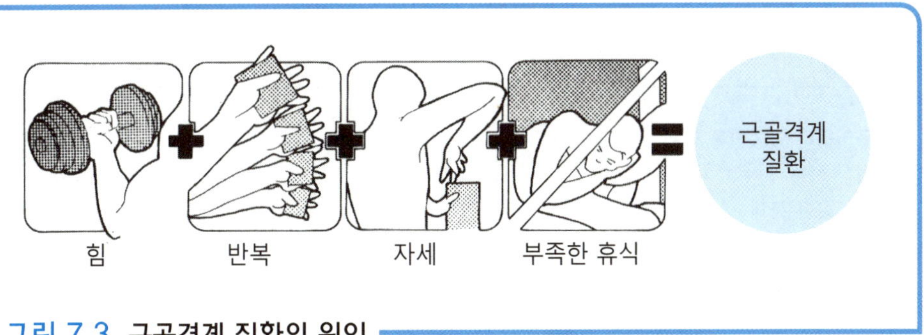

그림 7.3 근골격계 질환의 원인

표 7.1 근골격계질환과 요인별 인과 관계(NIOSH)

신체 부위 위험 요인	강한 인과 관계	인과 관계	불충분한 인과 관계
목, 목과 어깨			
작업 자세	◎		
반복 작업		○	
힘		○	
진동			△
어깨			
작업 자세		○	
반복 작업		○	
힘			△
진동			△
팔꿈치			
작업 자세			△
반복 작업			△
힘		○	
복합적 요인	◎		
손/손목			
수근관 증후군			
작업 자세			△
반복 작업		○	
힘		○	
진동		○	
복합적 요인	◎		
건염			
작업 자세		○	
반복 작업		○	
힘		○	
복합적 요인	◎		
진동 장해			
진동	◎		
허리			
들어올리기/중량물 취급	◎		
전신 진동	◎		
부적절한 자세		○	
힘든 육체 작업		○	
정적 작업 자세			△

[표 7.1]은 미국의 산업안전보건연구원(NIOSH)에서 발표한 근골격계질환의 주요 발생부위별 작업 위험요인과의 인과 관계를 나타낸다. 발생부위별로 강한 인과관계를 보이는 작업 위험요인을 보면 목과 어깨 부위는 작업 자세, 허리는 들어올리기/중량물 취급, 전신 진동이며, 팔꿈치와 손목/손 부위는 복합적인 요인임을 볼 수 있다.

근골격계 질환은 통증, 부어오름, 무감각함 등의 증세를 보이는데 일반적으로 증상의 발전 단계를 다음과 같이 세 단계로 분류할 수 있다.

(1) **단계** 1

작업시간 동안에 통증이나 피로감을 호소한다. 그러나 하룻밤을 지내거나 휴식을 취하게 되면 증상이 없어지며 작업 능력의 저하도 발생하지 않는다.

(2) **단계** 2

작업시간 초기부터 통증이 발생되어 하룻밤이 지나도 통증이 계속된다. 통증 때문에 잠을 설치게 되며, 작업을 수행하는 능력도 감소된다.

(3) **단계** 3

작업을 수행할 수 없을 정도로 작업시간이나 휴식시간에도 계속하여 통증을 느끼며, 통증으로 잠을 잘 수 없을 정도로 고통이 계속되어 다른 일에도 어려움을 겪게 된다.

1.3 작업 평가도구

작업 평가 도구는 현장에서 활용하기 쉽고, 정량적인 평가가 가능하여야 한다. 그 동안 많은 학자들에 의하여 작업 평가에 관한 연구들이 진행되어 왔으며, 신체 동작이나 자세의 힘든 정도나 부하 정도를 에너지 소비량과 신체부위에 걸리는 압력, 작업자의 불편호소 정도 등의 방법을 통해 표현하고자 노력하였다.

작업 평가 도구는 평가 결과가 해당 작업의 근골격계질환 관련성을 직접적으로 입증하기보다는, 작업 환경에 포함된 근골격계질환의 발생 위험 요인을 파악하고 이를 개선·제거함으로서 근골격계 질환의 예방을 위한 자료로 활용하는 것이 바람직하다. 즉, 작업평가 도구는 작업의 불편도 감소나 근골격계질환 예방을 위하여 작업 및 작업장을 개선하는 데 필요한 평가도구로 이용될 수 있다.

작업 평가 도구로는 NIOSH 들기 방정식(NLE), OWAS, RULA, REBA 등이 이용되고 있다. NLE는 미국산업안전보건연구원인 NIOSH가 제시한 들기작업의 작업조건에 따른 허용 한계중량과 개선여부에 대한 지침을 제공한다.

OWAS, RULA, REBA는 촬영이나 눈으로 작업 자세를 관측하여 작업의 부담정도를 평가하는 간이법에 해당된다. OWAS는 전신을 이용하는 작업의 허리, 양팔, 다리의 굽힘과 비틀림 자세여부와 중량물 취급에 따라 작업평가 결과를 4개 등급(유지, 관찰, 개선, 즉시 개선)으로 제시한다. RULA와 REBA는 RULA가 주로 상지(팔과 손)를 이용한 작업평가에 이용되고, REBA는 전신을 이용한 작업의 평가에 이용되지만 평가방법은 매우 유사하다. OWAS가 신체부위별 굽힘과 비틀림 여부를 분류하여 작업의 종합평가 결과를 4개 등급으로 나누는데 반해, RULA와 REBA는 굽힌 각도에 따라 부위별 힘든 정도를 점수로 표현할 뿐만 아니라 작업의 종합평가 결과를 총점과 등급으로 제시하여 준다.

본 장에서는 전신을 이용한 작업의 부담정도를 평가하는 대표적인 평가도구인 REBA를 기준으로 평가방법을 설명하고자 한다.

2. 전신작업평가도구 REBA

2.1 REBA란?

REBA는 Hignett and McAtamney(2000)이 Applied Ergonomics에 발표한 평가방법으로 근골격계질환과 관련한 위험요인에 대한 노출정도를 평가하기 위하여 개발되었다. 특히 상지(upper limb)를 위주로 평가하는 RULA와는 다르게 전신을 이용한 작업을 평가하기 위한 도구이다.

REBA는 신체부위를 크게 신체 활동의 기본 축이 되는 그룹 A(목-몸통-다리)와 상지(upper limb)의 활동을 나타내는 그룹 B(위팔-아래팔-손목)로 나누어 자세와 중량/힘, 반복작업, 정적작업, 불안정한 자세 등을 평가한다.

REBA는 각 신체 부위별로 굽힌 정도와 비틀림 여부에 의해 힘들고, 불편한 자세일수록 점수가 높아지는 평가체계를 채택하고 있다. 예를 들면 허리를 많이 굽힐수록 점수가 높아지게 되므로, 작업과 관련하여 허리에 관한 불편 정도를 자세하게 분석하려면 단위 작업시간에 나타난 허리 자세점수의 평균과 점수분포를 이용할 수 있는 것이다. 또한 신체부위별 평가를 종합한 신체 동작의 힘든 정도를 총점으로 15단계로 구분하며, 필요에 따라 5단계의 조치수준 등급으로 구분할 수 있다.

REBA에 의한 작업자세 평가는 먼저 평가를 위한 작업이나 자세를 선택하기 위해 작업자의 작업을 몇 번의 반복 횟수동안 관찰을 한 후에 작업 중에서 가장 빈번하게 행해지는 자세나 제일 힘들어 보이는 작업 자세를 선택하여 평가한다. 평가는 작업자의 오른쪽이나 왼쪽 중 한쪽을 기준으로 평가하고 나서 다른 한쪽을 평가하면 된다. 작업평가를 위하여 캠코더를 주로 사용하며, 작업 내용을 좌우 4~5 사이클 이상을 촬영하여 분석에 이용한다. 만일 시간이 분석하여 한 쪽만을 촬영하여 분석하는 경우에는 신체의 왼쪽과 오른쪽 부위 중에서 부담이 있는 쪽을 기준으로 점수를 부여하는 것이 일반적이다.

2.2 REBA 평가 절차

[그림 7.4]는 REBA의 평가절차를 나타낸다. 평가절차는 신체부위를 크게 활동의 기본 축인 그룹 A(목-몸통-다리)와 상지 활동을 나타내는 그룹 B(위팔-아래팔-손목)로 나누어 각 신체부위별로 비틀리거나 굽힘 여부를 평가하여 Table A와 Table B점수를 부여한다. 무게/힘과 손잡이 상태에 따라 그룹 A 점수와 그룹 B 점수를 산출하고, 이를 통해 종합(Table C) 점수를 도출하고 활동 점수를 고려하여 REBA 총점수를 구한다. 마지막으로 총점수를 이용하여 조치수준을 5단계 등급 중에서 조치수준 등급을 정한다.

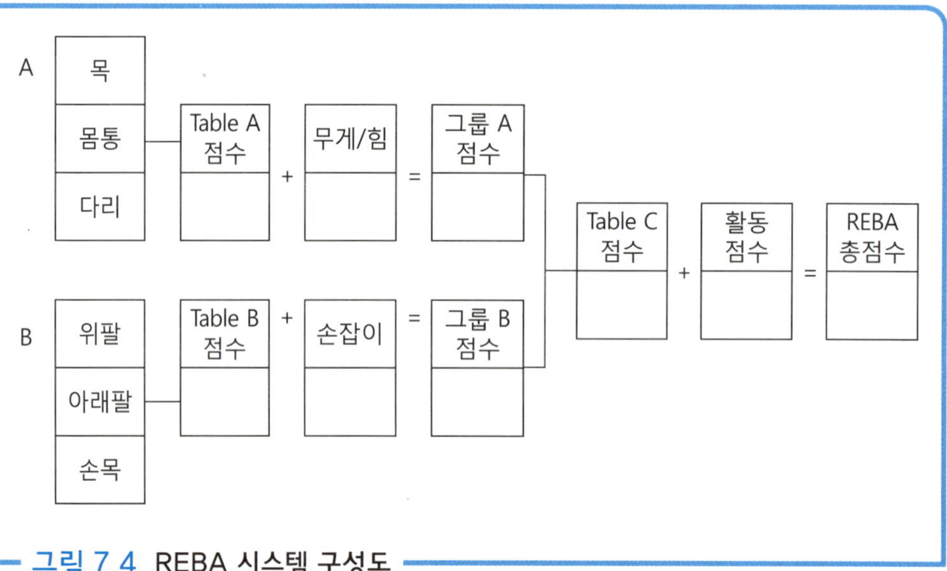

그림 7.4 REBA 시스템 구성도

2.2.1 그룹 A(목, 몸통, 다리) 평가

그룹 A 평가에서는 신체활동의 중심 축인 목, 몸통, 다리의 자세와 무게/힘에 대한 평가가 이루어진다.

[그림 7.5]는 그룹 A의 목, 몸통, 다리에 대한 부위별 평가점수표를 나타낸다.

평가점수는 부위별 불편도에 따라 목은 1~3점, 몸통부위는 1~5점, 다리는 1~4점까지로 표현된다.

부위	자세 분류	점수	추가 점수	자세
몸통	똑바로 선자세	1	비틀리거나 옆으로:+1	
	0°~20° 굽힘, 0°~20° 젖힘	2		
	20°~60° 굽힘, 20° 이상 젖힘	3		
	60° 이상 굽힘	4		
목	0°~20° 굽힘	1	비틀리거나 옆으로:+1	
	20° 이상 굽힘, 뒤로 젖힘	2		
다리	양 발에 중심, 걷거나 앉음	1	30°~60° 무릎 굽힘:+1 60° 이상 무릎 굽힘:+2	
	한 발에 중심	2		

그림 7.5 REBA 목, 몸통, 다리의 자세 평가점수

목, 몸통, 다리에 대한 평가점수가 구해지면 [표 7.2]에서 Table A 점수를 구한다. 예를 들어 특정 작업의 작업 자세가 몸통이 5점, 목이 2점, 다리 3점으로 평가되었을 때 Table A 점수를 구해보자. 먼저, [표 7.2]에서 몸통의 5점에 해당하는 행을 읽는다. 이번에는 목의 2점에 해당하는 열과 그 아래의 다리 3점에 해당하는 열이 서로 만나는 곳을 읽으면 8점으로 평가된다. 즉, 기본 활동 축인 몸통, 목, 다리의 자세 점수는 9점 척도에서 8점에 해당될 정도로 불편한 자세라 할 수 있다.

표 7.2 Table A(그룹 A: 목, 몸통, 다리) 점수표

몸통	목											
	1				2				3			
	다리				다리				다리			
	1	2	3	4	1	2	3	4	1	2	3	4
1	1	2	3	4	1	2	3	4	3	3	5	6
2	2	3	4	5	3	4	5	6	4	5	6	7
3	2	4	5	6	4	5	6	7	5	6	7	8
4	3	5	6	7	5	6	7	8	6	7	8	9
5	4	6	7	8	6	7	8	9	7	8	9	9

Table A 점수에 [표 7.3]에서 해당 무게/힘 점수를 구하여 합하면 그룹 A의 점수가 된다.

점수 A = Table A 점수 + 무게/힘 점수

표 7.3 무게/힘 점수

무게/힘			
0	1	2	+1
< 5kg	5-10kg	> 10kg	충격 또는 갑작스런 힘의 사용

2.2.2 그룹 B(위팔, 아래팔, 손목) 평가

그룹 B 평가에서는 상지인 위팔, 아래팔, 손목 부위의 자세와 무게/힘에 대한 평가가 이루어진다.

작업 장면을 토대로 [그림 7.6]에서 그룹 B에 속하는 위팔, 아래팔, 손목 부위의 자세에 따라 점수를 읽는다. 위팔은 어깨 축을 중심으로 위팔의 위치를 평가하며, 어깨가 벌어지거나 회전하는 경우엔 +1점이, 어깨가 들린 동작에도 +1점이 부가 된다. 반면 허리를 굽힌 상태에선 위팔이 중력방향이 더 편하므로 보정 점수 −1점을 부여하며 지지된 경우에도 마찬가지로 −1점을 부여한다. 아래팔은 팔꿈치 축을 기준으로 아래팔의 위치를 평가한다.

부위	자세 분류	점수	추가 점수	자세
위팔	20° 내외	1	벌어지거나 회전: +1 어깨 들림: +1 중력방향 또는 지지:-1	90°, 45°, 20°, 20°, 0°, ①②③④
	20°~45° 20° 이상 젖힘	2		
	45°~90°	3		
	90° 이상	4		
아래팔	60°~100°	1	없음	100°, 60°, ①②
	100° 이상, 0°~60°	2		
손목	15° 내외	1	손목 비틀림:+1	15°, 0°, 15°, ①②
	15° 이상 굽힘 15° 이상 젖힘	2		

그림 7.6 **위팔, 아래팔, 손목의 자세 평가점수**

위팔, 아래팔, 손목 부위에 대한 평가점수가 구해지면 [표 7.4]에서 Table B 점수를 구한다. 예를 들어 특정 작업의 작업 자세가 위팔이 3점, 아래팔이 2점, 손목 1점으로 평가되었다면, [표 7.4]에서 위팔의 3점 행과, 아래 팔의 2점, 손목의 1점 열이 만나는 곳을 읽으면 4점으로 평가된다. 상지의 불편도를 나타내는 Table B 점수는 9점 척도에서 4점에 해당될 정도의 자세라고 평가할 수 있다.

표 7.4 Table B(그룹 B: 위팔, 아래팔, 손목) 점수표

위팔	아래팔					
	1			2		
	손목			손목		
	1	2	3	1	2	3
1	1	2	2	1	2	3
2	1	2	3	2	3	4
3	3	4	5	4	5	5
4	4	5	5	5	6	7
5	6	7	8	7	8	8
6	7	8	8	8	9	9

Table B 점수에 [표 7.5]에서 손잡이상태 점수를 구하여 합하면 그룹 B의 점수가 된다.

점수 B = Table B 점수 + 손잡이 점수

표 7.5 손잡이상태 평가표

0 (양호)	1 (보통)	2 (미흡)	3 (부적절)
무게 중심에 위치한 적절한 손잡이	잡을 수 있거나 손잡이 대용이 가능	손으로 잡기는 가능하지만 부적절	핸들이 없고, 부적절하며, 위험

2.2.3 REBA 총점수와 조치수준

활동 기본 축의 평가점수인 점수 A와 상지의 활동 평가점수인 점수 B의 점수를 토대로 [표 7.6]에서 종합 점수인 Table C 점수를 구한다. 예를 들어 특정 작업의 점수 A는 8점이고, 점수 B는 5점이었다면 [표 7.6]에서 점수 A의 8점 행과 점수 B의 5점 열이 서로 만나는 곳을 읽으면 10점으로 평가된다. 전신 활동의 불편도를 나타내는 Table C 점수는 12점 척도에서 10점에 해당될 정도의 불편도를 가진 자세라고 평가할 수 있다.

Table C 점수에 [표 7.7]에서 활동부가점수를 구하여 합하면 REBA 총점수가 된다.

REBA 총점수 = Table C 점수 + 활동부가점수

최종적으로 REBA 총점수를 토대로 [표 7.8]에서 조치수준과 위험등급을 구한다.

표 7.6 Table C 점수표

		점수 B(위팔, 아래팔, 손목)											
		1	2	3	4	5	6	7	8	9	10	11	12
점수 A (목 몸통 다리)	1	1	1	1	2	3	3	4	5	6	7	7	7
	2	1	2	2	3	4	4	5	6	6	7	7	8
	3	2	3	3	3	4	5	6	7	7	8	8	9
	4	3	4	4	4	5	6	7	8	8	9	9	9
	5	4	4	4	5	6	7	8	8	9	9	9	9
	6	6	6	6	7	8	8	9	9	10	10	10	10
	7	7	7	7	8	9	9	9	10	10	11	11	11
	8	8	8	8	9	10	10	10	10	10	11	11	11
	9~	9	9	9	10	10	10	11	11	11	12	12	12

표 7.7 활동 부가점수 표

활동 점수	내용
+1	한 부위이상 신체 부위가 1분이상 고정되어 있는 정적 자세
+1	좁은 범위에서 분당 4회 반복적인 작업을 하는 경우
+1	급격한 큰 동작을 야기하거나, 불안정한 지지 상태

표 7.8 REBA 조치수준 표

조치수준	REBA 총점수	위험등급	개선 조치
0	1	무시해도 좋음	필요 없음
1	2-3	낮음	필요할지도 모름
2	4-7	보통	필요함
3	8-10	높음	곧 필요함
4	11-15	매우 높음	지금 즉시 필요함

사례 7.2 발판 작업의 REBA 평가 사례

[그림 7.7]의 작업자세를 REBA 방법에 의하여 평가하여 보자.

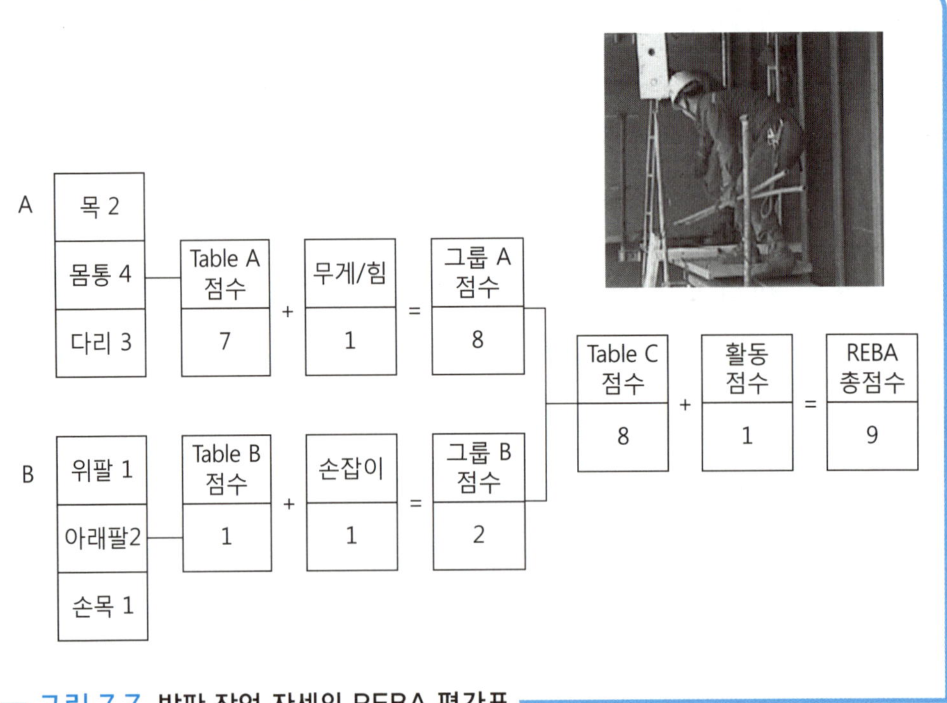

그림 7.7 발판 작업 자세의 REBA 평가표

REBA를 이용하면 그룹 A평가에선 목은 젖혀진 자세이므로 2점, 몸통은 20~60° 굽히고 옆으로 자세이므로 4점(=3+1), 다리는 한 다리로 중심이 유지되고 30~60° 굽힌 다리가 있어 3점(=2+1)으로 평가되어 Table A점수는 7점이 된다. 중량은 5~10 kg이므로 1점이 되어 점수 A는 8점이다.

그룹 B평가에선 위팔은 20~45°이고 중력방향이므로 1점(=2-1), 아래팔은 2점, 손목은 1점으로 평가되므로 Table B 점수는 1점이 된다. 손잡이는 보통 형태이어서 1점이므로 점수 B는 2점이 된다.

따라서 Table C 점수는 8점이 되고, 불안정한 자세 1점을 추가 하면 총 점수는 9점이 되므로 조치수준은 3등급이 된다.

사례 7.3 REBA 평가 사례(Hignett and McAtamney, 2000)

REBA 방법을 학술지에 발표할 때 제시하였던 작업 자세를 평가하여 보자.

그룹 A평가에선 목은 젖혀진 자세이므로 2점, 몸통은 60° 이상 굽히고 비틀린 자세이므로 5점(=4+1), 다리는 양다리로 중심이 유지되고 있으나 60° 이상 굽힌 다리가 있어 3점(=1+2)으로 평가되어 Table A점수는 8점이 된다. 중량은 들지 않고 있으므로 0점이 되어 점수 A는 8점이다.

그룹 B평가에선 위팔은 45~90° 이고 벌려진 상태이나 중력방향이므로 3점(=3+1-1), 아래팔은 2점, 손목은 1점으로 평가되므로 Table B 점수는 4점이 된다. 손잡이는 보통 형태이어서 1점이므로 점수 B는 5점이 된다.

따라서 Table C 점수는 10점이 되고, 불안정한 자세 1점을 추가 하면 총 점수는 11점이 되므로 조치수준은 4등급이 된다.

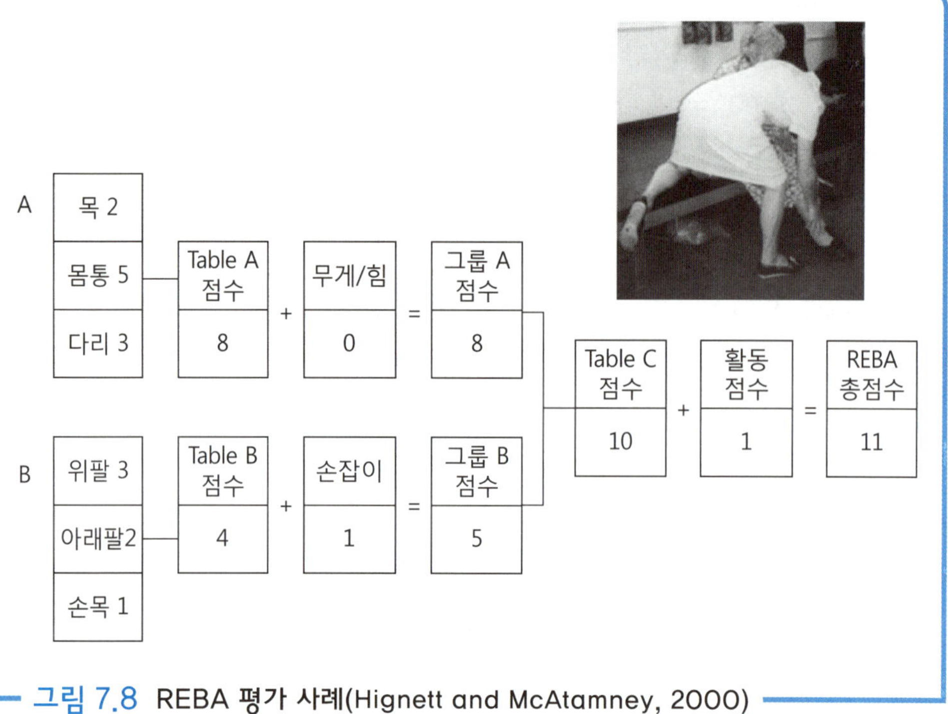

그림 7.8 REBA 평가 사례(Hignett and McAtamney, 2000)

3. 근골격계질환 예방과 유해요인조사

3.1 근골격계질환예방을 위한 법과 제도

우리나라에서는 1997년에 영상표시 단말기(VDT) 취급 근로자를 위한 작업관리 지침(노동부 고시 제1997-8호)을 발표하여, 근골격계 질환의 예방 대책에 관심을 갖기 시작하였으며, 1998년에는 단순 반복 작업 근로자 작업관리 지침(노동부 고시 제1998-15호 제정 이후 노동부 고시 제2000-72호로 개정)을 제정하여 적용범위를 제조업으로 확대하였다. 2003년 7월부터는 산업안전보건법 제24조(보건상의 조치) 제1항 제5호에 '단순 반복 작업 또는 인체에 과도한 부담을 주는 작업으로 인한 건강 장해'를 신설하여 사업주에게 근골격계 질환 예방을 위한 조치 의무를 부과하고 있다.

사업주의 구체적인 조치 의무는 산업보건기준에 관한 규칙 제9장(근골격계 부담 작업으로 인한 건강 장해의 예방)에 나타나있는데, 유해 요인 조사, 작업 환경 개선, 의학적 조치, 유해성 주지 및 근골격계 질환 예방관리 프로그램의 수립·시행을 규정하고 있다. 또한, 노동부 고시 제2003-24호에서는 근골격계 부담 작업의 범위를 총 11개로 규정하여 고시하였다.

11가지 근골격계 부담 작업은 [표 7.9]와 같다. 우리나라의 산업안전보건법 제도에 의하면 근골격계 부담 작업은 단순 반복 작업 또는 인체에 과도한 부담을 주는 작업으로 작업량, 작업 속도, 작업 강도 및 작업장 구조 등에 따라 노동부 장관이 정하여 고시하도록 되어 있다. 우리나라의 부담작업은 미국 워싱톤주 산업안전보건청(Washington OSHA)에서 정의한 주의 작업을 기초로 정의되었다. 미국 워싱톤주 산업안전보건청(Washington OSHA)에서는 근골격계 질환의 원인이 될 수 있는 작업의 유형을 부적절한 자세, 과도한 힘과 반복 작업 등의 측면에서 고려하여 작업 유형의 지속시간에 따라 주의 작업(caution zone)과 위험 작업(hazard zone)으로 구분하였다. 즉, 근골격계 질환에 영향을 줄 수 있는 작업의 유형에 따라 하루에 얼마나 지속하면 문제가 될 수 있는가를 지침의 개념으로 나타내었으며, 2시간이상 노출되면 지속적인 관리가 요구되는 주의 작업과 4시간이상 노출되면 근골격계 질환의 위험에 노출될 수 있는 위험 작업으로 분류하였다. 주의 작업과 위험 작업에서 제시하는 허용시간의 한계선은 누적시간의 개념으로 하루 동안 정의된 작업 자세를 취하는 시간만을 합산한 시간을 기준으로 적용한다.

표 7.9 근골격계 부담 작업 요약

부담 작업 내용	신체 부위	노출 시간	노출 빈도	무게
1. 자료 입력 등을 위해 집중적으로 키보드 또는 마우스를 조작하는 작업	손, 손가락, 목, 어깨	4시간		
2. 목, 어깨, 팔꿈치, 손목 또는 손을 사용하여 같은 동작을 반복하는 작업	목, 어깨, 팔꿈치, 손목, 손	2시간		
3. 머리 위에 손이 있거나, 팔꿈치가 어깨 위에 있거나, 팔꿈치를 몸통으로부터 들거나, 팔꿈치를 몸통 뒤쪽에 위치하도록 하는 상태에서 이루어지는 작업	어깨, 팔	2시간		
4. 지지되지 않은 상태이거나 임의로 자세를 바꿀 수 없는 조건에서, 목이나 허리를 구부리거나 비트는 상태에서 이루어지는 작업	목, 허리	2시간		
5. 쪼그리고 앉거나 무릎을 굽힌 자세에서 이루어지는 작업	다리, 무릎, 허리	2시간		
6. 지지되지 않은 상태에서 1kg 이상의 물건을 한 손의 손가락으로 집어 옮기거나, 2kg 이상에 상응하는 힘을 가하여 한 손의 손가락으로 물건을 쥐는 작업	손가락	2시간		1kg 들기 /2kg 힘 쥐기
7. 지지되지 않은 상태에서 4.5kg 이상의 물건을 한 손으로 들거나 동일한 힘으로 쥐는 작업	손	2시간		4.5kg 들기, 쥐기
8. 하루에 10회 이상 25kg 이상의 물체를 드는 작업	허리		하루 10회	25kg
9. 하루에 25회 이상 10kg 이상의 물체를 무릎 아래에서 들거나, 어깨 위에서 들거나, 팔을 뻗은 상태에서 드는 작업	팔, 어깨, 허리		하루 25회	10kg
10. 분당 2회 이상 4.5kg 이상의 물체를 드는 작업	허리	2시간	분당 2회	4.5kg
11. 시간당 10회 이상 손 또는 무릎을 사용하여 반복적으로 충격을 가하는 작업	손, 무릎	2시간	시간당 10회	

[그림 7.9]는 유해요인조사 관련 예방제도를 요약한 것이다. 근골격계 부담 작업에 근로자를 종사하도록 하는 사업장들은 산업보건기준에 관한 규칙 제9장

에 의하여 3년마다 유해 요인 조사를 정기적으로 실시하게 되어 있다. 한편, 신규 사업장은 1년 이내에 유해 요인 조사를 받도록 규정하고 있으며, 근골격계 질환자가 발생하거나, 근골격계 부담 작업에 해당하는 새로운 작업·설비를 도입한 경우, 업무의 양과 작업 공정 등 작업 환경을 변경한 경우에도 수시(1개월 이내) 유해 요인 조사를 시행하도록 규정하고 있다. 유해 요인 조사 결과 근골격계 질환 가능성이 있는 경우에는 작업 환경 개선 조치를 취하도록 규정하고 있다. 또한 근골격계 질환으로 요양 결정을 받은 근로자가 연간 10인 이상 발생한 사업장 또는 5인 이상 발생한 사업장으로서 발생 비율이 그 사업장 근로자 수의 10% 이상인 경우나 노동부 장관이 필요하다고 인정하여 명령한 경우에는 사업주는 노사 협의를 거쳐 근골격계 질환 예방관리 프로그램을 작성·시행하도록 규정하고 있다.

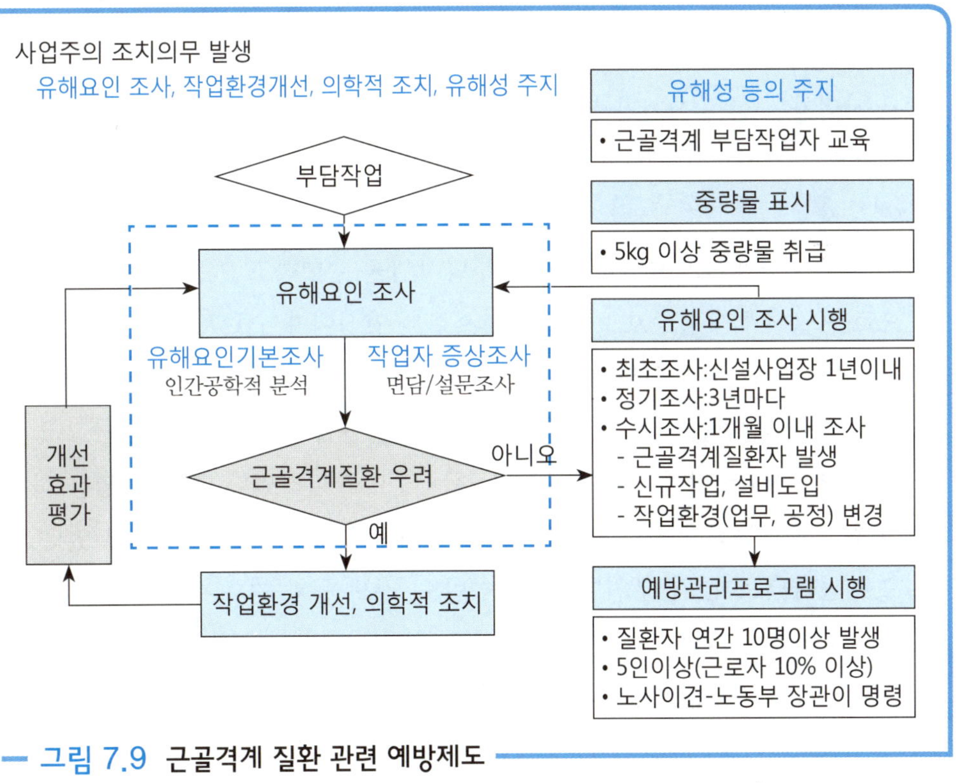

그림 7.9 **근골격계 질환 관련 예방제도**

[표 7.10]과 [표 7.11]은 유해요인조사의 기본이 되는 근골격계질환 증상조사표와 유해요인 기본조사표를 나타낸다.

사례 7.4 유해요인 기본조사표와 근골격계질환 증상조사표 작성

원반 공급 작업(Cal/OSHA, 1999)을 담당하고 있는 작업자에 대하여 유해요인조사를 시행하여 분석표를 작성하여 보자. 원반 공급 작업자는 작업에 필요한 원반을 10개씩 운반용 대차에 싣고, 30m 떨어진 곳에 하루에 40번에서 60번을 운반하는 작업을 한다. 원반의 무게는 11.3kg이고, 대차의 무게는 68kg이어서 원반을 적재한 대차의 총 무게는 181.4kg이며 대차의 높이는 97cm이다. 운반 작업자는 운반용 대차가 잘못 설계되어 무릎 높이 아래에서 허리를 굽히고 힘을 써야 하는 경우가 발생하여 힘들다고 불평하였다. 또한, 30m를 운반할 때에는 손잡이 부분에서 손목이 심하게 꺾이고, 특히 키가 작은 작업자는 힘을 쓰기가 불편하다고 한다. 단위 작업을 적재 작업과 운반 작업으로 구분하여 유해요인기본조사표와 근골격계질환 증상조사표를 작성하여 보자.

근골격계질환 증상조사표는 부담작업을 수행하고 있는 작업자를 대상으로 근골격계의 통증호소여부를 조사하는 양식이다. [표 7.10]은 자재과 물류공정의 원반 공급 작업자인 고민해가 작성한 증상조사표를 나타낸 것이다. 고민해씨는 원반을 적재하고 운반하는 작업을 하루 8시간씩 7년째 하고 있으며, 작업이 매우 힘들다고 표현하고 있는 것으로 나타났다. 또한 작업을 하면서 최근 1년 동안 어깨부위와 손/손목/손가락 부위에 통증을 느끼고 있는 것으로 나타났으며, 각 부위별로 통증, 빈도, 강도 등과 치료여부 등에 대해 표현하고 있다. 증상조사표에서 통증 부위가 선택되면 해당 부위에 대하여 위부터 아래까지의 모든 질문 항목에 대하여 응답하도록 되어 있다.

[표 7.11]은 원반 투입 작업의 작업 상황, 작업 조건, 유해 요인 및 원인

표 7.10 근골격계질환 증상조사표

근골격계질환 증상조사표

Ⅰ. 아래 사항을 직접 기입해 주시기 바랍니다.

성 명	고민해	연 령	만 45 세
성 별	☑ 남 □ 여	현 직장 경력	7 년째 근무 중
작업 부서	부서(자재과) 라인(물류공정) 작업(원반 공급 작업)	결혼 여부	☑ 기혼 □ 미혼
현재 하고 있는 작업	작업 내용: 원반을 대차에 싣고 30m 떨어진 곳에 운반하는 작업을 하루 40~60회 수행 작업 기간: 7 년째 하고 있음		
1일 근무시간	8 시간 근무 중 휴식시간(식사시간 제외) 15 분씩 2 회 휴식		
현 작업을 하기 전에 했던 작업	작업 내용: 없음 작업 기간: 년 개월째 하고 있음		

1. 규칙적인(한 번에 30분 이상, 1주일에 적어도 2~3회 이상) 여가 및 취미 활동을 하고 계시는 곳에 표시(v)하여 주십시오.
   ☑ 컴퓨터 관련 활동 □ 악기 연주(피아노, 바이올린 등)
   □ 뜨개질 자수, 붓글씨 □ 테니스/배드민턴/스쿼시
   □ 축구/족구/농구/스키 □ 해당 사항 없음

2. 귀하의 하루 평균 가사 노동시간(밥하기, 빨래하기, 청소하기, 2살 미만의 아이 돌보기 등)은 얼마나 됩니까 ?
   □ 거의 하지 않는다 ☑ 1시간 미만 □ 1~2시간 미만
   □ 2~3시간 미만 □ 3시간 이상

3. 귀하는 의사로부터 다음과 같은 질병에 대해 진단을 받은 적이 있습니까?(해당 질병에 체크)
   보기: □ 류머티스 관절염 □ 당뇨병 □ 루프스병 □ 통풍 □ 알코올 중독
   ☑ 아니오 □ 예('예'인 경우 현재상태는? □ 완치 □ 치료나 관찰 중)

4. 과거에 운동 중 혹은 사고로(교통사고, 넘어짐, 추락 등) 인해 손/손가락/손목, 팔/팔꿈치, 어깨, 목, 허리, 다리/발 부위를 다친 적이 있습니까?
   ☑ 아니오 □ 예
   ('예'인 경우 상해 부위는 ?
   □손/손가락/손목 □팔/팔꿈치 □어깨 □목 □허리 □다리/발)

5. 현재 하고 계시는 일의 육체적 부담 정도는 어느 정도라고 생각합니까?
   □ 전혀 힘들지 않음 □ 견딜만 함 □ 약간 힘듦 ☑ 매우 힘듦

Ⅱ. 지난 1년 동안 손/손가락/손목, 팔/팔꿈치, 어깨, 허리, 다리/발 중 어느 한 부위에서라도 귀하의 작업과 관련하여 통증이나 불편함(통증, 쑤시는 느낌, 뻐뻐함, 화끈거리는 느낌, 무감각 혹은 찌릿찌릿함 등)을 느끼신 적이 있습니까?

□ 아니오(수고하셨습니다. 설문을 다 마치셨습니다.)
☑ 예("예"라고 답하신 분은 아래 표의 통증 부위에 체크(v)하고, 해당 통증 부위의 세로줄로 내려가며 해당사항에 체크(v)해 주십시오)

통증 부위	목( )	어깨(√)	팔/팔꿈치( )	손/손목/손가락(√)	허리( )	다리/발( )
1. 통증의 구체적 부위는?		☑ 오른쪽 □ 왼쪽 □ 양쪽 모두	□ 오른쪽 □ 왼쪽 □ 양쪽 모두	☑ 오른쪽 □ 왼쪽 □ 양쪽 모두		□ 오른쪽 □ 왼쪽 □ 양쪽 모두
2. 한 번 아프기 시작하면 통증 기간은 얼마 동안 지속됩니까?	□ 1일 미만 □ 1일~1주일 미만 □ 1주일~1달 미만 □ 1달~6개월 미만 □ 6개월 이상	☑ 1일 미만 □ 1일~1주일 미만 □ 1주일~1달 미만 □ 1달~6개월 미만 □ 6개월 이상	□ 1일 미만 □ 1일~1주일 미만 □ 1주일~1달 미만 □ 1달~6개월 미만 □ 6개월 이상	□ 1일 미만 □ 1일~1주일 미만 □ 1주일~1달 미만 □ 1달~6개월 미만 □ 6개월 이상	□ 1일 미만 □ 1일~1주일 미만 □ 1주일~1달 미만 □ 1달~6개월 미만 □ 6개월 이상	□ 1일 미만 □ 1일~1주일 미만 □ 1주일~1달 미만 □ 1달~6개월 미만 □ 6개월 이상
3. 그때의 아픈 정도는 어느 정도입니까? (보기참조)	□ 약한 통증 □ 중간 통증 □ 심한 통증 □ 매우 심한 통증	☑ 약한 통증 □ 중간 통증 □ 심한 통증 □ 매우 심한 통증	□ 약한 통증 □ 중간 통증 □ 심한 통증 □ 매우 심한 통증	□ 약한 통증 ☑ 중간 통증 □ 심한 통증 □ 매우 심한 통증	□ 약한 통증 □ 중간 통증 □ 심한 통증 □ 매우 심한 통증	□ 약한 통증 □ 중간 통증 □ 심한 통증 □ 매우 심한 통증
	<보기>	약한 통증: 약간 불편한 정도이나 작업에 열중할 때에는 못 느낀다. 중간 통증: 작업 중 통증이 있으나 귀가 후 휴식을 취하면 괜찮다. 심한 통증: 작업 중 통증이 비교적 심하고 귀가 후에도 통증이 계속 된다. 매우 심한 통증: 통증 때문에 작업은 물론 일상 생활을 하기가 어렵다				
4. 지난 1년 동안 이러한 증상을 얼마나 자주 경험하셨습니까?	□ 6개월에 1번 □ 2~3달에 1번 □ 1달에 1번 □ 1주일에 1번 □ 매일	□ 6개월에 1번 □ 2~3달에 1번 □ 1달에 1번 ☑ 1주일에 1번 □ 매일	□ 6개월에 1번 □ 2~3달에 1번 □ 1달에 1번 □ 1주일에 1번 □ 매일	□ 6개월에 1번 □ 2~3달에 1번 □ 1달에 1번 ☑ 1주일에 1번 □ 매일	□ 6개월에 1번 □ 2~3달에 1번 □ 1달에 1번 □ 1주일에 1번 □ 매일	□ 6개월에 1번 □ 2~3달에 1번 □ 1달에 1번 □ 1주일에 1번 □ 매일
5. 지난 1주일 동안에도 이러한 증상이 있었습니까?	□ 아니오 □ 예	☑ 아니오 □ 예	□ 아니오 □ 예	□ 아니오 ☑ 예	□ 아니오 □ 예	□ 아니오 □ 예
6. 지난 1년 동안 이러한 통증으로 인해 어떤 일이 있었습니까?	□ 병원 치료 □ 약국 치료 □ 병가, 산재 □ 작업 전환 □ 해당 사항 없음 □ 기타 ( )	□ 병원 치료 □ 약국 치료 □ 병가, 산재 □ 작업 전환 ☑ 해당 사항 없음 □ 기타 ( )	□ 병원 치료 □ 약국 치료 □ 병가, 산재 □ 작업 전환 □ 해당 사항 없음 □ 기타 ( )	□ 병원 치료 □ 약국 치료 □ 병가, 산재 □ 작업 전환 ☑ 해당 사항 없음 □ 기타 ( )	□ 병원 치료 □ 약국 치료 □ 병가, 산재 □ 작업 전환 □ 해당 사항 없음 □ 기타 ( )	□ 병원 치료 □ 약국 치료 □ 병가, 산재 □ 작업 전환 □ 해당 사항 없음 □ 기타 ( )

표 7.11 유해 요인 기본 조사표

유해 요인 기본 조사표

(※ 해당 사항에 v 하시고, 내용을 기재하시오)

● 조사 구분	☑ 정기 조사	수시 조사 ☐ 근골격계 질환자 발생시 ☐ 새로운 작업·설비 도입시 ☐ 업무의 양과 작업 공정 등 작업 환경 변경시	
● 조사 일시	2014. 6. 3.	● 조 사 자	조사해
● 부 서 명	자재과		
● 공 정 명	물류 공정		
● 작 업 명	원반 공급 작업		

가. 작업장 상황 조사

● 작업 설비	☑ 변화 없음	☐ 변화 있음 (언제부터)
● 작 업 량	☑변화 없음	☐ 줄음 (언제부터) ☐ 늘어남 (언제부터) ☐ 기타 ( )
● 작업 속도	☑ 변화 없음	☐ 줄음 (언제부터) ☐ 늘어남 (언제부터) ☐ 기타 ( )
● 업무 변화	☑ 변화 없음	☐ 줄음 (언제부터) ☐ 늘어남 (언제부터) ☐ 기타 ( )

나. 작업 조건 조사

1단계 : 작업별 과제 내용 조사(유해 요인 조사자)

직종/작업명 : 원반 공급 작업
작업 내용(Tasks) :
작업에 필요한 원반을 10개씩 운반용 대차에 싣고 30m 떨어진 곳에
하루에 40번에서 60번을 운반함

2단계: 각 작업별 작업 부하 및 작업 빈도 (근로자 면담)

작업 부하(A)	점수	작업 빈도(B)	점수
매우 쉬움	1	3개월마다(년 2~3회)	1
쉬움	2	가끔(하루 또는 주 2~3일)	2
약간 힘듦	3	자주(1일 4시간 이내)	3
힘듦	4	계속(1일 4시간 이상)	4
매우 힘듦	5	초과 근무시간(1일 8시간 이상)	5

작업 내용	작업 부하(A)	작업 빈도(B)	총 점수(A×B)
적재 작업	5	3	15
운반 작업	5	3	15

3단계: 유해 요인 및 원인 평가서

직종/작업명	원반 공급 작업	근로자명	고민해

작업별 작업 사진

① 적재 작업	② 운반 작업
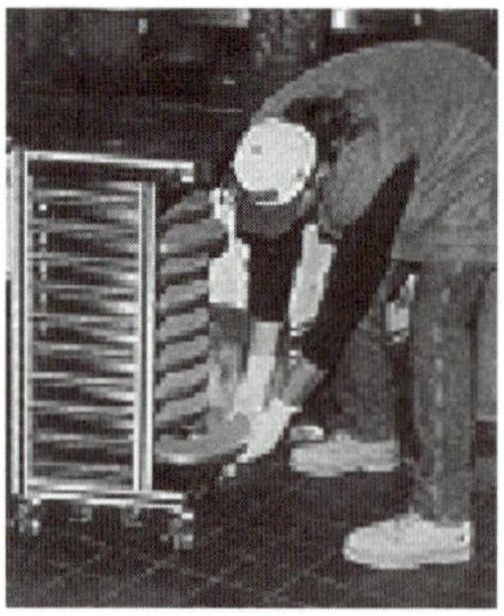	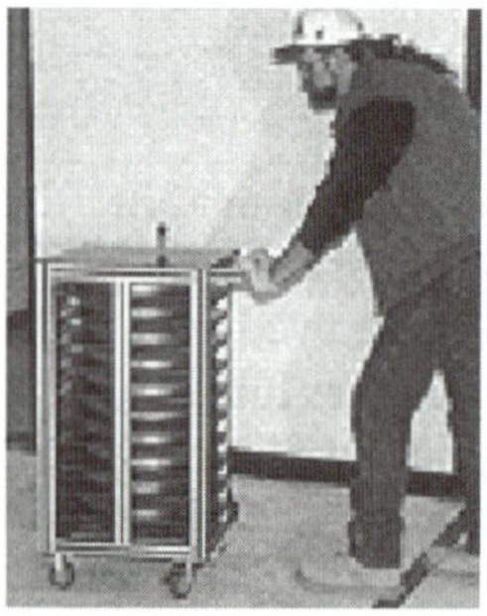

작업별 유해 요인 및 원인 분석

유해 요인	유해 요인에 대한 원인	총 점수
작업 내용 1 적재작업		15
• 부적절한 자세	• 부적절한 대차 설계	
- 허리 굽힘, 다리 뻗침	- 선반이 너무 낮다.	
• 과도한 힘	• 너무 낮은 선반 높이	
- 허리와 다리	- 선반 간격이 너무 큼	
작업 내용 2 운반작업		15
• 부적절한 자세	• 부적절한 대차 설계	
- 허리 굽힘, 손목 굽힘	- 수평, 고정 높이의 손잡이	
• 과도한 힘	• 바퀴 닳음	
- 손목, 허리와 어깨	• 복잡한 통로	
- 지속적인 밀기작업	• 먼 거리	

평가 등을 포함하는 유해요인 기본조사표를 나타낸다. 작업 상황조사에선 작업 설비, 작업량, 작업 속도, 업무 변화에 변화가 있는가를 조사한다. 작업조건 조사에선 1단계에선 작업내용을 기술하고, 2단계에선 원반 투입 작업에 대한 단위 작업을 ① 적재 작업과 ② 운반 작업으로 나누어 각각 작업 강도와 빈도 측면에서 5점 척도로 평가한 후에 강도와 빈도의 곱으로 총점수를 표현한다. 3단계에선 단위 작업별로 작업자의 위험 요인과 위험 요인의 원인을 작업장, 작업 설비, 작업 도구, 작업 방법 측면에서 나타낸다.

원반 투입 작업에 대한 유해요인 기본조사표를 토대로 인간공학적 작업 개선안을 도출 할 수 있다. 적재 작업에서는 무릎 아래 높이 지점에서 원반을 꺼내고 넣는 작업에서 허리 굽힘과 다리 뻗침 자세가 발생하므로 대차의 적재 선반 높이를 무릎 위로 올리는 방안을 검토할 수 있다.

운반 작업에서는 운반 시에 손목이 꺾이는 문제가 발생하며, 키 큰 작업자는 허리를 굽히고 운반하는 자세가 되는 것으로 나타났다. 또한 바닥이 균일하지 않아 대차를 밀 때, 필요 이상의 힘이 들어가고 통로가 복잡하여 조정에 따른 운반 부하가 증가하는 것으로 분석되었다. 이들을 개선하기 위해서는 수직 형태의 손잡이로 개선하고 선반 높이를 무릎 위의 위치로 개선하며, 바퀴를 조정력이 좋은 바퀴로 교체하는 방안을 검토할 수 있다. 또한, 통로를 정리하고 바닥을 균일하게 만드는 방안을 검토할 수 있다.

[표 7·12]와 [표 7·13]은 적재 작업과 운반 작업에 대한 작업 위험 요인과 개선안을 요약하여 정리한 것이다. [그림 7·10]은 분석한 자료에 따라 개선안을 반영한 운반용 대차이다. 개선된 카트는 높이를 높여 무릎 아래에서의 들기 작업을 없앴으며, 손잡이를 수평에서 수직 방향으로 만들어 키에 관계없이 잡기가 용이하도록 개선하였다.

표 7.12 원반 적재작업 분석 및 개선안

위험 요인	위험 이유	비고	인간공학적 개선안
부적절한 자세 • 허리 굽힘과 다리 뻗침 자세	부적절한 대차 설계 • 선반이 너무 낮다.	• 바닥에서 30cm	대차의 개선 • 전체 높이를 97cm에서 114cm로 올림 • 가장 낮은 선반 높이를 61cm로 설정 • 선반 사이의 간격을 3.2cm에서 1.3cm로 줄임 • 선반 면의 여유 공간을 5cm에서 2.3cm로 줄임 • 선반의 수는 10개로 유지
부적절한 자세로 과도한 힘(무게) • 허리와 다리	• 너무 낮은 선반 높이 • 선반 간격이 너무 큼	• 육체적 부하를 증가시킴	• 위와 동일

표 7.13 원반 운반작업 분석 및 개선안

위험 요인	위험 이유	비고	인간공학적 개선안
부적절한 자세 • 손목 굽힘 • 허리 굽힘	부적절한 대차 설계 • 수평, 고정 높이의 손잡이	• 밀 때, 손 높이와 손목 위치의 제한	대차의 개선 • 손잡이를 수직 형태로 변경 • cart의 높이를 97cm에서 114cm로 올림
과도한 힘 • 손목, 허리, 어깨 • 지속적인 밀기 작업	• 다리 바퀴의 닳음	• 부하의 증가	• 다리 바퀴의 교체
	• 바닥의 불균일 • 거리 • 복잡한 통로	• 부하의 증가 • 하역 위치 검토 • 조작이 어려움	설비 개선 • 평평한 바닥 • 위치 변경 어려움 • 통로의 재배치 및 확보

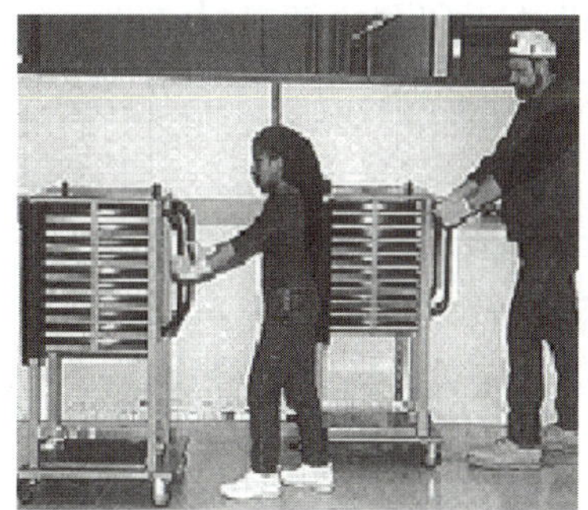

그림 7.10 개선된 대차

연습문제

1. 누적 외상병(CTD)의 원인으로 거리가 먼 것은?
   ① 과도한 힘 ② 반복 작업
   ③ 작업 적응 훈련 ④ 적절한 작업자세

2. 다음 중에서 근골격계 질환의 예방을 위한 방안으로 거리가 먼 내용은?
   ① 손목을 곧게 유지한다.
   ② 손잡이는 손에 접촉하는 면적을 좁게 한다.
   ③ 어깨 높이 위에서의 작업을 피한다.
   ④ 춥고 습기가 많은 작업장을 피한다.

3. 다음 중에서 근골격계 질환에 관한 작업 위험 요인으로 부적절한 것은?
   ① 손목을 똑바로 펴진 상태를 유지한다.
   ② 팔꿈치는 90° 보다는 아래를 향하도록 유지한다.
   ③ 등은 자연스런 S 곡선을 유지한다.
   ④ 어깨는 힘이 빠진 상태로 들리지 않는 자세를 유지한다.

4. 다음 중에서 근골격계 질환에 관한 증상의 발전 단계상 초기 1단계에 관한 설명은?
   ① 작업시간에 통증을 호소하지만 휴식을 취하면 없어진다.
   ② 휴식을 취하면 통증이 없어지지만 작업 능력의 저하가 발생한다.
   ③ 작업시간에 통증이 있고, 휴식을 취하여도 통증이 계속된다.
   ④ 통증으로 작업을 수행할 수 없거나, 잠을 잘 수 없을 정도이다.

연습문제 해답 : 1. ③, 2. ②, 3. ②, 4. ①

5. 다음 중 부적절한 자세와 관련이 없는 것은?
① 신체 부위들이 중립적인 위치를 벗어나는 자세
② 작고 약한 근육들이 힘을 과도하게 쓰게 만드는 자세
③ 허리에 더 많은 부담을 주는 자세
④ 손목이 똑바로 펴진 자세

6. 다음 중에서 무리한 힘을 사용하게 되는 부적합한 작업 자세의 유형과 거리가 먼 것은?
① 손잡이가 없이 무겁고 큰 대상물을 들기
② 너무 멀어 굽히고 뻗쳐서 힘쓰는 동작
③ 어깨 위에서 힘쓰는 동작
④ 허리 높이에서의 운반

7. 다음 중 근골격계 부담 작업이 아닌 것은?
① 4시간 이상의 집중적인 자료 입력
② 목, 어깨, 팔꿈치, 손목 또는 손을 사용하여 같은 동작을 2시간 이상 반복하는 작업
③ 쪼그리고 앉거나 무릎을 굽힌 자세에서 2시간 이상 작업
④ 정적 작업 자세로 4시간 이상을 작업

8. 다음 설명 중에서 적절하지 못한 설명은?
① 부적절한 자세란 신체 부위들이 중립적인 위치를 취하는 자세이다.
② 부적절한 자세는 강하고 큰 근육들을 이용하여 작업하는 것을 방해한다.

연습문제 해답 : 5. ④, 6. ④, 7. ④, 8. ①

③ 서 있을 때에는 등뼈가 S 곡선을 유지하는 것이 좋다.

④ pinch grip은 power grip보다 좋지 않다.

9. 다음 설명 중에서 수공구를 이용한 작업의 개선 원리로 적합하지 못한 것은?

① 손바닥 전체로 스트레스를 분산한다.

② 손바닥으로 감싸 안아 잡는 power grip을 이용한다.

③ 손잡이 표면에 홈이 파진 수공구를 이용한다.

④ 동력 공구는 그 무게를 지탱할 수 있도록 매단다.

10. 다음 중, 근골격계 부담 작업에 대한 설명으로 적절하지 않은 것은?

① 하루에 총 1시간 이상 쪼그리고 앉아서 하는 작업

② 하루 중 팔꿈치를 1시간은 머리 위에서, 1시간은 어깨 위에 올리고 작업을 할 경우

③ 하루에 4시간 이상 집중적으로 키보드를 조작하는 작업

④ 지지되지 않은 상태에서 2시간 이상 목을 구부리고 하는 작업

11. 다음 설명 중에서 중량물 취급을 편하게 할 수 있는 구간으로 가장 적합한 것은?

① 주먹 높이에서 팔꿈치 높이

② 무릎 높이에서 어깨 높이

③ 바닥에서 허리 높이

④ 바닥에서 어깨 높이

연습문제 해답 : 9. ③, 10. ①, 11. ①

12. 근골격계 질환 관련 법규 및 제도에 관한 설명으로 부적절한 것은?
① 산업안전보건법 제24조 제1항 제5호에서 사업주에게 근골격계 질환 예방 의무 부과
② 사업주의 구체적인 조치 의무는 산업보건기준에 관한 규칙에서 정함
③ 근골격계 부담 작업은 산업보건기준에 관한 규칙에서 규정됨
④ 적용 대상은 근골격계 부담 작업에 근로자를 종사하도록 하는 사업장

13. 다음 중 유해 요인 조사 제도에 대한 설명으로 부적절한 것은?
① 매 3년마다 실시
② 신설되는 사업장은 1년 이내에 실시
③ 근골격계 부담 작업에 해당하는 새로운 작업·설비를 도입한 경우에는 2달 이내에 실시
④ 유해 요인 조사에 근로자 대표 또는 당해 작업 근로자를 참여시켜야 한다.

14. 다음 중 유해 요인 조사 실시 시기가 다른 하나는?
① 임시 건강 진단에서 근골격계 질환자가 발생한 경우
② 신설 사업장
③ 근골격계 부담 작업에 해당하는 새로운 작업·설비를 도입한 경우
④ 작업 환경이 변경된 경우

연습문제 해답: 12. ③, 13. ③, 14. ②

15. 다음 중 근골격계 부담 작업에 종사하는 근로자를 대상으로 한 유해성 주지에 관한 내용으로 적절하지 않은 것은?

① 근골격계 부담 작업의 유해 요인 교육

② 근골격계 질환 발생시 대처 요령 실습

③ 유해성을 주지시키기 위해서 안내 책자를 작업장에 비치

④ 교육시간에 작업 도구 및 시설의 올바른 사용 방법에 관한 비디오 관람

연습문제 해답 : 15. ②

실습문제

1. 근골격계 질환의 4대 원인이란?

■ 해설 ■

1) 과도한 힘, 2) 반복 작업, 3) 부적절한 작업자세, 4) 부족한 휴식

2. 유해 요인 조사 시기를 최초 조사, 수시 조사, 정기 조사로 분류하여 설명하시오.

■ 해설 ■

1) 최초 조사 : 신설일부터 1년 이내에 실시
   - 신설되는 사업장의 경우
2) 수시 조사 : 1개월 이내에 실시
   - 근골격계 질환자가 발생하였거나, 업무상 질병으로 인정받은 경우
   - 새로운 작업·설비를 도입한 경우
   - 업무의 양과 작업공정 등 작업환경을 변경한 경우
3) 정기 조사: 3년마다 실시
   - 부담작업이 존재하는 작업장

3. 부담 작업이 존재하는 작업의 경우에 실시해야 하는 유해 요인 조사의 내용에 대하여 설명하시오.

■ 해설 ■

1) 설비 · 작업 공정 · 작업량 · 작업 속도 등 작업장 상황
2) 작업시간 · 작업 자세 · 작업 방법 등 작업 조건
3) 작업과 관련된 근골격계 질환 징후 및 증상 유무 등

4. 아래의 그림을 보고 바닥에서 작업을 하고 있는 작업자를 중심으로 작업 위험을 분석하고 개선안을 도출하시오(Cal/OSHA, 1999).

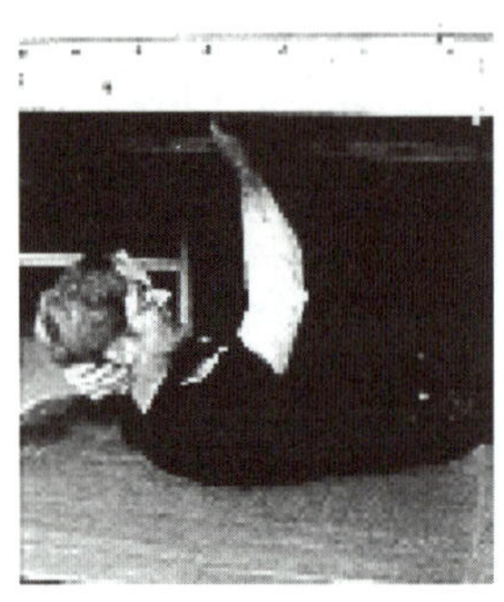

■ 해설 ■

위험 요인	위험 이유	비고	인간공학적 개선안
고정 불편한 자세 • 팔, 어깨 뻗침 • 목 굽힘 • 딱딱한 등	• 바닥 기댄 자세 • 부적절한 거리 • 부적절한 공간	• 콘베이어 아래 작업 편의성 제고	조절식 머리, 목 지지대 • 높이 조절식 지지대 - 쿠션 패드 받침 • 동작거리 감소 • 이동바퀴 가벼운 전동 수공구 지급 • 손 동작 감소
반복 작업 • 손, 팔, 어깨	• 수공구 사용	• 다양한 수공구 작업 반영	
과도한 힘 • 손, 팔, 어깨	• 수공구 사용 - 팔 뻗침 - 한 손 작업 • 조임공구 - 손목 비틀림	• 머리, 목, 지지 필요	

- 개선안

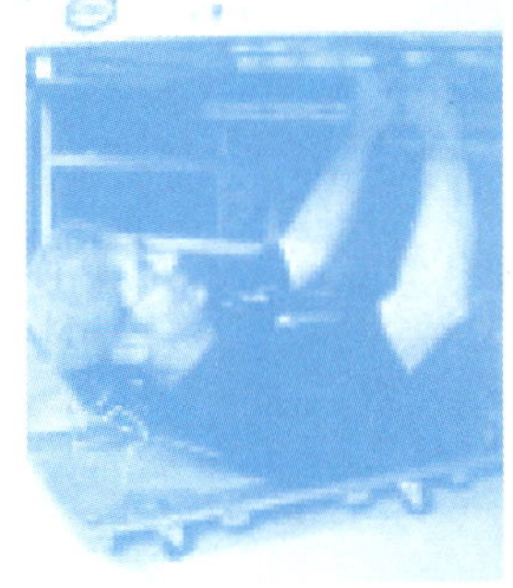

인간공학적 작업 개선표

위험 요인	위험 이유	비고	인간공학적 개선안

제 8 장

작업 위험성 평가

1. 작업과 안전
2. 위험성 평가와 원리

1. 작업과 안전

1.1 안전관리 개요

1.1.1 안전관리란?

안전관리(safety management)란 재해로부터 인간의 생명과 재산을 보호하기 위한 계획적이고 체계적인 제반 활동을 말한다. 넓은 의미에서 안전관리란 인간 생활의 복지 향상을 위하여 직접 또는 간접적으로 어떤 형태의 생존권도 침해받지 않는 상태를 유지하기 위한 활동을 말하며, 좁은 의미에서는 재해로부터 인명과 재산을 보호하는 활동을 의미한다.

웹스터(Webster) 사전에서는 안전(safety)을 상해, 손실, 감원, 위해 또는 위험에 노출되는 것으로부터의 자유라고 정의하고 있으며, 하인리히(H. W. Heinrich)는 안전은 사고의 예방이며, 사고 예방은 물리적 환경과 인간 및 기계의 관계를 통제하는 과학인 동시에 기술이라고 정의하였다.

안전관리가 중요한 이유는 피할 수 있는 사고를 야기하며 인명과 재산을 손실하는 것은 인도주의적 측면에서 도덕적 죄악이라 할 수 있으며, 사회적인 책임 측면에서는 예방할 수 있는 재해 사고를 방지하지 못하고 인명과 재산상의 손실을 입는다면 경영주가 사회적 책임을 다하지 못한 것이기 때문이다. 또한 재해의 예방으로 인한 근로자의 사기 진작, 생산 능률의 향상, 대내외 여론 개선으로 신뢰성이 향상되고, 사고 방지를 위한 비용이 사고 처리 비용보다 적게 드는 것 등을 고려한다면 생산성 향상 측면에서도 기여하는 것을 알 수 있다. 따라서 안전관리의 목적은 인간의 존중, 사회복지 증진, 생산성 향상 및 품질 향상, 기업의 경제적 손실 예방 등으로 나타낼 수 있다.

사고(accident)란 원하지 않는 사건으로 인해 발생한 인적 또는 물적 피해가 없는 무재해 사고(near accident)와 인적 또는 물적 피해가 있는 재해 사고로 분류된다. 재해 사고는 인명 피해가 발생한 사상(상해) 사고와 재산상 손실이 발생한 손재 사고로 분류할 수 있다. 우리나라의 산업안전보건법에서는 산업재해를 근로자가 업무와 관계있는 건설물, 설비, 원재료, 가스, 증기, 분진 등의 작업 기타 업무에 기인하여 사망 또는 부상하거나 질병에 이환되는 것으로 정의하고 있다.

1.1.2 위험관리

재해는 위험(risk)으로 인하여 발생한다. 일반적으로 물리적 요인 또는 환경에 의한 부상 등의 발생 가능성이 있는 경우를 위험(반대: 안전)이라고 하며, 물리적 요인 또는 환경에 의한 질병의 발생 가능성이 있는 경우를 유해(반대: 위생)라고 한다.

위험은 발생 유형에 따라 기계적 위험, 화학적 위험, 에너지 위험, 작업적 위험으로 분류할 수 있다. 기계적 위험은 접촉적 위험(틈에 끼임, 잘림, 찔림), 물리적 위험(비래, 낙하), 구조적 위험(연삭기의 숫돌 파괴, 파열) 등이 있으며, 화학적 위험은 폭발, 화재 위험(폭발성 물질, 발화성 물질), 생리적 위험(독극물)이 있다. 에너지 위험은 전기적 위험(감전, 과열)과 열 기타의 에너지 위험(화상, 방사선 장해) 등이 있으며, 작업적 위험은 작업 방법적 위험과 장소적 위험 등이 있다.

위험의 처리 방법은 위험의 회피, 위험의 제거, 위험의 보유, 위험의 전가 등으로 구분할 수 있다.

위험의 회피는 위험이 있는 사업을 하지 않거나 보유하지 않는 것을 의미한다.

위험의 제거는 위험 방지나 위험의 분산 등으로 구분되며, 위험 방지는 사고를 줄이기 위한 위험 예방, 사고 발생시 손해를 감소시키기 위한 위험 경감, 계약서 등을 통한 위험 제한 등으로 분류된다. 위험 분산은 위험을 하청업체에 이전하거나 위험물과 분리 저장하는 등의 조치를 의미한다.

위험의 보유는 위험에 대한 무지에서 오는 소극적 보유와 위험을 충분히 확인한 후에 오는 준비금 설정 등의 적극적 보유로 분류된다.

위험의 전가는 보험을 의미한다.

위험은 회피가 이루어지지 않는 한 경감되어도 위험은 남는다.

1.2 사고 발생 이론

1.2.1 하인리히의 연쇄성 이론

하인리히(H. W. Heinrich)의 연쇄성 이론(theory of domino)은 사고의 원인이 어떻게 연쇄 반응을 일으키는가를 도미노(domino: 골패)를 이용하여 설명한 이론이다[그림 8.1]. 사고의 과정을 ① 유전적 요인과 사회적 환경, ② 개인의 결함, ③ 불안전한 행동과 불안전한 상태, ④ 사고, ⑤ 재해의 5개의 도미노를 일렬로 세워놓고 어느 한 끝을 쓰러뜨리면 연쇄적으로 쓰러져 사고가 발생한다는 현상에 비유하여 설명한 이론이다.

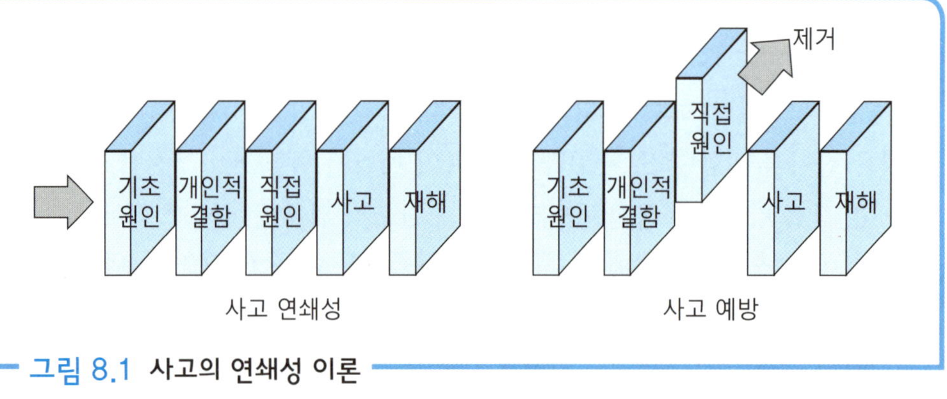

그림 8.1 사고의 연쇄성 이론

연쇄성 이론에서는 도미노가 연쇄적으로 넘어지려 할 때 도미노를 사전에 옮기면 도미노의 연쇄성이 중단되듯이 사고 전에 사고 요인을 제거하는 것이 사고 발생의 연쇄성을 끊어버리는 결과가 되어 사고를 예방하는 방법이라고 설명한다.

구체적으로 [그림 8.1]의 사고 요인을 살펴보면 다음과 같다.

① 기초원인: 유전적 요인 및 사회적 환경

개인적인 소질 및 성장 과정에서 축적된 사회 환경으로서 유전적 요인 및 육체적 인자로 사고의 기초 원인(간접 원인)이다.

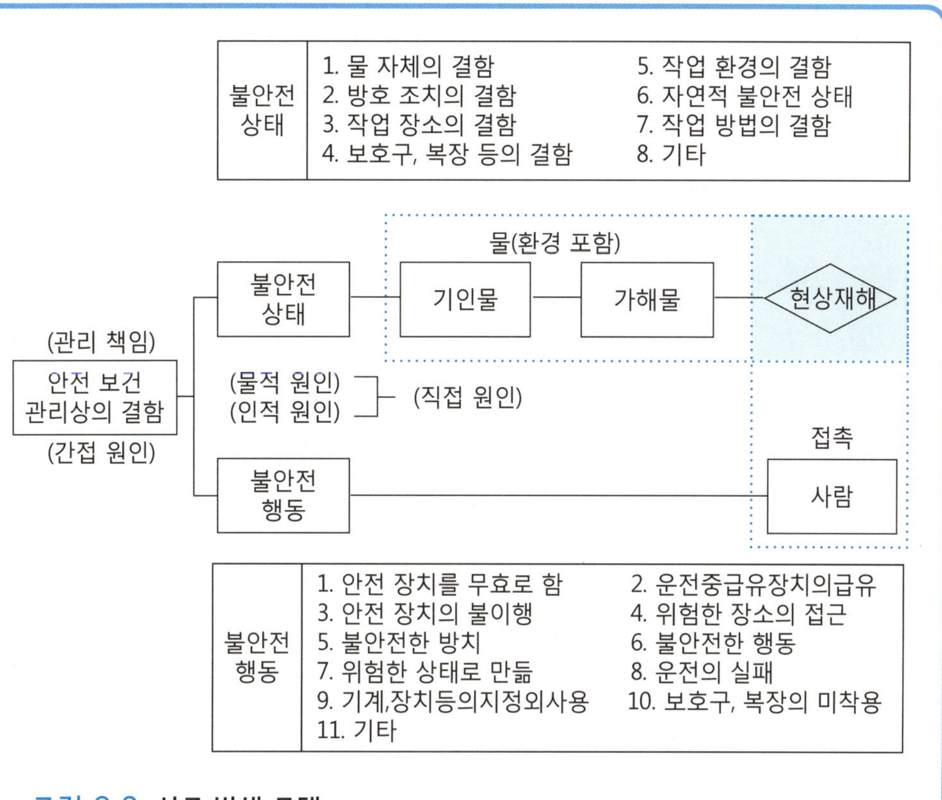

그림 8.2 **사고 발생 모델**

② 2차원인: 개인적 결함

무모, 격렬한 기질, 신경질, 흥분성 기질 또는 동기부여의 실패 등으로 사고의 2차 원인(간접 원인)이 된다.

③ 불안전한 행동과 불안전한 상태

불안전한 행동의 인적 원인과 불안전한 상태의 물적 원인은 사고의 직접적인 원인으로 직접 원인을 제거하면 사고를 예방할 수 있다. 불안전한 행동은 안전장치 기능 제거, 보호구 복장 미착용, 불안전한 조작, 불안전한 자세 위치 등의 인적 요인을 의미하며, 불안전한 상태는 보호구 결함, 생산공정 경계표시 결함 등의 물적 원인을 의미한다.

[그림 8.2]는 사고 발생 모델을 나타낸 것으로 물적 원인인 불안전한 상태와 인적 원인인 불안전한 행동이 직접 원인이 되어 발생한다. 사고 발생과 관련한 기인물은 발생 사고의 근원이 되는 기계, 장치, 설비 또는 환경을 뜻하며, 가해물은 사람에게 직접 위해를 주는 물체이다.

1.2.2 사고의 발생 형태와 상해 종류

사고를 발생 형태(사고 형태)에 따라 분류하면 다음과 같다. 발생 형태란 재해 및 질병이 발생된 형태 또는 근로자에게 상해를 준 기인물과 관계된 현상을 말하며, 복합적 현상에 의하여 발생된 사고는 1차적 원인으로 분류한다.

- 떨어짐(추락): 사람이 높은 장소에서 떨어짐
- 넘어짐(전도): 사람이 미끄러져 구르거나 넘어짐
- 부딪힘(충돌): 사람이 움직임으로 인하여 물체에 부딪히거나 접촉함
- 맞음(낙하, 비래): 날아오거나 떨어진 물체에 사람이 맞음
- 끼임(협착): 움직이는 두 물체 사이에 말리거나, 감기거나, 끼임
- 깔림, 뒤집힘(도괴): 세워져 있는 물체가 쓰러져 깔리거나 뒤집힘
- 감전: 전기 접촉이나 방전에 의해 사람이 충격을 받는 경우
- 폭발: 화학, 물리적 변화가 급격히 진행되어 열, 폭음, 폭발압이 발생함
- 화재: 가연물에 점화원이 가해져 불이 일어난 경우
- 이상 온도 접촉: 고온이나 저온에 접촉한 경우
- 유해물 노출, 접촉: 유해물 접촉으로 중독이나 질식된 경우
- 폭력행위: 상해를 입힌 폭력, 폭행

사고를 상해 종류별로 분류하면 다음과 같다.

- 골절: 뼈가 부러진 상태
- 동상: 저온물 접촉으로 생긴 동상 상해
- 부종: 국부의 혈액 순환의 이상으로 몸이 부어오르는 상태

- 찔림(자상): 칼날 등 날카로운 물건에 의해 찔린 상해
- 절단: 신체 부위가 잘린 상태
- 베임(창상): 칼 등의 날카로운 것에 살이 베인 상해
- 타박상(좌상): 피부밑의 혈관이 터져 피하조직에 피가 고인상태, 멍듬
- 열상: 피부가 찢어져 너덜너덜해진 상처
- 중독, 질식: 음식, 약물, 가스 등에 의한 중독이나 질식된 상해
- 화상: 화재 또는 고온물 접촉으로 인한 상해
- 청력 장애: 청력이 감퇴 또는 난청이 된 상해
- 시력 장애: 시력이 감퇴 또는 실명된 상해

2. 위험성 평가와 원리

2.1 위험성 평가 절차와 원리

위험성 평가는 작업의 유해·위험요인을 파악하고 해당 유해·위험요인에 의한 부상 또는 질병의 발생 가능성(빈도)과 중대성(강도)을 추정하여 감소대책을 수립하고 실행하는 과정을 말한다. 즉 유해위험요인을 미리 찾아내어 어느 정도로 위험한지를 추정하고, 추정한 위험성의 크기에 따라 대책을 세워 유해위험요인을 제거 또는 관리하여 피해를 최소화하는 과정이라 할 수 있다. 우리나라에서는 산업안전보건법 제5조(사업주의 의무)와 사업장 위험성평가에 관한 지침(고용노동부 고시 제2012-104호)에 의해 지속적으로 사업장의 유해·위험요인에 대한 실태를 파악하고 이를 평가하여 관리·개선하는 등 필요한 조치를 하여야 한다.

위험성 평가는 [그림 8.3]과 같이 자율적으로 위험요인을 찾아내고, 위험 수용성 판정기준과 위험도에 따라 위험감소 방안의 우선순위를 결정한 뒤, 개선안

을 시행하는 절차로 진행된다(HSE, 2002). 즉 위험성 평가는 위험요인을 찾아내고 추정하는 위험분석(risk analysis), 위험도 판정기준에 근거한 위험감소 방안을 도출하는 위험성 평가(risk assessment), 비용분석을 통한 위험감소 방안의 결정 및 시행에 대한 위험관리(risk management) 단계로 구분할 수 있다(HSE, 2002).

위험분석에서는 작업에 존재하는 위험 요인을 파악하는 단계이다. 위험요인의 파악은 공정과 작업의 분류 기준에 따라서 단위 작업별로 수행되며, 사고나 질병의 원인이 될 수 있는 유해·위험요인을 작업자 스스로가 자율적으로 파악하는 단계라고 할 수 있다. 각 위험요인은 위험의 정도를 나타내기 위하여 위험도라는 점수를 이용한다.

일반적으로 위험도는 위험의 강도와 빈도로써 표현한다. 위험의 강도와 빈도의 수준은 평가자가 주관적으로 부여하거나, 정해진 정량적인 판정 기준에 의해 부여한다. 주로 3 등급(L : 1점, M : 2점, H : 3점)에서 5 등급으로 표현한다. [그림 8.4]는 강도와 빈도가 각각 3 등급으로 정의된 위험요인들에 대한 위험도를 빈도와 강도의 합과 곱으로 나타낸 예이다. [그림 8.4]에서 보면 빈도와 강도가 각각 높은(H: 3점) 경우에는 위험도가 6점(=3+3) 또는 9점(=3×3)으로 표현됨을 볼 수 있다. 위험도를 빈도와 강도의 합으로 표현할지 곱으로 표현할지에 관한

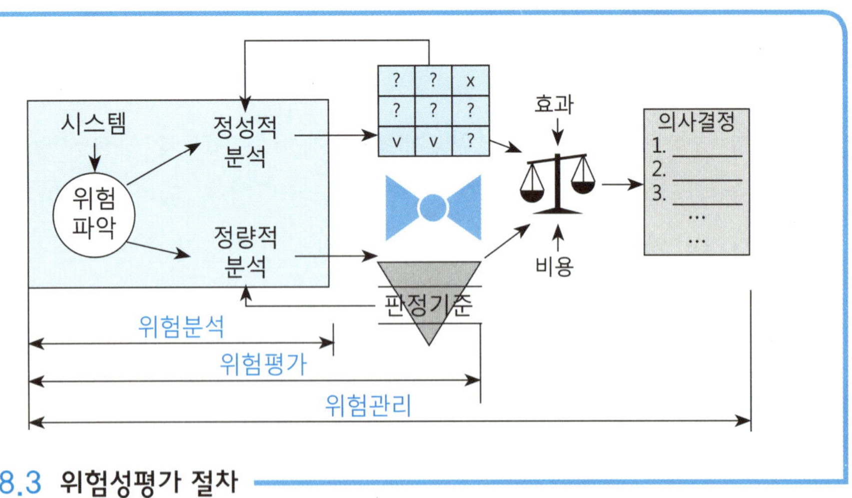

그림 8.3 **위험성평가 절차**

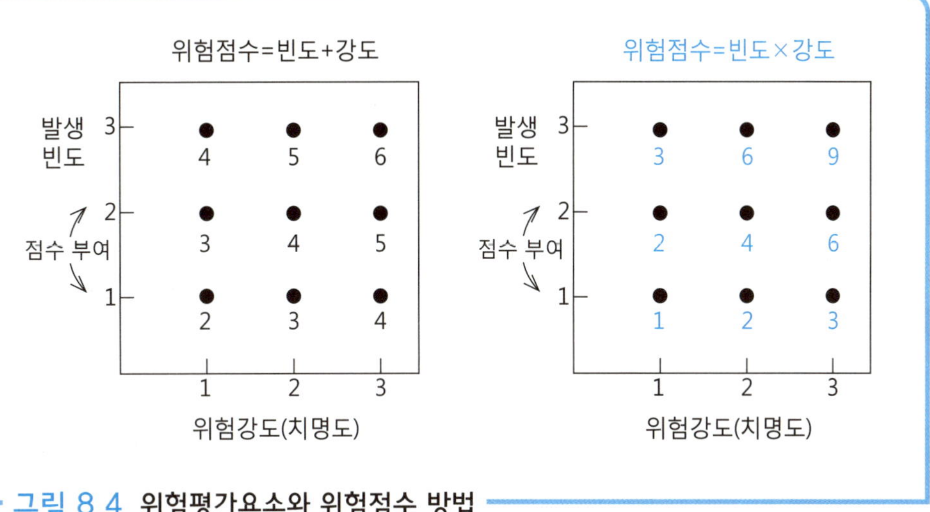

그림 8.4 위험평가요소와 위험점수 방법

문제는 회사의 상황이나 위험요인의 여건을 반영하여 정하게 된다.

위험도 점수에 따라 위험의 수용여부에 관한 관리기준은 [표 8.1]과 같이 3 등급이나 5 등급이 주로 사용되며, 위험 수준에 따라 특정 위험 수준의 등급 이상에 대해서는 개선 계획을 세우고 위험 감소활동을 시행하게 된다. 위험 수준을 3 등급으로 분류하는 경우에는 위험 수용(1 등급), 조건부 위험 수용(2 등급), 위험 불허(3 등급)로 분류한다. [표 8.1]에서와 같이 5 등급으로 위험 수준을 분류하는 경우에는 위험 수준 1 등급(무시할 정도의 위험), 2 등급(수용 가능한 위험)은 위험성을 수용하며 현 상태로 계속 작업이 가능하다. 3 등급(온건한 위험), 4 등급(큰 위험)은 조건부 위험 수용으로, 현재 위험이 나타나지 않으면 계속 작업이 가능하지만 위험 감소 활동을 실시하여야 한다. 5 등급(허용할 수 없는 위험)은 위험 불허로 즉시 작업을 중지 하여야 한다.

표 8.1 위험 등급과 관리 기준

등급	관리 기준	등급	관리 기준
1	무시할 정도의 위험	1	위험 수용
2	수용 가능한 위험		
3	온건한 위험	2	조건부 위험 수용
4	큰 위험		
5	허용할 수 없는 위험	3	위험 불허

[그림 8.5]와 같이 위험관리 기준은 위험도를 기준으로 수용 가능한 위험 등급부터 허용할 수 없는 위험 등급까지 영역을 분리하여 표현할 수 있다. 위험성 평가에서는 빈도와 강도의 등급을 어떻게 정하고 몇 개의 수준으로 나누며, 위험도를 어떻게 표시하느냐, 위험도에 따라 관리 수준을 몇 등급으로 나누는가, 개선 조치사항은 어떻게 연계시키는가에 대한 내용이 의사결정 변수라고 할 수 있다.

[표 8.2]는 위험도 점수에 따른 위험관리 기준을 예시하고 있다. [표 8.2]에서 보면 위험강도와 발생빈도를 각각 3단계로 표시하고 위험도 점수를 빈도와 강도의 곱으로 표현하고 있다. 위험도 점수는 1점에서 9점까지 분포하며, 위험도 점수에 따른 관리 등급을 부여한다. 1등급은 1~3점, 2등급은 4~6점, 3등급은 7~9

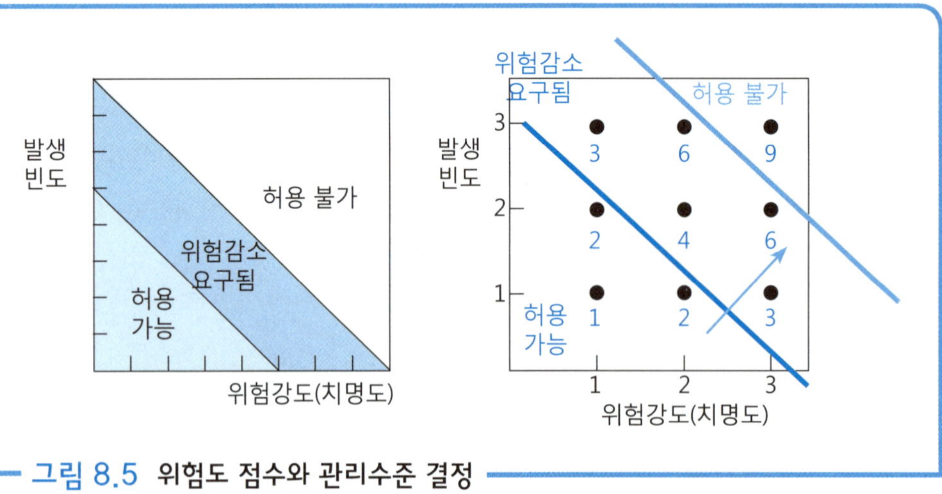

그림 8.5 위험도 점수와 관리수준 결정

표 8.2 위험도 점수와 관리 기준의 예시

위험도 / 관리 등급		위험 빈도			관리 기준		
		1	2	3	등급	위험도 점수	관리 수준
위험 강도	1	1 / 1	2 / 1	3 / 1	1	1~3	위험 수용
	2	2 / 1	4 / 2	6 / 2	2	4~6	조건부 위험 수용
	3	3 / 1	6 / 2	9 / 3	3	7~9	위험 불허

점으로 표현됨을 볼 수 있다.

위험 관리 기준이 정해지면 위험 등급에 따라 위험 작업이나 공정에 대한 개선 활동을 실시하고 결과를 검토하게 된다. 또한 위험 불허작업의 대책이나 위험 수준을 감소시키기 위한 개선활동 등을 평가하고 조치하는 활동을 행함으로써 PDCA(Plan-Do-Check-Action) 순환과정을 통한 위험성 평가의 효과를 분석하게 된다.

2.2 음식배달 작업의 위험성 평가 예시

2.2.1 음식배달 작업의 작업공정 흐름도

[표 8.3]은 각종 음식점 등에서 고객의 요구에 따라 해당 요리를 특정장소까지 배달하는 음식배달원의 작업 내용을 조사하여 작업공정 흐름을 기준으로 나타낸 것이다. 작업공정을 기준으로 작업에서 발생할 수 있는 유해·위험요인을 파악하여 위험성 평가를 수행하여 보자.

표 8.3 음식배달 작업의 작업공정

공정 명	작업 명	작업 내용
준비	주문접수 작업	-고객으로부터 음식 주문 받음
	준비 작업	-음식물의 조리시간을 감안하여 배달원이나 배달지역을 할당 -빈 그릇을 수거하거나 식당을 청소
	장소확인 작업	-배달할 음식과 수저 등 기타 준비물을 준비 -배달할 장소를 지도 등에서 확인
상하차	상차 작업	-배달 물품을 배달 장비(자동차 또는 오토바이)에 올림
	하차 작업	-배달 물품을 배달 장비(자동차 또는 오토바이)에서 내림
이동	차량 운전 작업	-배달 물품을 싣고 배달지로 배달장비(오토바이)를 운전함
인력운반	인력 운반	-차량에서 내린 후 배달장소까지 이동
배송	음식전달 작업	-음식전달 및 요금을 계산함

2.2.1 음식배달 작업의 작업공정별 위험요인 파악

다음은 음식배달 작업에서 작업공정별 발생할 수 있는 유해·위험요인을 파악하여 나타낸 것이다(정병용 외, 2013). 위험요인이 파악되면 각 위험요인별로 위험강도와 위험빈도를 3점 척도로 표현하고 위험성은 강도와 빈도의 곱으로 표현한다.

1) 준비 작업

연번	위험요인	안전 조치	위험성 평가 결과		
			강도	빈도	위험성
1-①-1	• 각종 전기장치 누전 미확인에 의한 감전				
1-①-2	• 뜨거운 음식 용기 이동 중 낙하에 의한 화상 위험				
1-①-3	• 바닥 청소 시 미끄러운 바닥에 넘어지는 위험				
1-①-4	• 그릇 세척 중 파손된 음식용기, 칼등에 손을 베임				
1-①-5	• 청소용 호스 등에 걸려 넘어짐				

1-①-6	• 음식 랩 포장 중 칼날 부위에 베일 위험				
1-①-7	• 운반용기에 적재 중 날카로운 부위에 찔리는 위험				
1-①-8	• 투명 유리문 등에 착시로 인해 부딪힐 위험				

2) 상하차 작업

연번	위험요인	안전 조치	위험성 평가 결과		
			강도	빈도	위험성
2-①-1	• 상차 작업 중 뜨거운 머플러 접촉에 의한 화상 위험				
2-①-2	• 음식배달 박스에 음식물 적재 중 낙하에 의한 발등 재해 위험				
2-①-3	• 상하차 중에 오토바이가 넘어질 위험				
2-①-4	• 적재작업 중 배달박스 날카로운 부위에 찔릴 위험				

3) 오토바이 이동 작업

연번	위험요인	안전 조치	위험성 평가 결과		
			강도	빈도	위험성
3-①-1	• 운전 시 흡연 등 불안전한 행동에 의한 사고 위험				
3-①-2	• 배달박스 고정방법 불량으로 운행 중 낙하 위험				
3-①-3	• 배달적재함 잠금 미확인으로 운행 중 낙하 위험				
3-①-4	• 운전경로 상의 도로상태 등 운전 전 확인 미실시				
3-①-5	• 뜨거운 용기 취급 시 부주의에 의한 화상 위험				
3-①-6	• 악천후 시 미감속 운행에 의한 교통사고 위험				
3-①-7	• 보호구 미착용으로 인한 사고 시 피해 가중				
3-①-8	• 야간 식별 표지 미부착에 의한 추돌 사고 위험				
3-①-9	• 차량상태 미점검으로 타이어 펑크 등 사고 위험				

4) 인력운반 작업

연번	위험요인	안전 조치	위험성 평가 결과		
			강도	빈도	위험성
4-①-1	• 운반 보조도구(배달박스) 미사용에 의한 손 하중 가중 위험				
4-①-2	• 이동 시 바닥상태 미확인에 의한 넘어짐 위험				

4-①-3	• 미끄러운 대리석 바닥 진입 시 넘어질 위험				
4-①-4	• 빙판길 부주의에 의한 넘어짐 위험				
4-①-5	• 계단 승하강 시 넘어짐 및 떨어짐 위험				
4-①-6	• 25kg 초과 물품의 인력운반에 의한 요통재해 위험				
4-①-7	• 다량의 음식 운반 시 근골격계질환 위험				
4-①-8	• 뜨거운 음식의 고정 미흡으로 화상 위험				
4-①-9	• 투명 유리문의 착각으로 인한 부딪힘 재해 위험				

5) 배송 작업

연번	위험요인	안전조치	위험성 평가 결과		
			강도	빈도	위험성
5-①-1	• 출입문을 갑자기 열어 얼굴에 부딪힐 위험				
5-①-2	• 출입문이 갑자기 닫쳐 손가락 부위가 끼일 위험				
5-①-3	• 25kg 이상 물품의 인력운반으로 요통 재해 위험				
5-①-4	• 결재단말기 펜에 의한 찔림 재해 위험				
5-①-5	• 승강기 문에 끼임 및 부딪힘 위험				
5-①-6	• 낮은 출입구를 지나다가 머리 부분을 부딪힘 위험				

2.2.3 음식배달 작업의 작업공정별 위험성 평가 결과 예시

[표 8.4]는 음식배달원의 작업 내용을 기준으로 위험성 평가를 한 결과를 나타낸다. 작업공정을 기준으로 오토바이 이동 작업은 사고 빈도가 높고(3) 강도도 중(2)에 해당되며, 상하차 작업은 빈도와 강도가 모두 중(2)으로 나타남을 볼 수 있다. 따라서 오토바이 이동과 상하차 작업은 위험성 등급으로 2등급이므로 보호구 착용, 잠금장치 확인, 운전시 안전교육 등의 감소 대책을 세워야 한다.

표 8.4 음식배달 작업의 위험성 평가

빈도 \ 강도	대(3)	중(2)	소(1)
고(3)	중대(9)	경미(6) 오토바이 이동	미미(3)
중(2)	경미(6)	경미(4) 상하차	미미(2) 인력운반
저(1)	미미(3) 준비작업	미미(2)	미미(1) 배송

연습문제

1. 한 작업자가 빈 드럼통 위에 서서 구조물에 용접을 하다가 용접봉이 튀어 드럼통 속으로 들어가 드럼통 속의 잔류 가스가 폭발하여 작업자가 10m 뒤에 떨어져 척추를 다쳤다. 이 재해 사례 설명 중 불안전한 행동은?
   ① 용접봉이 튀어 빈 드럼통 속으로 들어감
   ② 빈 드럼통 위에 서서 드럼통 속을 미확인하고 용접을 하였다.
   ③ 드럼통 속에 잔류 가스가 있다.
   ④ 드럼통 속의 마개가 열려 있다.

2. 한신공장에서 전등 설치 전기 공사자가 천정 이동 크레인에 의해 크레인과 건물 기둥 사이에 끼이며 등이 심하게 벗겨져 3일 동안 입원하는 재해를 당하였다. 다음 중 사고의 발생형태는?
   ① 경상해 ② 찰과상
   ③ 일시 일부 노동 불능 ④ 협착

3. 다음의 재해 발생 원인 가운데에서 불안전한 상태에 해당하는 것은?
   ① 보호구의 미착용 ② 안전장치의 결함
   ③ 규칙의 무시 ④ 불안전한 조작

4. 다음 중 하인리히의 연쇄성(도미노) 이론을 순서대로 나타낸 것은?

ⓐ 개인적인 결함	ⓑ 사회적 환경 및 유전적 요소
ⓒ 불안전한 행동과 불안전한 상태	ⓓ 재해
ⓔ 사고	

   ① ⓐⓑⓒⓓⓔ ② ⓑⓐⓔⓒⓓ
   ③ ⓑⓐⓒⓔⓓ ④ ⓐⓑⓔⓒⓓ

연습문제 해답 : 1. ②, 2. ④, 3. ②, 4. ③

5. 다음 재해 발생 형태별 설명 중 틀린 내용은?

① 전도: 평면상으로 넘어짐

② 추락: 사람이 정지물에 부딪친 경우

③ 비래: 물건이 주체가 되어 사람이 맞는 경우

④ 도괴: 건축물, 적재물 등이 무너진 경우

6. 다음 Domino 이론에 대한 설명 중 틀린 내용은?

① 사고의 발생 과정에 대한 이론으로 5단계로 분류된다.

② 재해는 인적, 물적의 직접 원인을 제거함으로써 예방이 가능하다.

③ 사회적 환경과 유전적 요인은 간접 원인 중의 기초 원인으로 분류된다.

④ 개인적 결함은 1차 원인으로 간접 원인이다.

7. 다음의 상해 종류에 대한 설명 중 옳지 않은 것은?

① 부종: 몸이 부어오른 상태

② 자상: 스치거나 문질러서 벗겨진 상해

③ 창상: 칼에 베인 상해

④ 골절: 뼈가 부러진 상해

8. 어느 작업원이 발판에서 지면으로 떨어져 팔을 다쳤다. 기인물과 가해물이 맞게 표기된 것을 고르시오?

① 기인물 – 발판, 가해물 – 지면 ② 기인물 – 지면, 가해물 – 발판

③ 기인물 – 발판, 가해물 – 발판 ④ 기인물 – 지면, 가해물 – 지면

연습문제 해답 : 5. ②, 6. ④, 7. ②, 8. ①

9. 다음의 용어 설명 중 옳게 기술된 것을 고르시오.

① 좌상: 타박, 충돌, 추락 등으로 피하 조직 또는 근육부를 다친 상해

② 절상: 스치거나 문질러서 벗겨진 상해

③ 골절: 신체 부위가 절단된 상해

④ 부종: 뼈가 부러진 상해

10. 다음 위험성 평가에 대한 설명 중 틀린 내용은?

① 작업의 유해요인 파악

② 강도와 빈도에 의해 위험도 추정

③ 위험 등급에 따른 감소 대책 실행

④ 우리나라의 산업안전보건법에서는 시행하고 있지 않다.

11. 위험성 평가에 관한 용어로 적절하게 연결되지 않은 것은?

① 위험관리: 비용분석에 의한 위험감소방안 결정 및 시행

② 위험 분석: 위험요인을 찾아내고 위험도를 추정함

③ 위험성 평가: 위험 판정기준에 의한 위험 감소방안 제출

④ 위험도 점수: 위험강도와 위험빈도의 곱으로만 표현함

연습문제 해답 : 9. ①, 10. ④, 11. ④

실습문제

1. 한 작업자가 빈 드럼통 위에 서서 구조물에 용접을 하다가 용접봉이 튀어 드럼통 속으로 들어가 드럼통 속의 잔류가스가 폭발하여 작업자가 10m 뒤에 바닥에 떨어져 팔의 뼈가 부러졌다.
   1) 기인물과 가해물은?
   2) 재해 발생 형태와 상해 종류는?
   3) 사고의 직접 원인이 되는 불안전 행동과 불안전 상태는?

■ 해설 ■

1) 기인물과 가해물
   기인물: 빈 드럼통
   가해물: 바닥
2) 재해 발생 형태와 상해 종류
   재해 발생 형태: 폭발
   상해 종류: 골절
3) 불안전 행동과 불안전 상태
   불안전한 상태: 드럼통 속에 잔류 가스가 존재
   불안전한 행동: 잔류가스 확인을 안하고 빈 드럼통 위에 서서 용접

2. 관심 있는 직종의 작업자를 대상으로 수행 작업의 공정을 표현하고, 작업 공정별 위험요인을 파악하시오. 파악된 위험요인에 대한 빈도와 강도를 이용하여 위험도를 계산하고, 관리 수준을 평가하시오.

■ 해설 ■

[참고문헌]

Jeong BY, Park MH. Risk assessment of parking lot management based on occupational injuries data. Hum. Factors Man. 2017;27:147–155.

3. 다음은 A 제조 작업에 대한 위험성 평가 결과이다. 위험성 평가는 빈도는 3등급(1:낮음, 2:보통, 3:높음), 강도는 4등급(1:저, 2:중, 3:고, 4:최고)으로 평가하였으며, 위험수준=빈도수준×강도수준으로 평가한다. 위험등급은 위험수준점수에 따라 표현하며 저위험(1등급)은 6점미만, 중위험(2등급)은 9점미만, 고위험(3등급)은 9점 이상으로 평가한다.

1) 다음 위험성 평가표에 위험수준과 위험등급을 구하시오.

위험 요인	강도수준	빈도수준	위험수준	위험등급
A	4	2		
B	1	2		
C	4	1		
D	3	3		
E	3	2		
F	4	3		

2) 다음 표에 평가결과를 표시하고, 위험등급별로 구분하시오.

빈도 / 강도	3	2	1
4			
3			
2			
1			

■ 해설 ■

1) 위험수준과 위험등급.

위험 요인	강도수준	빈도수준	위험수준	위험등급
A	4	2	8	2
B	1	2	2	1
C	4	1	4	1
D	3	3	9	3
E	3	2	6	2
F	4	3	12	3

2) 위험성 평가결과 (괄호안의 숫자는 위험등급)

강도 \ 빈도	3	2	1
4	F (3)	A (2)	C (1)
3	D (3)	E (2)	(1)
2	(2)	(1)	(1)
1	(1)	B (1)	(1)

4. 다음은 A 제조 작업에 대한 위험성 평가 결과이다. 위험성 평가는 빈도는 3등급(1:낮음, 2:보통, 3:높음), 강도는 3등급(1:저, 2:중, 3:고)으로 평가하였으며, 위험수준=빈도수준×(2×강도수준)으로 평가한다. 위험등급은 위험수준점수에 따라 표현하며 저위험(1등급)은 6점이하, 중위험(2등급)은 12점미만, 고위험(3등급)은 12점 이상으로 평가한다.

1) 다음 위험성 평가표에 위험수준과 위험등급을 구하시오.(5점)

위험 요인	강도수준	빈도수준	위험수준	위험등급
A	3	2		
B	1	2		
C	3	1		
D	2	3		
E	2	2		
F	1	3		

2) 다음 표에 평가결과를 표시하고, 위험등급별로 구분하시오.

강도 \ 빈도	3	2	1
3			
2			
1			

■ 해설 ■

1) 위험수준과 위험등급.

위험 요인	강도수준	빈도수준	위험수준	위험등급
A	3	2	12	3
B	1	2	4	1
C	3	1	6	1
D	2	3	12	3
E	2	2	8	2
F	1	3	6	1

2) 위험성 평가결과 (괄호안의 숫자는 위험등급)

강도 \ 빈도	3	2	1
3	(3)	A (3)	C (1)
2	D (3)	E (2)	(1)
1	F (1)	B (1)	(1)

제 9 장

사무작업과 환경의 설계

1. 사무작업과 사무환경
2. 사무공간의 설계
3. 사무환경의 설계

1. 사무작업과 사무환경

정보 기술의 발전을 바탕으로 한 사회 발전은 사회 환경과 기업 환경, 근로자의 가치관 등의 사회 전반적인 구조를 정보화 사회로 재구성하고 있다. 정보화 사회는 육체적 노동이 가치를 결정하는 시대에서 정신노동이 가치를 결정하는 시대로 변화함을 의미하며, 이에 따라 제조업중심의 전통적인 산업이나 직업, 근무 형태 등은 매우 복잡하고 다양한 형태로 나타나고 있다. 무엇보다도 정보화 사회의 큰 특징 중의 하나는 컴퓨터 작업을 포함한 사무작업의 증가와 사무실에서 근무하는 사무종사자의 증가로 볼 수 있다. 사무종사자의 비율이 높아지고 사무실에서 보내는 시간이 하루 일과의 대부분을 차지하게 되면서 사무공간은 종래의 사무작업의 효율성은 물론 쾌적성을 동시에 요구하게 되었다. 또한 사무실에서의 활동도 정보의 전달과 처리 기능, 통제와 단순 관리 기능 등에서 정보의 가공과 창조·통합·의사결정의 영역으로 확대되고 있다. 사무환경이 또 하나의 무형적이고 비가시적 생산성을 갖는 주요수단으로 인정받게 된 것이다. 따라서 오늘날 사무공간은 업무의 효율성과 생산성 증대에 기여할 수 있는 중요한 요소로 관심과 기대를 불러일으키고 있다.

업무의 효율성과 쾌적성 향상을 위하여 사무환경을 설계할 때는 업무특성과 사무작업자의 요구사항을 고려하는 것은 필수적이라 할 수 있다. 사무환경의 쾌적성은 크게 빛 환경, 소음환경, 공기환경, 사무공간 측면에서 살펴볼 수 있다. 빛 환경에서는 밝기가 확보되어야 하고, 눈부심과 어른거림이 없어야 한다. 또한 VDT 화면을 번갈아 보는 일이 많으므로 휘도 차가 크지 않아야 한다. 따라서 강한 빛이 화면에 직접 비치지 않도록 창을 등지는 배치는 피하고, 보고 있는 서류와 책상 위의 조도비를 너무 차이가 나지 않도록 하는 것이 바람직하다. 업무에 집중해야 하는 근무자에게 주위의 소음은 지적 활동에 영향을 미친다. 업무에 지장이 있는 소음을 줄이기 위해서는 내장재에 흡음성능을 주고, 흡음·방음 효과가 있는 파티션을 도입하는 것이 바람직하다. 공기의 질은 관리가 소홀해지기 쉽지만 인체에 직접적인 영향을 주므로 건강의 보호를 위해 매우 중요한 요소이다. 사무환경에서 공기의 질을 저하시키는 것은 건축자재에 의한 분진발생, 환기 부족, 흡연, 복사기의 분진 등이 원인이 되므로 이들을 관리하는 것이 바람직하다(정병용 외, 2013).

사무공간은 많은 사람들의 복잡한 상호작용이 이루어지는 곳이며, 지적 활동을 계획하고 행하는 장소이기도 하다. 조직의 목적 달성에 필요한 정보를 생산하고 그것을 교환하며 보관하는 장소임과 동시에 사람이 생각하고, 토론하고, 휴식을 취하며, 활동하는 장소인 것이다. 사무공간은 조직, 업무 운영 등 업무 기능을 공간형태로 가시화한 것으로 업무의 내용, 사람 및 정보의 이동, 회의·상담 등 업무의 행태 등 사람의 심리적 요소 등을 종합적으로 검토하여 결정해야 한다.

쾌적한 사무실 공간을 위해서는 의자, 책상, 컴퓨터 등 각종 가구와 사무기기의 인간공학적 측면을 고려해야 한다. 온 종일 컴퓨터 앞에 앉아서 작업을 하는 사무직 근로자들의 경우에는 시각적인 불편함과 더불어 허리 및 상지에 통증을 느끼는 근골격계질환이 산업보건의 중요한 문제로 인식되어 왔다. 컴퓨터를 이용한 자료 입력자의 경우 근골격계질환 증상호소율이 목, 요추, 손목, 어깨 부위에서 높으며, 책상, 의자, 모니터 등의 사무기기 설계요소가 증상호소에 연관된 것으로 분석되고 있다. 이러한 문제들로 인해 선진국에서는 책상 및 의자를 중심으로 한 컴퓨터 작업의 인간공학적 작업조건을 지침으로 만들어 관리해오고 있다(HSE, 2002; ISO, 1998; ANSI, 2007).

2. 사무공간의 설계

2.1 사무공간과 작업자세

중립자세는 신체의 자연스러운 정렬에 의존한다. 중립자세는 신체부위들의 부하와 피로를 감소시킨다. 근육들은 중립자세로 일할 때 가장 힘이 세다. 정적 자세는 신체부위에 혈액의 공급을 감소시켜 근육에서 발생한 노폐물을 처리하지 못하고 적절한 영양분이 없이 일을 하도록 하게 한다.

[그림 9.1]은 선 자세와 앉은 자세에 따른 척추의 형태를 나타낸다.

[그림 9.1]의 바른 입식 자세에서 척추는 목 부위, 가슴 부위, 허리부위에 3개의 자유스러운 곡선을 가지고 있다. 이들 곡선은 귀와 어깨, 엉덩이가 일직선일 때 똑바로 정렬된다. 이러한 자세는 몸무게를 특정 부위에 가중시키지 않고 균등하게 분포하게 한다. 척추 뼈들 사이에는 충격을 흡수할 수 있도록 부드러운 디스크들이 위치해 있다. 과도한 동작이나 정적 자세들은 이들 중요한 디스크들을 약화시킬 수 있다. 오랫동안 앉아있는 자세는 척추 뼈 사이의 디스크에 압력을 증가시키는 원인이 될 수 있다. 정상적인 척추의 정렬형태는 S자 커브 모양이지만, [그림 9.1]의 나쁜 좌식자세에서와 같이 의자가 적절하게 허리를 지탱해주지 않으면 등의 아랫부분 곡선은 평편해진다. 등의 아래 부위가 평평해지면, 척추 디스크들을 긴장시켜 등의 통증을 유발시킬 수 있다. 잘 설계된 좌식자세는 움직임과 작업수행에서 편안하도록 안정된 지지대 역할을 제공해준다. 장시간 동안 취하는 부적절한 좌식자세는 부상의 위험성을 크게 할 수 있다.

사무작업자에게는 근골격계질환을 유발할 수 있는 나쁜 사무작업 자세 유형들이 있는데, 이들은 부적절한 자세로 작업할 때, 오랜 시간 동안 움직임이 없이

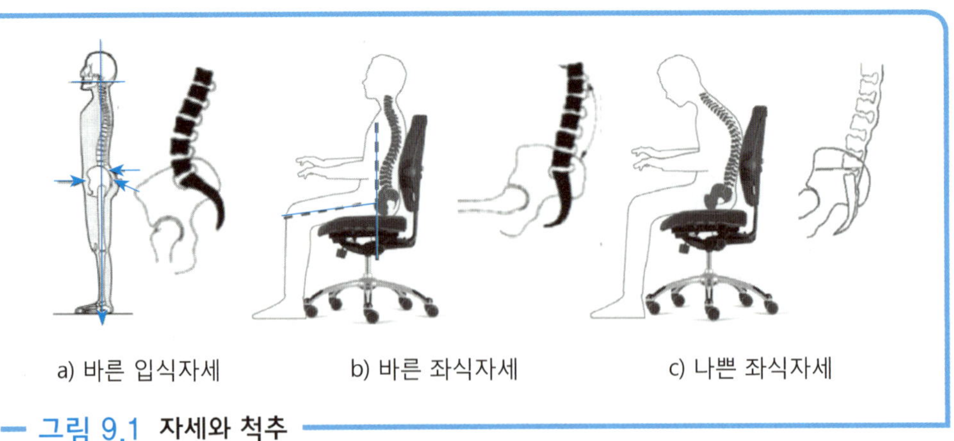

그림 9.1 **자세와 척추**

같은 자세로 유지할 때, 쉬지 않고 오랜 시간 동안 손목이 꺾이는 자세로 키보드 작업을 할 때, 손목이 작업 면 모서리에 지속적으로 압박을 받을 때, 다리 뒤쪽이 의자 모서리에 계속해서 압박을 받을 때 등이 해당된다(Cal/OSHA, 2005).

사무작업에서 근골격계질환의 원인은 목과 어깨의 긴장에서 출발한다. 목은 작업하는 동안 너무 많이 굽히지 말아야 한다. 어깨와 목 근육들이 긴장하게 되면 통증을 초래할 수 있다. [그림 9.2]는 머리의 굽힌 각도에 따라 경추에 걸리는 하중의 변화를 나타낸다. 따라서, 머리는 경추와 일직선이거나 약간 앞쪽으로 굽혀진 정도로 균형을 이루어, 몸통과 일직선이 되어야 한다.

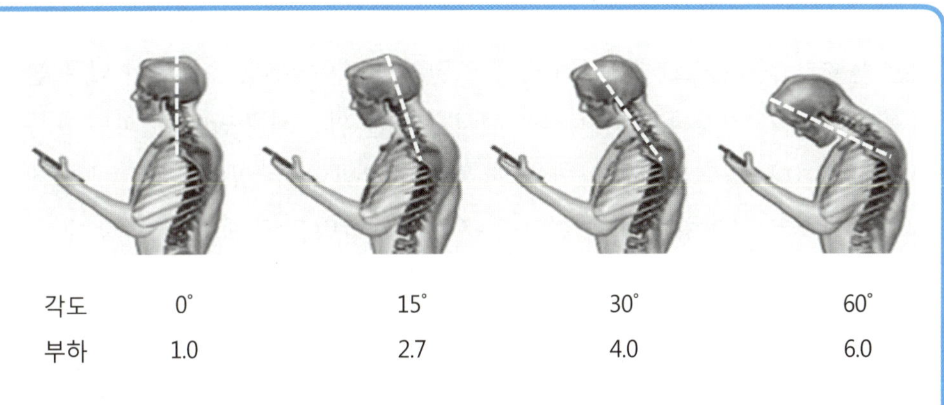

각도	0°	15°	30°	60°
부하	1.0	2.7	4.0	6.0

그림 9.2 **머리의 굽힌각도와 경추에 걸리는 하중**

어깨는 편안해야 하며, 위팔은 몸 쪽에 자연스럽게 붙인 자세에 이어야 한다. 고정된 좌식 자세를 취하면서 하는 정적 작업은 급격한 근육의 피로를 초래하게 하며, 종종 근골격계질환의 발단이 된다. 팔의 무게를 지탱하여 주면 척추의 부담을 줄여줄 수 있다. 아래팔이 지면과 수평을 이루도록 타이핑 자세를 취하면, 손목은 일직선이 되고 손가락들은 긴장이 완화된다. 손이 중립자세를 취하면 되면 근육과, 신경, 건들이 적게 긴장하게 된다(Jeong and Yoon, 2014).

좌식자세에서 다리와 발은 불편하다. 중력이 혈액을 다리나 발 아래쪽으로 향하도록 하는 경향이 있어 혈액이 심장으로 복귀하는 것을 방해하게 된다. 20~30

분 간격으로 자세를 변화하는 것이 혈액순환을 촉진시켜 피로를 막아준다. 좌식 자세는 엉덩이와 무릎, 발목 부위에서 직각을 이루는 것이 좋다. 주기적으로 자세를 변화하는 것이 중요하다. 오랫동안 한 자세로 앉아 있으면 혈액 순환을 방해하게 된다. 타이핑 작업을 계속하는 경우에는 1시간에 10분정도를 다른 일을 하는 것이 좋다. 규칙적인 스트레칭은 근육의 피로와 긴장을 감소시키는 역할을 한다.

2.2 사무공간의 설계원리

의자 높이는 발바닥이 지면에 지지되면서 대퇴부가 지면과 평행을 유지할 수 있는 높이가 적당하고, 개개인에 맞게 조절가능 해야 한다. 작업면이 너무 높으면 팔과 어깨가 긴장하게 되고, 계속해서 근육을 활동하게 만들며, 피의 흐름을 방해하게 한다. 결국은 불편하게 되고 통증을 유발할 수 있다. 또한, 이 자세는 손목이 앞으로 굽혀지게 되어 전완의 근육에도 압박을 주게 된다. 작업대가 너무 낮으면 굽는 자세를 유발하여 팔과 등이 압박을 받게 된다. 높이조절이 가능한 의자는 높이 조절용 작업대가 제공되지 않더라도 적절한 높이에서 타이핑이나, 쓰는 작업, 모니터를 보는 작업이 가능하도록 도와준다. 무릎의 뒤쪽은 의자 좌면 끝 쪽에 직접 접촉하지 않도록 한다. 좌면 깊이는 대다수의 사람들이 편안하게 사용할 수 있도록 설계되어야 한다. 큰사람들은 좌면 깊이가 큰 것을 원하고 작은 사람들은 크기가 작은 것을 원할 것이다. 작은 사람들은 좌면 깊이가 긴 의자에 앉아 무릎 뒤가 압박을 받으면 좌면 끝에 앉게 되어 등받이를 효율적으로 사용하지 못하게 된다. 큰 사람들은 좌면 깊이가 짧으면 대퇴부에 압박을 받는 자세를 취하게 된다. 좌면 깊이도 조절할 수 있도록 설계된 의자가 좋은 의자라고 할 수 있다(Jeong and Yoon, 2014).

목의 긴장은 주로 모니터의 높이, 문서의 위치, 문서 지지대의 배치 등이 부적절할 때 발생한다. 모니터의 상단 위치는 눈의 높이보다 약간 아래에 위치해야 한다. 만일 모니터의 높이가 너무 높으면 머리가 뒤쪽으로 기울어져, 목의 정렬이 벗어나면서 통증을 유발시킬 수 있다. 모니터 각도는 작업에 따라 시각을 조절할 수 있어야 한다. 스크린으로부터 모니터까지 가시거리는 46~76 cm 정도 되어야 한다.

자주 사용하는 물건은 과도한 뻗침이 발생하지 않도록 사무작업자에게 가깝고, 일정한 위치에 놓도록 책상 위의 작업 면을 배치하여야 한다. 키보드와 마우스는 전완, 손목 등이 지면과 평행이 되도록 위치해야 한다.

좌식자세에서 편안함과 통증예방을 위해서는 요추가 지지될 수 있도록 적절하게 디자인하는 것이 매우 중요하다. 등받이는 척추를 지지하는데 중요한 역할을 하므로 개인에 맞게 조절할 수 있어야 한다. 잘 설계된 등받이는 요추를 포함하여 등 전체를 지지할 뿐만 아니라 자세의 변화를 쉽게 허용할 수 있도록 설계되어야 한다. 좌식 자세에서도 서 있을 때 요추부 모양처럼 곡선이 유지되면 등에 최소한의 부하를 주게 된다. 등은 똑바로 앉거나 약간 등받이에 기대는 자세를 취할 때 요추부를 포함하여 등 전체가 지지된다. 높이를 조절할 뿐만 아니라 척추의 다른 부위도 지지할 수 있도록 배려하여 줄 때 요추부의 편안함은 매우 향상되게 된다. 항상 의자 등받이에 등을 붙이고 앉을 수 있도록 의자를 책상에 가깝게 하고, 허리 안쪽 곡선이 유지되도록 한다.

팔걸이를 사용하면 목, 어깨, 상지의 근육에 긴장을 완화시켜주는 데 효과적이므로, 적절하게 높이를 조절할 수 있도록 제공되어야 한다. 어깨가 편안한 자세가 되도록 팔걸이는 팔꿈치보다 약간 아래 위치에 놓이도록 설계되어야 한다. 만일 팔걸이가 너무 높으면 어깨가 올라가는 자세가 되어 목과 어깨에 통증을 유발할 수 있으며, 너무 낮으면 팔이 아래로 내려가 한 쪽으로 기대는 자세가 되기 쉽다(ANSI/HFES, 2007).

발이 들리거나 발바닥이 지면에 편하게 놓이지 못하면 다리의 혈액순환을 방해하게 되어 등이 불편해진다. 발바닥이 편안하게 지면에 놓일 수 없는 경우에는 발받침을 제공하여야 한다. 발받침은 다리의 움직임을 제한할 수 있으므로 높이나 각도를 조절할 수 있어야 한다.

2.3 사무공간 설계 가이드라인

우리나라는 사무공간과 관련하여 산업안전보건규칙 제667조 컴퓨터 단말기 조작업무에 대한 조치, 고용노동부 고시(제2012-72호)에선 영상표시단말기(VDT) 취급근로자 작업관리지침, KOSHA GUIDE로 사무실 작업환경 관리지침(H-64-2012), 모니터 작업의 안전에 관한 기술지침(G-54-2012), 앉아서 일하는

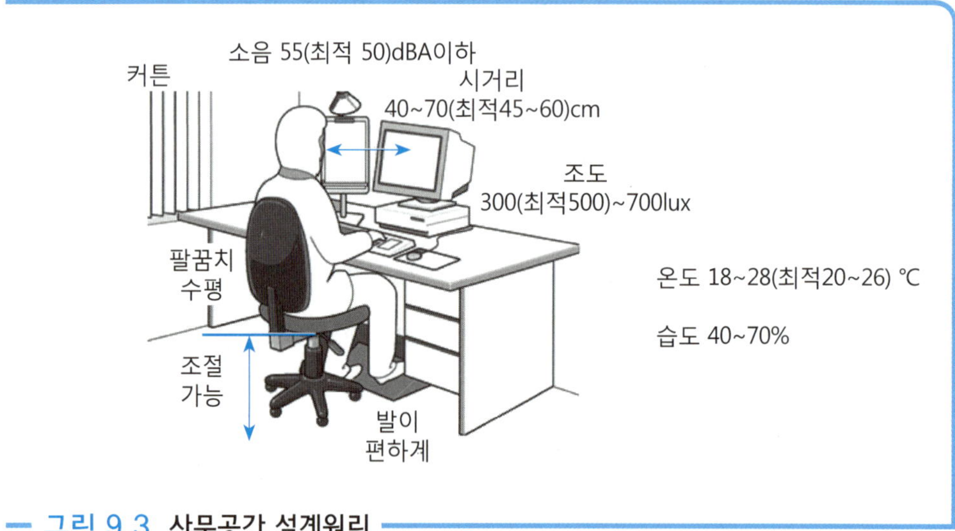

그림 9.3 **사무공간 설계원리**

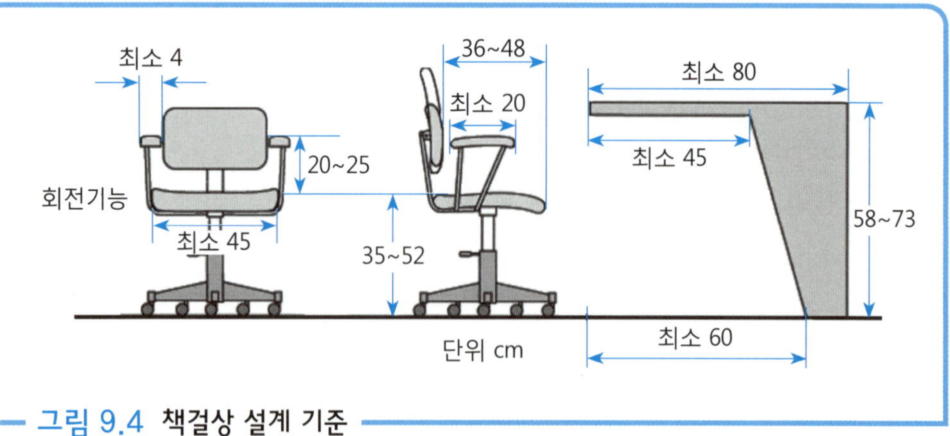

그림 9.4 **책걸상 설계 기준**

표 9.1 국내외 사무공간 관리기준

관리 항목			단위	노동부 고시 2012-72	ANSI/OSHA	HSE	OSH 3211 AFC
환경 조건	온도		℃	18~24	겨울 20~23.5 여름 23~26		17~22
	습도		%	40~70	30~60		45~75
	소음		dBA	50 이하	55이하		55이하
	조도		lux	컴퓨터 전용 300~500 사무 병행 500~700	500이상	권장 500 최소 200	컴퓨터 전용 300~500 사무 병행 500~700
조명	창문			수직배치		수직배치	창문과 수직배치
	책상						책상과 수직배치
	커튼			보유		보유	보유
모니터	시거리		cm	40 이상	45~60 50~100		40~70
	각도			가능	가능		
	높이			가능	가능		
책상	너비		cm		80이상		컴퓨터 전용 120이상 사무 병행 150이상
	깊이		cm				80이상
	다리 여유		cm		폭 76 깊이 60~80	깊이 60	폭 80 깊이 60
	높이		cm	60~70	조절 58~76 고정 68~73	66~100	조절 58~73 고정 67~70
의자	높이		cm	35~45	38~56	38~54	37~52
	깊이		cm	38~42	38~43	38~47	36~48
	너비		cm	40~45	45이상	40이상	45이상
	팔걸이	폭	cm			4이상	
		길이	cm			최소 20	
		높이	cm			20~25	

작업의 건강장해 예방에 관한 기술지침(G-30-2011) 등이 존재한다. 또한 국내에서 생산되는 사무용 의자와 책상의 치수는 한국산업규격(KS G 4101 사무용의자의 치수, KS G 4102 사무용 책상의 치수)을 충족시켜야 한다(한국표준협회, 2005).

사무공간에 관한 관리 항목들에 대하여 국내 기준과 미국 산업안전보건청 OSHA e-Tools의 'Computer Workstations', 영국HSE의 기준, 캐나다 OSH 3211 AFC 등 대표적인 국내외 기준 및 법규를 요약하면 [그림 9.3]의 사무공간 설계원리와 [그림 9.4]의 책걸상 설계 기준으로 요약할 수 있다.

사무공간에 관한 관리 항목들에 대하여 노동부고시와 ANSI/HFES, OSH 3211 AFC 등 대표적인 국내외 기준 및 법규를 요약하면 [표 9.1]과 같다.

3. 사무환경의 설계

3.1 사무 작업자와 사무실 공기질

건물의 대형화와 고층화가 진행됨에 따라 사무실의 실내 환경에 대한 관심이 모아지고 있으며, 특히 사무실의 공기질에 대한 중요성이 부각되고 있다. 건물의 에너지 절감과 열효율을 높이기 위하여 건물들은 화학물질이 포함된 단열 자재를 이용하고, 외부로의 공기가 들어오지 않도록 설계됨에 따라 환기부족 등으로 실내 공기오염이 심화되면서 빌딩증후군(SBS: Sick Building Syndrome) 등의 신종 질병이 나타나고 있다. 빌딩증후군이란 건물의 거주자가 느끼는 건강상 증세로서 인공적인 공기조절이 잘 안되고 실내공기가 오염된 상태에 흡연에 의한 실내공기 오염이 가중되고 실내온도, 습도 등이 인체의 생리기능에 부적합함으로써 생기는 일종의 환경유인성 신체증후군이라 할 수 있다.

빌딩증후군의 증상은 눈 및 인후 자극, 피로, 두통, 피부발진, 현기증, 무기력, 불쾌감 등 매우 다양하게 나타나며 작업능률을 저하시키고 기억력을 감퇴시키는 등 정신적 피로를 야기하기도 한다. 실내공간의 오염원은 매우 다양하다. 건축자재에서부터 가구, 카펫, 방향제, 화장품과 같은 생활용품, 냉난방 기기, 주방용 기기, 컴퓨터 등 사무용 기기, 화분 등 매우 다양한 오염원이 존재한다. 예컨대, 복사기, 컴퓨터 등 사무용 기기 및 가전제품에서는 휘발성 유기화합물이나 오존이 방출될 수 있고, 냉난방 기기나 주방용 기기에서 이산화질소가 방출될 수 있는 것이다. 또한, 실내의 습도나 온도 등도 간접적인 원인이 된다.

우리나라에서는 크게 실외공기와 실내공기를 양분하여, 실외공기는 「대기환경보전법」과 「수도권 대기환경개선에 관한 특별법」에 따라 관리되고 있으며, 실내 공기는 「다중이용시설 등의 실내공기질 관리법」을 비롯하여 「건축법」, 「공중위생관리법」, 「학교보건법」, 「산업안전보건법」 등 다수의 법률에 따라 관리되고 있다. 「산업안전보건법」에서는 사업주에게 근로자의 건강장해를 예방하기 위하여 필요한 조치로 작업장의 공기질 관리에 관한 조치를 하도록 의무화하고 있다. 「산업보건기준에 관한 규칙」에서는 작업유형별로 특수한 근로환경에 대

표 9.2 사무환경의 관리 항목의 발생원과 인체영향

항목	인체영향	발생원
온도	불쾌감, 집중력 감퇴 등	-
습도	불쾌감, 건조증, 면역력 감소 등	-
미세먼지	천식, 호흡기 질환, 면역기능 약화	황사, 스모그, 자동차 매연, 숯불구이, 비산먼지 등
일산화탄소	두통, 호흡대사 방해, 중독, 경련, 질식사	각종 연료의 연소, 담배연기, 주방, 자동차 등
이산화탄소	두통, 호흡 곤란, 중독, 질식	연료의 연소, 환기 부족
포름알데히드	눈 및 기관지 자극증상, 두통, 기침, 비염, 구토, 피부염	담배연기, 건축자재, 접착제, 방부제, 단열제
총휘발성 유기화합물 (TVOC)	피로감, 두통, 구토, 현기증, 중추신경 억제 등	배기가스, 주유소, 페인트, 인쇄소, 유기용제
부유세균	전염성질환, 피부질환, 호흡기질환, 폐질환	가습기, 냉방장치, 냉장고, 애완동물 등
이산화질소	호흡기, 만성 폐질환, 현기증, 중추신경계 억제	공조기, 난방기, 냉방기, 취사용 시설, 흡연,
오존	기침, 두통, 폐렴, 기관지염, 알레르기성 질환 등	배기가스, 주유소, 유기용제, 스프레이, 세탁소
석면	피부질환, 호흡기질환, 석면증, 발암물질	단열재, 절연재, 석면타일, 석면 브레이크, 방열재 등

한 기준을 정하고 있음은 물론, 일반적인 실내 환경에 해당하는 '사무실' 내의 공기오염에 관한 기준 등을 정하고 있다(정병용 외, 2013).

사무실의 사무환경에서 관리할 공기질 항목들의 발생원과 인체에 미치는 영향을 요약하면 [표 9.2]와 같다.

3.2 사무실 공기질 관련 기준

[표 9.3]는 우리나라의 실내 공기질에 관한 법령별 관리현황을 나타내는데, '산업안전보건법'을 비롯하여, '다중이용시설 등의 실내공기질관리법', '학교보건법', '공중위생관리법' 등의 법률에 관한 소관부처, 관리대상 시설, 관리해야할 물질 등을 제시하고 있다.

공기질을 규제하는 법령이 다수 존재하고, 해당 법령마다 규제하는 오염물질

표 9.3 법령별 공기질 관리현황

근거법령	소관부처	관리대상시설	오염물질
산업안전보건법 산업보건기준에 관한 규칙 사무실 공기관리 지침	고용노동부	사무실	9개 항목(미세먼지, 이산화탄소, 포름알데히드, 총부유세균, 일산화탄소, 이산화질소, 총휘발성유기화합물, 석면, 오존)
다중이용시설 등의 실내공기질관리법	환경부	다중이용시설 신축공동주택	10개 항목(미세먼지, 이산화탄소, 포름알데히드, 총부유세균, 일산화탄소, 이산화질소, 라돈, 휘발성유기화합물, 석면, 오존)
학교보건법	교육과학기술부	학교	12개 항목(미세먼지, 이산화탄소, 포름알데히드, 총부유세균, 낙하세균, 일산화탄소, 이산화질소, 라돈, 총휘발성유기화합물, 석면, 오존, 진드기)
공중위생관리법	보건복지부	공중이용시설	4개 항목(미세먼지, 일산화탄소, 이산화탄소, 포름알데히드)

과 오염물질별 관리기준이 다르고, 관리기준의 법적 구속력이 있고 없음이 나뉘어 있기 때문에 혼란이 있고, 제도의 실효성을 저하시키는 요인이 되고 있다. 법조계에서는 오염물질의 종류나 공기질 기준의 불일치가 해당 법령의 입법목적과 적용을 받는 시설의 특성이나 해당 시설을 주로 이용하는 사람의 특성에 따른 보호의 필요성과 정도의 차이를 고려하여 이루어진 합리적인 차별 규제로 이해하는 쪽도 있지만, 다른 한편으로는 종래 실내 공기질 규제에 관한 종합적이고 체계적인 계획이 부재하는 상황에서 이루어진 분절적 · 대증적 입법의 결과로 보기도 한다.

[표 9.4]는 우리나라의 법령별 공기질 관리기준을 요약한 것이다.

표 9.4 법령별 공기질 관리기준

관리 항목	단위	다중이용시설 등의 실내공기질 관리법	공중위생 관리법	산업안전 보건법	학교보건법
미세먼지	$\mu g/m^3$	100~200	150	150	100
이산화탄소	ppm	1,000	1,000	1,000	1,000
포름알데히드	$\mu g/m^3$	100	120	120	100
총부유세균	CFU/m^3	800	-	800	800
일산화탄소	ppm	10~25	25	10	10
이산화질소	ppm	0.05~0.30	-	0.05	0.05
라돈	pCi/l	4.0	-	-	4.0
총휘발성 유기화합물 (TVOC)	$\mu g/m^3$	400~1,000	-	500	400
오존	ppm	0.06~0.08	-	0.06	0.06
석면	개/cc	0.01	-	0.01	0.01

연습문제

1. 다음 중 좌식 자세에 대한 설명으로 올바르지 않은 것은?
   ① 중립자세는 신체의 자연스러운 정렬에 의존한다.
   ② 척추는 귀와 어깨, 엉덩이가 일직선일 때 똑바로 정렬된다.
   ③ 선 자세에서 척추가 정렬되면 체중이 몸에 균등하게 분포된다.
   ④ 의자가 허리를 적절하게 지지해주면 척추의 아랫부분은 편평해진다.

2. 다음 중에서 근골격계질환을 유발할 수 있는 자세가 아닌 것은?
   ① 부적절한 자세로 작업할 때
   ② 오랜 시간 움직임 없이 같은 자세로 유지할 때
   ③ 손목이 작업 면과 나란히 유지되며 작업할 때
   ④ 다리 뒤쪽이 의자 모서리에 계속해서 압박을 받을 때

3. 다음 중에서 실내 공기질에 관한 법규와 거리가 먼 것은?
   ① 대기환경보전법 ② 공중위생관리법
   ③ 학교보건법 ④ 산업안전보건법

4. 다음 중 사무환경과 관련된 관리 항목에 관한 설명으로 부적절한 것은?
   ① 오존은 구폐증이나 진폐증을 유발할 수 있다.
   ② 일산화탄소는 집중력 저하나 폐질환 등을 가져올 수 있다.
   ③ 총휘발성유기화합물은 접착제나 건축자재, 화장품 등에서 발생한다.
   ④ 부유세균은 냉방장치나 가습기 등에서 유발된다.

5. 다음 중에서 산업안전보건법의 사무실 공기관리 지침에서 관리해야 할 오염물질이 아닌 것은?
   ① 총부유세균 ② 미세먼지 ③ 라돈 ④ 이산화탄소

연습문제 해답 : 1. ④, 2. ③, 3. ①, 4. ①, 5. ③

6. 다음 중 가습기, 냉방장치, 냉장고 등에서 유발될 수 있는 물질로 전염성질환, 호흡기질환, 폐질환 등을 일으킬 수 있는 물질은?

① 부유세균 ② 오존 ③ 라돈 ④ 이산화탄소

7. 다음 중 건물의 거주자가 오염된 실내공기에 의하여 생기는 환경유인성 신체증후군을 뜻하는 용어는?

① 근골격계질환 ② 빌딩증후군

③ 직무스트레스 ④ 누적외상병

8. 다음 중 사무공간의 설계원칙과 거리가 먼 것은?

① 의자 높이는 대퇴부가 지면과 평행을 유지할 수 있도록 발바닥이 지면에 지지되어야 한다.

② 작업면이 너무 낮으면 팔과 어깨가 긴장하게 된다.

③ 의자 등받이에 등을 붙이고 앉을 수 있도록 의자를 책상에 가깝게 하여 앉는다.

④ 어깨가 편안한 자세가 되도록 팔걸이는 팔꿈치보다 약간 아래 위치에 놓여져야 한다.

9. 다음 중 사무공간의 설계원리와 거리가 먼 것은?

① 창문과 책상은 수직이 되도록 배치한다.

② 조명과 책상은 수평이 되도록 배치한다.

③ 책상은 다리 여유 공간으로 60cm 이상 확보하여야 한다.

④ 팔걸이의 최소 높이는 책상 밑으로 넣을 수 있어야 한다.

연습문제 해답 : 6. ①, 7. ②, 8. ②, 9. ②

실습문제

1. 다음 체크리스트를 이용하여 현재 근무하고 있는 사무실의 사무환경이 개선할 요소가 있는가를 검토하시오.

관리 항목		단위	권장 기준	적합여부
환경조건	온도	℃	18~28 (겨울 18이상, 여름 28이하)	
	습도	%	40~70 (겨울 40이상, 여름 70이하)	
	소음	dBA	55 이하	
	조도	lux	컴퓨터 작업 전용 300~500 사무 작업 병행 500~700	
조명	창문배치		창문과 책상은 수직이 되도록 배치	
	커튼		커튼, 블라인드 설치	
모니터	시거리	cm	40~70	
	각도조절		각도 조절 가능	
	높이조절		높이 조절 가능	
책상	너비	cm	컴퓨터 작업 전용 120 이상 사무 작업 병행 150 이상	
	깊이	cm	70이상	
	다리여유	cm	깊이 60 이상	
	높이	cm	조절 가능 권장(팔꿈치 편한 높이)	
의자	발받침		발이 바닥에 닫지 않는 경우 보유	
	높이	cm	조절 35~52	
	깊이	cm	조절 기능 권장(36~48)	
	너비	cm	45 이상	
	목받침		높이조절 기능 보유	
	등받이		각도조절 기능 보유	
	팔걸이		높이조절기능 보유 (최소높이는 책상 밑으로 넣을 수 있어야 함)	
	회전기능		회전 기능 보유	
	이동 바퀴		5개 이상 바퀴 보유	

제4부

시간연구

제 10 장 표준시간

제 11 장 Work sampling

제 12 장 표준 자료와 MTM

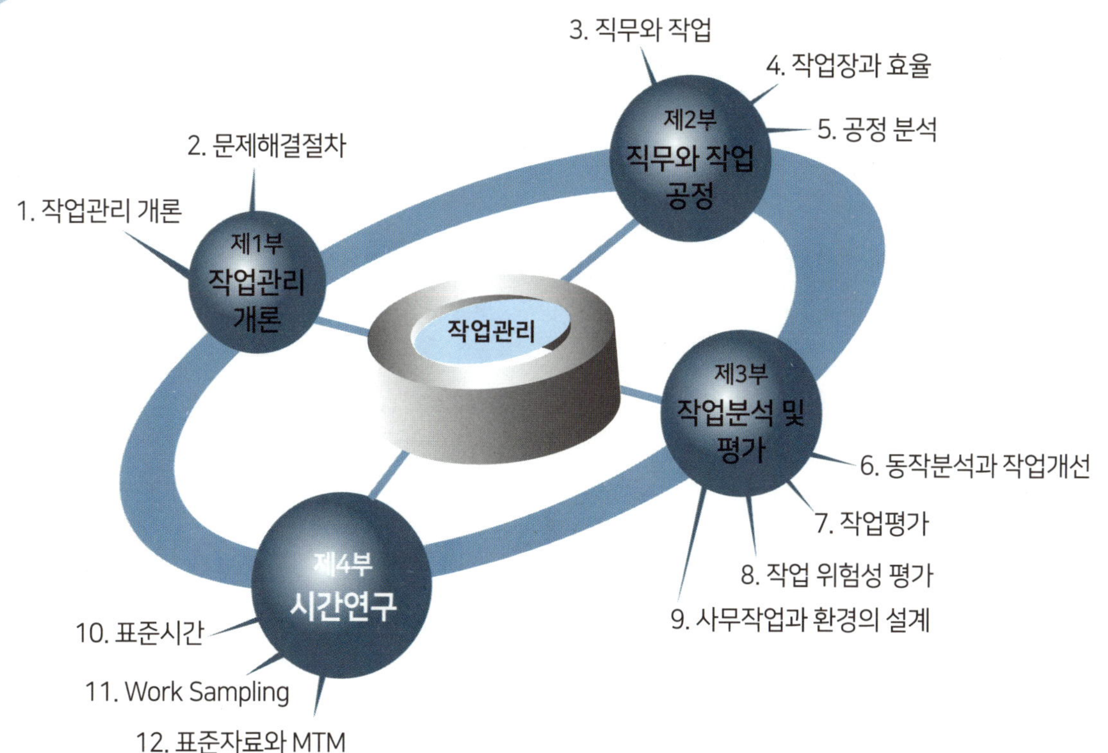

제 10 장

표준시간

1. 표준시간 산정절차
2. 시간 연구법
3. 레이팅과 정미시간
4. 여유율과 표준시간

1. 표준시간 산정절차

1.1 표준시간의 정의

작업 개선으로 작업자가 피로를 덜 느끼며 쉽게 작업을 하게 되면 단위시간당 생산량이 증가하여 생산성이 향상된다. 생산성의 향상은 제품의 개당 원가를 줄이는 효과를 주며, 이는 제품의 경쟁력을 높여 판매량의 향상을 가져온다. 판매량의 증가는 경영자에게는 이익의 확대로 이어지며, 근로자에게로의 이익 환원은 임금 향상이라는 결과를 가져오게 된다. 결국 작업 개선은 경영자와 근로자 모두에게 이익이 될 수 있다.

작업 측정(work measurement)은 특정한 작업을 수행하는 데 소요되는 시간과 관계된 내용을 연구하는 분야로 주로 표준 작업 조건하에서 표준시간을 결정하는 데에 관심을 두고 있다.

표준시간(standard time)이란 표준화된 작업 조건(환경, 설비)하에서 일정한 작업 방법(표준 작업 방법)에 따라서 보통 정도의 숙련된 작업자가 정상적인 속도(표준 작업 속도, 노력의 정도)로 작업을 수행하는 데 필요한 시간이다. 표준시간은 보통 작업자가 보통 속도로 작업할 때 장기적인 관점에서 제품 1개를 만드는 데 얼마나 시간이 걸리느냐를 평균 개념으로 환산한 추정치라고 볼 수 있다. 따라서 제품 1개를 만들고 끝나는 개념이 아니라, 대량 생산의 관점에서 반복하여 생산할 때 계속 작업에 의해 발생되는 불가피한 지연까지도 포함하여 평균적으로 제품 1개를 생산하는 데 얼마나 걸리느냐를 신뢰성 있게 추정한 평균시간의 추정치라고 볼 수 있다. 통계학적 관점에서 표준시간의 산정 문제는 관측시간치의 평균값의 추정 문제로 볼 수 있다.

1.2 표준시간의 구성 및 용도

표준시간은 8시간의 정상 작업을 기준으로 정하기 때문에 작업에 직접 소요되는 정규 작업시간과 계속 작업을 함으로써 발생하는 비정규적인 지연시간으로 구분할 수 있다[그림 10.1]. 작업에 소요되는 정규 작업시간은 보통 속도를 기준으로 정미시간이라 부르며, 작업시간과 준비, 마무리 시간으로 구분된다. 작업시간은 생산에 직접 기여하는 주 작업(가공, 절삭, 조립, 분해 등)시간과 간접적으로 생산에 기여하는 부수 작업(재료 청소, 제품 청소 등)시간으로 구성된다. 준비, 마무리 시간은 보통 1로트 작업에 1회 발생한다. 비정규적인 지연시간은 여유시간이라 부르며, 작업자의 생리적 피로 회복을 보상하기 위한 인적 여유시간과 관리상 필요한 비인적 관리 여유시간으로 구분한다.

표준시간은 단위당 생산에 필요한 소요시간을 제공함으로써 생산 일정 계획의 기본 자료로 이용될 수 있다. 또한 보통 속도에 대한 기준을 제시함으로써 노동 표준으로 이용될 뿐만 아니라 능률급을 결정하는 데에도 이용될 수 있다.

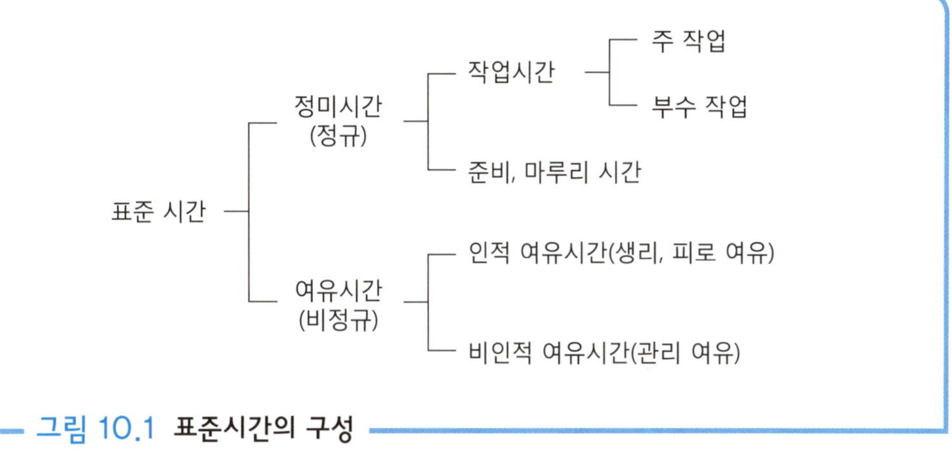

그림 10.1 **표준시간의 구성**

1.3 표준시간의 산정

표준시간의 산정 방법은 ① 과거 자료나 경험에 의한 방법, ② 직접 측정 방법, ③ 간접 측정 방법으로 분류할 수 있다.

과거의 자료나 경험에 의한 방법은 과거 자료를 이용하거나 작업 조건, 방법, 수행도 등을 고려하여 수정하거나 전문가의 경험을 이용하는 방법으로 비용이 저렴하고 산정시간을 절약할 수 있는 장점이 있다. 그러나 작업 여건의 변화 사항을 반영하지 못할 가능성이 존재한다.

직접 측정 방법은 연속적인 측정 방법인 시간 연구법과 간헐적 측정 방법인 워크 샘플링으로 구분할 수 있다.

간접 측정 방법은 표준시간에 관련된 실적 자료를 분석하여 함수 관계식이나

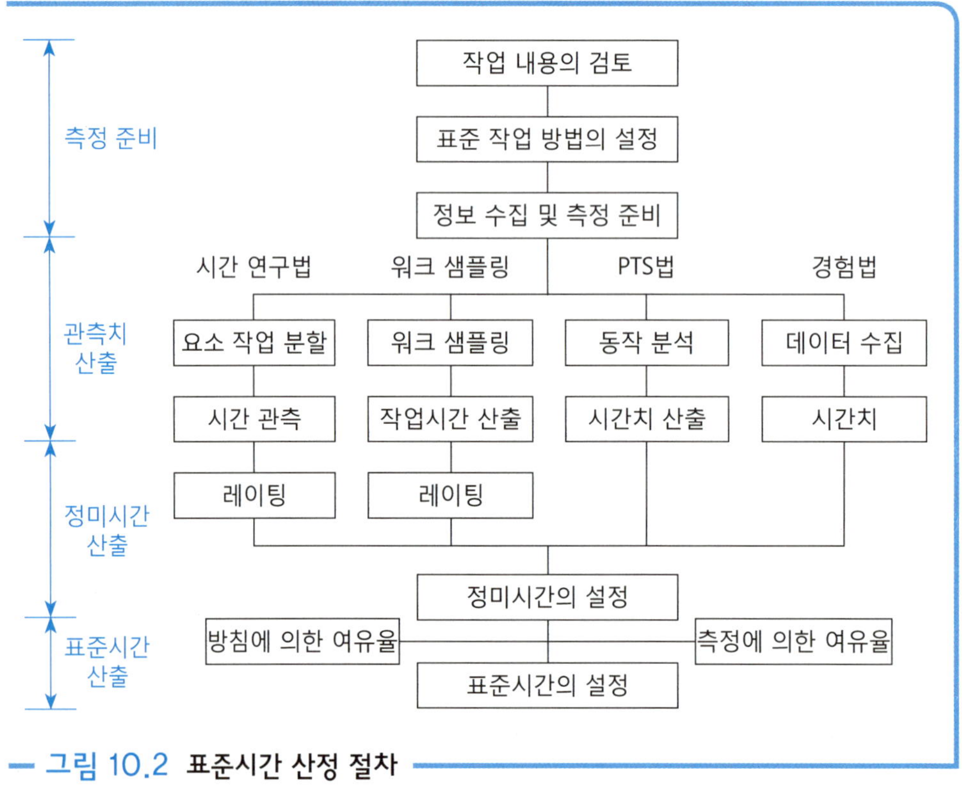

그림 10.2 **표준시간 산정 절차**

도표로 나타내어 이용할 수 있도록 한 방법으로 표준자료법이나 PTS법 등이 해당된다.

표준시간의 산정 절차는 [그림 10.2]와 같이 요약할 수 있다.

1. 측정 준비 단계는 표준시간 측정을 위한 작업 내용을 검토하여 표준 작업 방법을 정의하고, 생산 수량, 작업 환경 및 조건 등을 고려하여 어떤 방법으로 측정할 것인가를 정하는 단계이다. 또한 정해진 방법에 필요한 자료나 장비들을 준비하여야 한다.
2. 관측시간치의 산출 단계는 정한 방법에 따라 관측시간치의 산술 평균값이나 작업시간의 추정치를 구하는 단계이다. 동작 분석에 의해 요소 작업으로 분할된 작업들에 대하여 작업 측정 및 분석 과정이나 표준 자료의 적용 등을 통하여 시간치를 산출한다.
3. 정미시간의 산출 단계에서는 관측이나 표준 자료 등으로부터 레이팅을 고려하여 정미시간을 정한다. 즉, 관측시간치의 평균에 해당하는 값을 보통 속도로 변환한 정미시간을 구하는 단계이다.
4. 마지막으로 표준시간의 산출 단계에서는 정미시간에 여유율을 고려하여 표준시간을 구한다.

2. 시간 연구법

2.1 시간 연구법 개요

시간 연구법은 측정 대상 작업의 시간적 경과를 스톱워치, 전자식 타이머나 VTR 카메라 등의 기록 장치를 이용하여 직접 관측하여 표준시간을 산출하는 방법이다.

시간 연구법은 연속적으로 대상 작업을 직접 관측하여 작업시간을 측정한 뒤, 전체 작업시간에 대한 평균 추정치를 구하는 문제로 볼 수 있다. 따라서 평균에 관한 추정치의 신뢰성을 높이기 위하여 누구를 대상으로 관측할 것인가, 어떻게 작업시간을 구분하여 측정할 것인가, 몇 번을 관측할 것인가 등에 관한 문제를 검토하여야 한다.

시간연구 대상자는 충분한 숙련도를 가진 작업자 중에서 측정 목적에 호응하며, 협력적인 자세를 가진 작업자를 1~2명 선발하여 측정한다. 표준시간은 보통 정도의 숙련도를 기준으로 정하기 때문이다.

작업시간을 어떻게 구분하여 측정할 것인가 하는 문제에서는 작업 전체를 하나로 묶어 측정하면 요소 작업의 변경시마다 모두를 다시 측정해야 하는 문제가 발생한다. 따라서 요소 작업으로 구분하여 측정하는 것이 유리하다. 요소 작업으로 분할하여 측정하면 작업 내용을 명확하게 기술하여 규정할 수 있어서 요소 작업별 시간치를 이용하여 표준 자료 개발에 이용할 수 있으며, 작업 변경이 있을 경우에는 변경된 요소 작업만을 다시 측정하면 된다. 또한 요소 작업마다 레이팅(작업 수행도)과 여유율을 다르게 산정할 수 있어서 작업 상황을 더 현실적으로 반영할 수 있다.

요소 작업의 분할 원칙은 다음과 같다.

① 작업 진행 순서에 따라 측정 범위 내에서 가능한 한 작게 분할한다.
② 규칙적 요소 작업과 불규칙적 요소 작업으로 분할한다.
③ 작업자 작업과 기계 요소 작업으로 구분하여 분할한다.
④ 상수 요소 작업과 변수 요소 작업으로 구분하여 분할한다.

요소 작업으로 분할하여 측정할 경우에 관측 회수를 몇 번으로 할 것인가에 관한 검토도 필요하다. 요소 작업으로 작게 분할하더라도 ① 작업자의 동작이 완전하게 같지 않고, ② 재료, 가공 조건, 작업 환경 등이 균일하지 않을 수 있으며, ③ 관측자의 관측 오차 등이 존재할 수 있어 요소 작업의 시간치는 변동하게 된다. 따라서 신뢰성을 높이기 위해서는 충분한 관측 회수를 확보하는 것이 중요하다.

2.2 시간 자료의 기록

시간 연구법에 의하여 요소 작업시간을 관측하는 경우에 관측자는 작업자로부터 1.5~2m 정도 뒤쪽의 옆에 서서 작업자를 방해하지 않도록 관측한다. 비디오를 이용하여 작업내용을 촬영한 뒤 작업측정 시간을 도출할 수 있지만, 초시계를 가지고 관측용지에 시간을 기록하는 절차가 시간자료의 처리과정을 논리적으로 이해할 수 있으므로 이 책에서는 소개하고자 한다.

시간 관측치를 기록하는 방법은 계속법과 반복법이 주로 이용된다.

계속법(continuous method)은 요소 작업이 끝날 때마다 누적시간을 읽는 방법이다. 시계를 돌리지 않아도 되어 짧은 요소 작업을 측정할 수 있으므로 선호되는 방법이다. 관측이 끝난 후에는 누적시간들로부터 개별시간을 산출한다.

반복법(snapback method)은 각 요소 작업의 시간을 측정할 때마다 시계를 원점으로 되돌려 놓고 작동시켜 개별시간을 측정하는 방법이다.

시간 연구법에서는 [표 10.1]의 관측 용지를 이용하여 관측시간을 다음과 같은 방법으로 기록하면 작업내용과 상황을 이해하는데 편리하다.

작업 순서에 따라 요소 작업명을 요소 작업 란에 기입한다.

계속법에 의해 측정한 누적시간은 R(reading) 란에 기록하며, 개별시간은 T(time) 란에 기록한다. 현장에서 측정자료를 기입할 때는 누적시간을 기입하면 자리수가 계속 커지기 때문에, 윗 자리수에 해당하는 분 단위나 초 단위 숫자를 생략하여 기록하고 윗 자리수는 단위가 달라질 때에만 기록한다.

관측자가 측정을 하지 못한(missed reading) 요소 작업은 R 란에 M을 기록하며, 이 경우에는 전 후의 개별시간을 산정하지 못하게 된다.

작업자가 작업을 생략한 경우(operator missing element)에는 R 란에 –를 기록한다. 이 경우에는 다음 요소 작업부터 개별시간을 구할 수 있다.

작업 순서가 바뀐 경우에는 R 란에 종료 시점/시작 시점으로 기록한다.

작업자가 물을 마시거나, 공구 파손, 직장의 조언 등과 같이 작업 외적인 요소가 발생하는 경우에는 외래 요소(foreign element)라고 하여 T 란에 알파벳을 이용

표 10.1 시간 관측 용지

공정명 :
날 짜 : 년 월 일

요소 작업														
번호	1		2		3		4		5		6		7	
반복	T	R	T	R	T	R	T	R	T	R	T	R	T	R
1														
2														
3														
4														
5														
6														
7														
8														
9														
10														
합계														
관측 회수														
평균														
레이팅														
정미시간														
여유율														
표준시간														

외래 요소			
	R	T	내용
A			
B			
C			
D			
E			

하여 기록한다. 외래 요소 란에는 해당 알파벳의 R 란에 종료 시간/시작 시간을 기록하고 지연 내용을 기록한다. 땀 닦기 등과 같은 짧은 외래 요소는 발생 요소 작업시간을 원으로 둘러싸서 표시한다.

전체 요소 작업에 대한 측정이 끝나면 개별시간을 계산하여 기록한다.

사례 10.1 시간 측정 자료 기록하기

T셔츠에 지퍼를 다는 작업의 요소 작업은 다음과 같이 구분된다.

1(지퍼 달기) → 2(지퍼 작동 검사) → 3(실 마무리)

표준시간을 산출하기 위하여 3개의 요소 작업을 20회 측정하였으며, 처음 4사이클에 대한 작업 측정 자료가 [표 10.2]와 같다. [표 10.2]를 이용하여 시간 관측 용지에 기록하면 [표 10.3]과 같으며, 개별시간을 계산하면 [표 10.4]와 같은 결과를 얻을 수 있다.

표 10.2 작업 측정 결과표

사이클	요소 작업	누적시간	비고
1	1	10	
	2	25	
	3		관측자가 측정 못함
2	1	40	
	2		작업자가 생략함
	3	45	
3	2	61	작업순서 바꿈
	1	70	
	3	75	
4	1	85	
	2	125	직장과 대화(85에 시작, 110에 종료)
	3	131	작업 중 땀을 닦음

표 10.3 시간 관측 용지에 기록하기

요소 작업	지퍼 달기		작동 검사		실 마무리	
번 호	1		2		3	
반 복	T	R	T	R	T	R
1		10		25		M
2		40		-		45
3		70/61		61/45		75/70
4		85	A	125		31

외래 요소			
A	110		직장과 대화
	85		

표 10.4 개별시간의 계산

요소 작업	지퍼 달기		작동 검사		실 마무리	
번 호	1		2		3	
반 복	T	R	T	R	T	R
1	10	10	15	25		M
2		40		-	5	45
3	9	70/61	16	61/45	5	75/70
4	10	85	A 15	125	6	31

외래 요소			
A	110	25	직장과 대화
	85		

2.3 관측 회수의 결정

관측 회수의 결정은 ① 통계학적 관점, ② 의사 결정론적 관점에서 접근할 수 있다.

2.3.1 통계학적 관점

통계학적 관점에서 볼 때, 전체 작업에 대한 표준시간의 산출 문제는 요소 작업별로 작업시간의 평균치를 추정한 후에 이들을 합하여 전체 작업시간의 평균치를 구하는 문제로 볼 수 있다.

일반적으로 측정한 자료들은 [그림 10.3]과 같이 종 모양을 갖는 정규분포를 따른다. 또한 정규분포를 따르지 않더라도 샘플수가 많아지면 중심 극한의 정리에 의하여 정규분포로 근사화 할 수 있다.

요소 작업별 시간치도 자료를 모아보면 평균 부분에 많이 몰려 있고, 늦거나 빠른 자료는 적은 형태의 정규분포를 따른다. 정규분포는 종 모양의 전체적인 치우침을 나타내는 평균과 종의 퍼진 정도를 나타내는 분산(표준편차)으로 모양이 결정된다. 즉, 분산은 자료의 불규칙한 정도를 나타낸다. [그림 10.3]에서 보면 B와 C그룹은 A그룹보다 평균이 크고, C그룹은 A, B그룹보다 분산이 큰 것을 볼 수 있다. 표준시간을 결정하는 문제도 평균에 관한 추정치를 구하는 문제가 되므로 요구하는 신뢰도를 만족하기 위해서는 관측 회수를 얼마로 할 것인가를 고려하여야 한다. [그림 10.3]에서 보는 바와 같이 분산이 커지면 자료가 불규칙해지

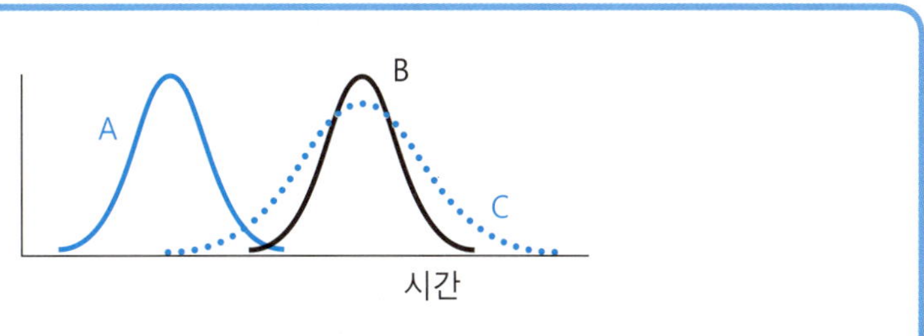

그림 10.3 정규분포의 특성

므로 더 많은 관측을 하여야 신뢰성 있는 평균치를 구할 수 있다.

통계학적인 측면에서 관측 회수 문제를 접근하여 보자.

A라는 요소 작업의 분포(X라 표현하자)가 평균이 μ, 분산이 σ^2인 정규분포를 따를 때, $X \sim N(\mu, \sigma^2)$, 관측에 의해 요소 작업의 시간을 추정하는 문제는 n번 샘플을 취하여(X_i라 표현하자) 모평균인 μ를 추정하는 문제가 된다.

A 요소 작업시간의 i번째 샘플 값, $X_i \sim N(\mu, \sigma^2)$, $i = 1, 2, \cdots, n$

$$\frac{\sum X_i}{n} = \overline{X} \simeq N\left(\mu, \frac{\sigma^2}{n}\right)$$

$$\frac{\sqrt{n}(\overline{X} - \mu)}{S} \sim t_{n-1}$$

$$\text{여기에서 } S = \sqrt{\frac{\sum (X_i - \overline{X})^2}{n-1}}$$

요소 작업의 샘플 시간치에 관련된 분포는 t 분포를 따른다. 관측에 의해 구하려하는 평균치의 추정값이 허용오차 I, 신뢰도(confidence level) C = 1 − α를 만족한다고 가정하자. 만일 추정하려는 평균값의 오차를 ±I 로 할 경우 1 − α의 신뢰도(α를 유의수준이라 함)를 갖는 관측 회수(n)는 신뢰구간을 이용하여 구할 수 있다.

$$P(-I \le \overline{X} - \mu \le I) = C$$

$$P\left(-\frac{\sqrt{n}I}{S} \le \frac{\sqrt{n}(\overline{X} - \mu)}{S} \le \frac{\sqrt{n}I}{S}\right) = C$$

$$P\left(-t_{\alpha/2, n-1} \le \frac{\sqrt{n}(\overline{X} - \mu)}{S} \le t_{\alpha/2, n-1}\right) = C = 1 - \alpha$$

$$\therefore \frac{\sqrt{n}I}{S} = t_{\alpha/2, n-1} \qquad \therefore n = \frac{S^2 \cdot t^2_{\alpha/2, n-1}}{I^2}$$

수식에서 보면

관측 회수 = f(표본편차, 허용오차, 신뢰도 또는 유의수준)

로 표현되며, 표본편차와 신뢰도가 클수록, 허용오차가 작을수록 관측 회수는 커진다.

정리를 하면, 표준시간 추정 문제는 정규분포를 따르는 요소 작업의 시간치에 관한 모집단 분포에서 샘플을 취하여 평균을 추정하는 문제가 되며, 분산이 알려져 있지 않으므로 표본 샘플의 분포는 t 분포를 이용하여 구한다.

요소 작업이 여러 개인 경우에 관측 회수의 결정 절차는 다음과 같다.

① I(허용오차)와 C(신뢰도)를 정한다.

일반적으로 신뢰도는 95% 또는 90%($\alpha = 0.05$ 또는 0.1)를 사용한다.

허용오차는 절대 정도에 의해 ±I초로 정하거나 상대 정도에 의해 평균의 ±I%로 정하기도 한다.

② 임의로 n번 예비 관찰

③ 각 요소 작업으로부터 표준편차 S_i와 허용오차 I_i, t 분포 값을 계산한다.

$$S_i = \sqrt{\frac{\sum (X_i - \overline{X})^2}{n-1}}$$

④ 요소 작업별 요구되는 관측 회수(N_i) 계산

$$N_i = \frac{S_i^2 \times t^2_{\alpha/2,\, n-1}}{I_i^2}$$

⑤ 모든 요소 작업의 허용오차와 신뢰도를 만족하는 관측 회수(N)는 요소 작업별로 요구되는 관측 회수에서 제일 큰 것($N = \max N_i$)을 선택하면 된다. 현재까지 측정한 관측 회수 과 요구되는 관측 회수 N을 비교하여 추가 관측이 필요하면 관측한다.

$n < N$이면 관측 계속

$n \geq N$이면 추가 관측 필요 없음

사례 10.2 통계학적 측면의 관측 회수 구하기

요소 작업이 4개인 공정에 대한 10번의 시간 관측 결과 평균과 표준편차를 Excel을 이용하여 구하였다. 신뢰도를 90%(α =0.05), 허용오차는 상대 허용오차로 평균의 ±5%로 한다. 이 경우의 요소 작업별 관측 회수를 구하면 [표 10.5] 전체 요구되는 관측 회수는 18이 됨을 볼 수 있다. 현재까지 10번의 관측을 하였으므로 추가 관측이 필요하다고 볼 수 있다($t_{0.05,\ 9}$=1.833).

표 10.5 관측 회수 결정

요소 작업	1	2	3	4
관측치 평균	12.6	7.8	2.4	8.9
표준편차	1.1	0.9	0.25	1.0
I = 0.05×평균	0.63	0.39	0.12	0.445
N_i	10.2	17.9	14.6	17.0

2.3.2 의사 결정론적 관점

관측은 비용을 수반한다. 관측 비용뿐 아니라 부정확한 정보로 인하여 잘못된 의사 결정을 함으로써 발생하는 비용도 있을 수 있다. 따라서 일반적인 샘플링 문제에서 중요한 의사 결정을 위해서는 많은 표본수를 요구한다. 시간 연구에서는 ① 주기시간이 짧거나, ② 연간 생산량이 많거나, ③ 부정확한 정보로 인한 손실이 클수록 관측 회수를 크게 해야 한다.

Niebel(1992)은 연간 생산량과 주기시간에 따라 관측 회수를 제안하였으며 [표 10.6]과 같다.

표 10.6 연간 생산량과 주기시간에 따른 관측 회수

주기시간 (분)	연간 생산량			
	< 1,000	1,000~5,000	5,000~10,000	> 10,000
< 1	40	45	50	60
1 ~ 2	25	30	35	40
2 ~ 5	18	20	22	25
5 ~ 10	15	16	18	20
10 ~ 20	9	10	11	12
20 ~ 40	7	8	9	10
40 ~ 60	5	6	7	8
> 60	3	4	5	6

2.4 이상치의 제거

측정한 요소 작업 시간치에는 불필요한 동작이나 잘못된 동작 등에 의하여 특별히 작거나 큰 이상치(outlier)가 존재할 수 있다. 일반적으로 평균을 중심으로 $\pm 2\sigma$, 또는 $\pm 3\sigma$를 관리 상한 또는 하한이라 정의하고(실제 측정치에서는 $\overline{X} \pm 2S$ 또는 $\overline{X} \pm 3S$를 이용), [그림 10.4]와 같이 관리 한계선을 벗어난 자료를 이상치라고 한다. 시간 관측치 중에서 이상치가 존재하면 제거한 후에 다시 평균과 표준

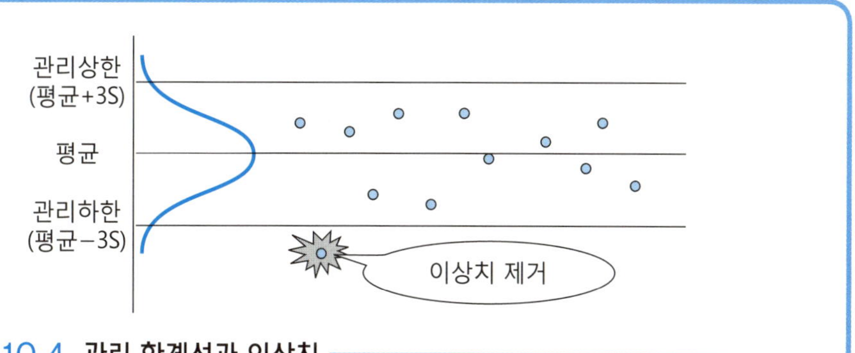

그림 10.4 관리 한계선과 이상치

편차, 관측 회수 등을 구하고, 새로 구한 관리 한계선 안에 요소 작업 시간치들이 모두 포함되는가를 다시 살펴봐야 한다.

이상치를 제거하는 이유는 나올 가능성이 없는 자료가 들어감으로써 평균치에 많은 영향을 주어 실제 평균을 왜곡시킬 수 있기 때문이다. 즉, 이상치를 제거하면 신뢰성이 높은 추정치를 얻을 수 있다.

2.5 시간 관측 절차 요약

2.5.1 통계학적 관점의 절차

통계학적 관점에서 관측 회수를 정하는 경우에 시간 관측 절차는 [그림 10.5]와 같다. 통계학적인 측면에서의 관측 회수 결정은 요구되는 신뢰도와 허용오차 등을 통계적인 측면에서 확보할 수 있다는 장점이 있다.

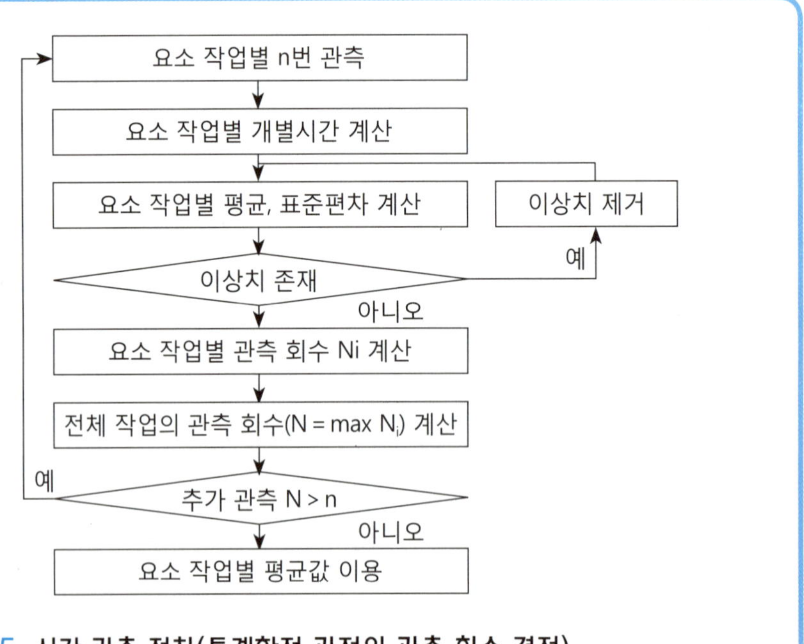

그림 10.5 시간 관측 절차(통계학적 관점의 관측 회수 결정)

2.5.2 의사 결정론 관점의 절차

의사 결정론 관점에서 관측 회수를 정하는 경우에 시간 관측 절차는 [그림 10.6]과 같다. [표 10.6] 등을 이용하여 관측 회수를 정한 후에 시간 관측을 하고, 자료 중에서 이상치만을 제거하면 되므로 통계학적 관점의 절차보다는 간단하다.

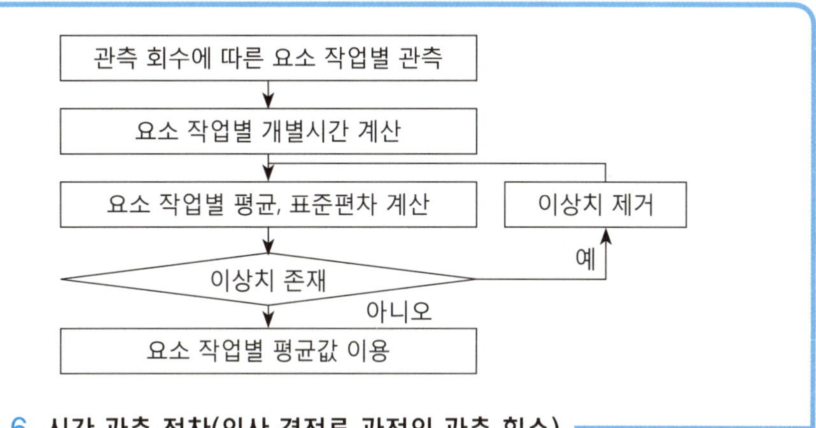

그림 10.6 시간 관측 절차(의사 결정론 관점의 관측 회수)

사례 10.3 Excel을 이용한 관측 시간치의 이상치의 제거 및 평균 구하기

7개의 요소 작업으로 이루어진 공정의 10회 관측 결과, 시간 관측 용지의 R 란에 기록된 누적 시간치가 [표 10.7]과 같다. 관측 시간치 중에서 $\overline{X}\pm 2S$를 벗어나는 자료를 이상치로 처리할 때, Excel을 이용하여 시간 관측치에 대한 개별시간과 평균, 표준편차, 관리 상한, 관리 하한을 구한 후에 이상치를 제거하여 최종적인 평균을 구하여 보자.

Excel을 이용하여 누적시간을 기록하면 [표 10.8]과 같다.

표 10.7 관측 용지의 R 란 기록

		요소 작업						
		1	2	3	4	5	6	7
반복	1	10	17	21	26	40	43	49
	2	59	66	70	75	90	93	99
	3	109	16	21	27	41	44	50
	4	59	66	70	-	84	87	94
	5	205	12	16	21	35	38	45
	6	54	62	66	72	87	91	98
	7	308	M	21	25	39	42	48
	8	58	64	69	74	89	95	401
	9	13	20	22	29	52	54	60
	10	69	75	79	85	502	06	12

표 10.8 Excel을 이용한 누적시간 기록

셀	A	B	C	D	E	F	G	H
1	반복	요소 1	요소 2	요소 3	요소 4	요소 5	요소 6	요소 7
2	1	10	17	21	26	40	43	49
3	2	59	66	70	75	90	93	99
4	3	109	116	121	127	141	144	150
5	4	159	166	170	-	184	187	194
6	5	205	212	216	221	235	238	245
7	6	254	262	266	272	287	291	298
8	7	308	M	321	325	339	342	348
9	8	358	364	369	374	389	395	401
10	9	413	420	422	429	452	454	460
11	10	469	475	479	485	502	506	512

Excel을 이용하여 이상치를 제거한 평균을 구하는 절차는 다음과 같다.

1) [표 10.8]과 같은 모양 전체를 복사하여 개별시간표로 한다.

2) 요소 작업 2의 1 반복 개별시간을 =C2－B2로 구한다([표 10.7]의 셀 번지임).

3) 요소 작업 2의 1번 개별시간 수식을 7번 요소 작업까지 복사한다.

4) 반복 1의 2번에서 7번 요소 작업의 셀들을 블록으로 잡고, 반복 10까지 복사한다.

5) 반복 2의 1번 요소 작업의 개별시간을 =B3－H2로 구한다.
반복 2의 1번 요소 작업 개별시간을 10까지 복사한다.

6) 요소 작업 1의 합계, 평균, 표준편차, 관리 상한, 관리 하한을 구한다.
합계=SUM(B2..B11), 평균=AVERAGE(B2..B11),
표준편차=STDEV(B2..B11),
관리 상한=평균 셀 주소+2×표준편차 셀 주소,
관리 하한=평균 셀 주소－2×표준편차 셀 주소

표 10.9 Excel을 이용한 개별시간표

반 복	요소 1	요소 2	요소 3	요소 4	요소 5	요소 6	요소 7
1	10	7	4	5	14	3	6
2	10	7	4	5	15	3	6
3	10	7	5	6	14	3	6
4	9	7	4		14	3	7
5	11	7	4	5	14	3	7
6	9	8	4	6	15	4	7
7	10			4	14	3	6
8	10	6	5	5	15	6	6
9	12	7	2	7	23	2	6
10	9	6	4	6	17	4	6
합계	100	62	36	49	155	34	63
평균	10.00	6.89	4.00	5.44	15.50	3.40	6.30
표준편차	0.94	0.60	0.87	0.88	2.80	1.07	0.48
관리 상한	11.89	8.09	5.73	7.21	21.10	5.55	7.27
관리 하한	8.11	5.69	2.27	3.68	9.90	1.25	5.33

표 10.10 이상치가 제거된 개별시간과 평균

반 복	요소 1	요소 2	요소 3	요소 4	요소 5	요소 6	요소 7
1	10	7	4	5	14	3	6
2	10	7	4	5	15	3	6
3	10	7	5	6	14	3	6
4	9	7	4		14	3	7
5	11	7	4	5	14	3	7
6	9	8	4	6	15	4	7
7	10			4	14	3	6
8	10	6	5	5	15		6
9		7	2	7		2	6
10	9	6	4	6		4	6
합계	88	62	36	49	115	28	63
평균	9.78	6.89	4.00	5.44	14.38	3.11	6.30
표준편차	0.67	0.60	0.87	0.88	0.52	0.60	0.48
관리 상한	11.11	8.09	5.73	7.21	15.41	4.31	7.27
관리 하한	8.44	5.69	2.27	3.68	13.34	1.91	5.33

7) 요소 작업 1의 6)번 항목을 블록으로 잡고 요소 7번 작업까지 복사한다.

8) 기록 용지 작성법에 따라 #VALUE! 로 표시된 셀의 개별시간을 수정한다.

① 요소 작업 4, 반복 4셀은 삭제

② 요소 작업 4, 반복 5셀은 14를 기록

③ 반복 7의 요소 작업 2와 3은 삭제

1)~8)까지를 수행하면 [표 10.9]를 얻을 수 있다.

9) 관리 상한과 하한을 벗어나는 자료가 없을 때까지 요소 작업별로 이상치를 제거한다.

10) 최종적으로 이상치가 모두 제거된 [표 10.10]을 얻을 수 있다.

3. 레이팅과 정미시간

3.1 레이팅 개요

표준시간의 정의에는 보통 숙련도를 가진 작업자가 보통 속도로 작업할 때라고 규정하고 있다. 숙련된 작업자가 정확한 작업 방법에 의하여 무리하지 않고 하루에 행하는 작업 속도를 정상적인 작업의 기준 속도로 정하고 있는 것이다.

실제로 관측된 작업 속도를 정상적인 기준의 작업 속도와 비교하여 관측 시간치를 정상적인 속도로 작업을 하는 데 소요되는 시간으로 수정하는 과정을 레이팅(rating), 평준화(leveling), 정상화 작업(normalizing), 작업수행도평가라 부른다.

기준(표준) 속도에 비해 실제 작업이 얼마나 빨리 진행되었는가를 평가한 계수를 레이팅 계수 또는 작업수행도 평가계수라 하며 다음과 같이 정의된다.

레이팅 계수 = 기준 작업시간/실제 작업시간

레이팅 계수는 정상 기준 속도를 100%로 하고, 100%보다 큰 경우 표준보다 빠르고, 100%보다 작은 경우에는 느린 것을 의미한다. 이는 빨리 작업한 경우에는 시간치가 작게 나오므로 1보다 큰 레이팅 계수를 곱하여 시간치를 크게 해주고, 느리게 작업한 경우에는 시간치가 크게 나오므로 레이팅 계수를 1보다 작은 값을 곱해 시간치를 작게 해주는 효과를 가지고 있다.

예를 들면, 12초 만에 끝낼 일(기준)을 10초 만에(실제) 끝내는 사람의 경우에 레이팅 계수는 12/10 = 1.2이다. 따라서 레이팅 계수를 이용하여 실제 속도를 보정하면 10초(실제 속도) × 1.2(레이팅 계수) = 12초가 된다.

관측 시간치의 평균값을 레이팅 계수로 보정하여 보통 속도로 변환시켜준 개념을 정미시간(normal time)이라 하고, 다음과 같이 표현된다.

정미시간(normal time) = (관측시간 평균치) × (레이팅 계수)

표 10.11 레이팅 계수와 기준 작업의 속도

레이팅(%)	용어적 표현	도보 속도(mph)	카드 돌리기 속도(30초)
0	활동 없음	0	0
67	매우 느림, 서투름	2	35장
100	안정됨, 침착함	3	52장
133	활기참, 민첩함	4	69장
167	매우 빠름, 고도로 기민함	5	87장
200	단기간의 한계	6	104장

일반적으로 기준 속도는 단순한 동작을 기준(benchmark)으로 하여 정의하는데, 평지를 1시간에 3mile을 걷는 속도나 52장의 card를 30초 동안 4개로 나누는 속도를 기준 속도인 100%로 정의한다. [표 10.11]은 걷기와 카드 돌리기 동작을 기준으로 레이팅 계수에 따른 개략적인 속도를 나타낸다.

레이팅은 ① 기준 동작과 비교하여 평가를 하는 방법, ② 이미 개발된 표준 자료(MTM, WF 등)를 이용하는 방법, ③ 대표적인 작업을 몇 개 선택한 뒤 전문가의 의견을 종합하여 정하는 방법 등이 있다.

3.2 레이팅 방법

레이팅 방법에는 ① 속도 평가법(speed rating), ② Westinghouse 시스템 방법, ③ 객관적 평가법(objective rating) 등이 있다. 본서에서는 간단하게 각 평가법에 대한 개요만을 소개하고자 한다. 각각의 평가법에 관한 세부 평가표는 '작업관리(황학)' 또는 Niebel and Freivalds(2014) 책에 소개되어 있다.

3.2.1 속도 평가법

속도 평가법(speed rating)은 작업 성취도를 평가하는 방법으로 기본 표준 작업

(걷기, 벽돌 운반 등)으로 표준 속도를 설정하고 촬영한 필름을 통해 숙지한 후에 작업 속도를 평가하는 방법이다. 속도 평가법은 속도(speed)만을 고려하므로 적용하기가 쉬워 보편적으로 사용된다.

속도 평가법에 의한 정미시간은 다음과 같이 표현된다.

정미시간 = 관측 시간치의 평균 × 레이팅 계수
레이팅 계수 = 기준 작업시간/실제 작업시간

사례 10.4 속도 평가법

개당 생산시간 기준이 5.5분일 때, 8시간 작업 중에 92개의 제품을 생산하는 작업자의 레이팅 계수는 얼마인가? 이 작업자의 속도로 작업을 하는 경우에 관측 시간치의 평균이 30초인 요소 작업의 정미시간은 얼마인가?

해 기준 작업시간은 5.5분/개, 실제 작업시간은 480분/92개 = 5.22분/개,
레이팅 계수 = 5.5/5.22 = 105%
정미시간 = 30초 × 1.05 = 31.6초

3.2.2 Westinghouse 시스템

Westinghouse Electric Co.에서 개발된 방법(1927)으로 작업의 수행도를 숙련도, 노력, 작업 환경, 일관성의 네 가지 측면에서 각각 평가한 뒤에 각 평가에 해당하는 평가 계수(leveling 계수)를 합산하여 레이팅 계수를 구하는 방법이다.

정미시간(NT) = 관측 시간치의 평균 × (1 + 평가 계수의 합)

숙련도(skill)는 경험, 적성 등의 숙련된 정도, 노력(effort)은 마음가짐, 작업 환경(conditions)은 작업장의 환경(온도, 진동, 조도, 소음), 일관성(consistency)은 작업

시간의 일관성 정도를 나타낸다. 평가 계수는 네 가지 측면에서 보통을 0으로 하여 보통 보다 좋은 경우에는 +값, 나쁜 경우에는 −값을 부여 받게 된다.

사례 10.5 Westinghouse 시스템 평가

시간 연구에 의해 구해진 평균 관측시간이 0.60분일 때 정미시간은 얼마인가? 단, 작업 속도 평가는 Westinghouse 시스템법으로 숙련도 −0.22, 노력도 +0.06, 작업 환경 조건 +0.04, 작업의 일관성 +0.04이다.

해 Westinghouse 시스템 평가 계수의 합 $= -0.22 + 0.06 + 0.04 + 0.04$

$= -0.08$

정미시간 $= 0.6 \times (1 - 0.08) = 0.552$분

3.2.3 객관적 평가법

객관적 평가법(objective rating)은 Mundel이 개발한 방법으로 속도 평가법의 단점을 보완하기 위하여 개발되었다. 속도 평가법은 작업 내용이 다른 기본 표준과 비교하여 속도를 평가하고, 작업의 난이도와 특성이 고려되지 않는다는 단점이 있다.

객관적 평가법에서는 1차적으로 단순히 속도만을 평가하고, 2차적으로 작업 난이도를 평가하여 작업의 난이도와 속도를 동시에 고려한다. 작업 난이도는 사용 신체 부위, 발로 밟는 페달의 상황, 양손의 사용 정도, 눈과 손의 조화 정도, 취급의 주의 정도, 중량 또는 저항 정도의 6가지 측면에서 조정 계수로 평가한다. 작업 난이도 조정 계수는 항목별로 보통보다 어려운 경우에 +값을 부여받게 되며, 6개 조정 계수들의 합으로 작업 난이도 계수(job difficulty adjustment factor)를 구할 수 있다. 레이팅 계수는 속도 평가 계수에 작업 난이도 계수를 곱하여 구한다.

객관적 평가법 레이팅 계수

$$= \text{관측 시간치의 평균} \times \text{속도 평가 계수} \times (1 + \text{작업 난이도 계수})$$

사례 10.6 객관적 평가법

어떤 요소 작업의 관측시간의 평균값이 0.08분이고, 객관적 레이팅법에 의해 1단계 속도 평가 계수는 125%, 작업 난이도 계수는 신체 사용 10%, 페달 사용 여부 0%, 양손 사용 여부 0%, 눈과 손의 조화 4%, 취급의 주의 정도 2%, 중량 31%로 평가되었다. 요소 작업의 정미시간은?

해 작업 난이도 계수 = 10% + 4% + 2% + 31% = 47%

정미시간

$$= \text{관측시간의 평균값} \times \text{속도 평가 계수} \times (1 + \text{작업 난이도 계수})$$

$$= 0.08 \times 1.25 \times (1 + 0.47) = 0.147 \text{ 분}$$

4. 여유율과 표준시간

4.1 표준시간 산정

여유시간은 작업자가 하루에 8시간을 작업한다고 할 때, 작업자의 생리적 욕등을 이유로 불가피하게 발생되는 지연시간을 의미한다. 정미시간이 작업자가 보통 속도로 작업을 수행하는 데 필요한 시간이라면 여유시간은 불규칙적, 우발적인 지연 상황을 뜻하는 것이다. 표준시간(standard time)은 정미시간에 여유시간을 더하여 구하게 되는데, 이는 작업자가 작업을 계속 반복할 때 계속 작업에 의해 발생되는 불가피한 지연까지도 포함하여 1개를 생산하는 데 평균적으로 소요되는 시간이라는 의미를 갖는다.

표준시간 = 정미시간 + 여유시간

보통 여유시간은 여유율이라는 비율 개념으로 나타내는데 ① 작업 여유율(또는 외경법: work allowances)과 ② 근무 여유율(또는 내경법: shift allowances)로 분류된다.

작업 여유율은 여유시간과 순수한 작업시간인 정미시간(normal time)과의 비율로 표시한다. 작업 여유율에 의하여 표준시간을 구하면 다음과 같다.

작업 여유율(B) = 여유시간(AT)/정미시간(NT)
= 여유시간/(총 근무시간 − 여유시간)
표준시간(ST) = NT + AT
= NT + B × NT = NT(1 + B)
표준시간 = 정미시간 × (1 + 작업 여유율)

근무 여유율은 여유시간과 근무시간에 대한 비율로 표시하며, 근무 여유율에 의하여 표준시간을 구하면 다음과 같다.

근무 여유율(B') = 여유시간/근무시간
= 여유시간/(정미시간 + 여유시간)

$$B' = \frac{AT}{NT+AT}$$

$$AT = \frac{B'}{1-B'}NT$$

$$ST = NT + AT$$
$$= NT + \frac{B'}{1-B'}NT$$

$$=NT\left(1+\frac{B'}{1-B'}\right)$$

$$=NT\left(\frac{1}{1-B'}\right)$$

표준시간 = 정미시간/(1 − 근무 여유율)

사례 10.7 여유율

50분 동안 수업을 하고 평균 10분간 여유시간을 갖는 학교 수업시간에 대한 여유율은 작업 여유율 = 10/50 = 0.2, 근무 여유율 = 10/60 = 0.167로 표현된다.

사례 10.8 표준시간 예제

관측 시간치의 평균이 0.8분, 레이팅 계수는 110%, 여유시간은 8시간 근무 중에서 24분으로 설정한 경우에 표준시간은 얼마인가?

해 1) 작업 여유율 정의에 의한 방법(외경법)

작업 여유율 = 여유시간/정미시간 = 24/(480 − 24) = 0.0526

정미시간 = 0.8×1.1 = 0.88 (분)

표준시간 = 0.88×(1 + 0.0526) = 0.9263 (분)

2) 근무 여유율 정의에 의한 방법(내경법)

근무 여유율 = 여유시간/근무시간 = 24/480 = 0.05

표준시간 = 정미시간/(1 − 0.05) = 0.9263 (분)

4.2 여유시간의 분류

여유시간은 모든 작업에서 일반적으로 부여하는 일반 여유와 작업에 따라 특수한 상황에서 부여하는 특수 여유로 분류한다.

일반 여유는 인적 여유(personal allowance), 피로 여유(fatigue allowance), 불가피한 지연 여유(unavoidable delay)로 분류된다. 인적 여유는 물 마시기, 화장실 가기 등과 같이 작업자의 생리적, 심리적 요구에 의하여 발생하는 지연시간을 보상하기 위한 것으로 작업 환경이나 작업 난이도에 따라 달라질 수 있다. 피로 여유는 정신적, 육체적 피로를 회복시키기 위해 부여하는 여유시간이다. 피로 여유는 순수하게 인력으로 하는 작업과 관련하여 부여한다. 불가피한 지연 여유는 설비의 보수 유지, 기계의 정지, 조장의 작업 지시 등과 같이 작업자와 관계없이 발생되는 지연을 의미한다.

특수한 작업 상황에서 부여하는 특수 여유로는 작업자 한 명이 동일한 기계를 여러 대 담당할 때 발생하는 기계 유휴에 의한 생산량 감소를 보상하기 위한 기계 간섭(machine interference) 여유, 조 작업의 경우에 작업자 상호간의 보조를 맞추기 위한 지연을 보상하는 조 여유, 작업 능률이 100%에 도달하기 위해 필요한 물량에 미달이 되어 물량을 생산하는 경우에 부여하는 소로트 여유 등이 있다.

4.3 ILO의 여유율 산정 방법

ILO(international labor office, 1979)의 여유율 산정 방법은 작업의 힘든 정도를 반영하여 정미시간에 대한 여유분을 부여한다. 여유율 산정은 작업에 따라 ① 운반물 취급 여부, ② 짧은 주기 작업(작업속도), ③ 작업 자세, ④ 보호복 착용 작업 여부, ⑤ 정신 피로, ⑥ 온도, 습도, 환기, ⑦ 분진 작업장, ⑧ 소음 및 진동, ⑨ 눈의 긴장도 측면에서 평가하여 여유율 점수를 부여한다. 각 항목별 부여받은 여유율 점수를 합산하여 총 여유율 점수에 따라 정미시간에 대한 여유율을 부과한다.

[표 10.12]는 운반물 취급 작업에 대한 여유율 점수표로 중량물의 무게와 밀기 작업, 운반, 들기 작업에 따라 점수가 부여된다. 여기서 무게는 전체 작업시간 동안에 취급한 평균값으로, 예를 들어 주기시간의 33% 동안 15kg을 취급한다면 5kg이 된다. 작업시간 동안 계속하여 2kg을 운반하면 5점이 부여된다.

표 10.12 운반물 취급 여유율 점수표(ILO)

무게(kg)	1	2	3	4	5	6	7	8	9	10	11	12	13	14	15	16	17	18	19	20
밀기 점수	0	5	8	10	12	14	15	17	19	20	21	23	25	26	27	28	30	32	33	34
운반 점수	0	5	9	13	15	17	20	21	24	26	29	31	33	34	36	39	40	42	44	46
들기 점수	0	10	15	18	21	23	26	29	32	34	37	40	44	46	50	50	53	56	58	60

[표 10.13]은 작업속도가 0.2분(12초) 미만의 짧은 주기시간에 대한 여유율 점수표로 근육 회복 시간의 부족을 보상하기 위하여 부여되는 여유율이다. 예를 들면, 주기시간이 0.12분인 경우에는 4점을 부여 받게 된다.

표 10.13 짧은 주기시간에 대한 여유율 점수표(ILO)

점수	1	2	3	4	5	6	7	8	9	10
주기시간 (분)	0.16 -0.17	0.15	0.13 -0.14	0.12	0.10 -0.11	0.08 -0.09	0.07	0.06	0.05	< 0.05

[표 10.14]는 작업 자세에 따른 여유율 점수표이다.

표 10.14 작업 자세에 대한 여유율 점수표(ILO)

점수	활 동
0	편하게 앉음
2	어색하게 앉거나 입식이나 좌식의 혼합
4	입식 또는 자유롭게 거닐며 작업

5	적재하지 않고 계단을 오르내림
6	중량물을 갖고 서서 또는 거닐며 하는 작업
8	사다리를 오르내림, 약간 굽히거나 뻗침이 있는 들기 작업
10	어색한 들기 작업
12	지속적인 굽힘, 들기, 뻗침, 던짐 작업
16	석탄 광산의 곡괭이 작업, 낮은 곳에 누워 작업

[표 10.15]는 보호복 착용 작업에 대한 여유율 점수표로 착용에 따른 무게와 환기, 호흡 등에 따라 여유율을 부여한다.

표 10.15 보호복 착용 작업에 대한 여유율 점수표(ILO)

점수	복 장
1	얇은 고무(외과 의사용) 장갑
2	주부용 고무 장갑, 고무 부츠
3	연삭기용 보안 안경
5	산업용 고무 또는 가죽 장갑
8	보호용 마스크
15	석면 복장 또는 방수 외투
20	방호복, 방독 마스크

[표 10.16]은 집중을 요하는 정신 피로 작업에 대한 여유율 점수표로 주의, 책임, 시간과 정밀도의 요구에 따라 여유율이 부과된다.

표 10.16 정신 집중에 대한 여유율 점수표(ILO)

점수	정신 집중 정도
0	루틴 작업, 단순한 조립, 삽질 작업
1	반복적인 포장, 세차, 갱도의 손수레를 끔
2	배터리의 상부 제거

3	벽에 페인팅 하기
4	작고 간단한 묶음의 조립, 재봉 기계 작업
5	간단한 검사
6	프레스의 물림/뺌, 금속에 스프레이 페인팅 하기
7	정밀 부품의 검사
8	닦고 윤내기
10	복잡한 조립 작업, 지그에 물린 부품의 용접
15	안개 속에서 버스 운전하기, 고도의 정밀도 작업

[표 10.17]은 온도, 습도 환기에 대한 여유율 점수표로 온도, 습도, 환기에 따라 여유율이 부과된다.

표 10.17 온도, 습도 환기에 관한 여유율 점수표(ILO)

습 도(%)	온 도		
	< 24℃	24~32℃	> 32℃
< 75	0	6~9	12~16
76~85	1~3	8~12	15~26
> 85	4~6	12~7	20~36

점 수	습 기
0	정상 공장 가동
1	외부 작업자(우편 배달부)
2	습기에 노출
4	벽의 습기를 닦을 정도
5	계속적으로 젖은 물건의 취급
10	손이 젖고, 바닥에 물기가 있는 젖은 작업장

점 수	환 기
0	사무실
1	환기 시설이 가동되는 작업장
3	통풍이 되는 작업장
14	하수도 작업장

[표 10.18]은 대기 조건에 대한 여유율 점수표로 dust(먼지)는 양과 특성에 따라, dirt(오물)은 씻는 데에 소모되는 시간에 따라, fume(증기)은 유해 특성과 농도에 따라 여유율이 부과된다.

[표 10·19]는 소음 및 진동에 대한 여유율 점수표이다.

표 10.18 대기 조건에 대한 여유율 점수표(ILO)

점수	dust
0	사무실, 가벼운 조립 작업장
1	추출기가 있는 연삭 작업
2	목재 톱질
4	재를 비우는 작업
6	용접 마무리
10	코크스를 옮겨 넣는 작업
11	시멘트 풀기
12	빌딩의 폭파

점수	dirt
0	사무실, 정상 조립 작업장
1	사무실 복사기
2	청소부
4	내연 기관의 청소
5	오래된 모터 차량 아래에서의 작업
7	시멘트 포장의 하역
10	광부, 굴뚝 청소부

점수	fume
0	냉각수가 있는 선반의 조율
1	유화 페인팅, 가스 커팅, 납땜
5	자동차 배기가스
6	셀룰로오스 페인팅
10	금형에 금속 채우기

표 10.19 소음 및 진동에 대한 여유율 점수표(ILO)

점수	소 음
0	조용한 사무실, 경 조립작업장
1	외부의 소음이 지속적으로 있는 사무실
2	소음으로 산만한 사무실/작업장
4	목재 가공 작업장
5	스팀 해머를 이용하는 단조 가공
9	조선소 리벳팅
10	도로 천공

점수	진 동
1	가벼운 물질의 삽질
2	자동 바느질 기계, 톱질
4	한손 전동 드릴
6	곡괭이질
8	양손 전동 드릴
15	콘크리트 도로 땅 파기

[표 10.20]은 눈의 긴장도에 대한 여유율 점수표로 조명, 휘광, 색, 깜박임, 노출 시간 등에 의하여 여유율이 부과된다.

표 10.20 눈의 긴장도에 대한 여유율 점수표(ILO)

점수	눈의 긴장도
0	정상 공장 작업
2	쉽게 발견할 수 있는 결함의 검사, 부족한 조명 하에서 작업
4	사과의 등급 선별, 간헐적인 세부 결함 검사
8	버스에서 신문 읽기
10	연속적인 시각 검사
14	안경을 사용하는 조판

표 10.21 여유율 총 점수로부터의 여유율 환산표(ILO)

점수	0	1	2	3	4	5	6	7	8	9
0	10	10	10	10	10	10	10	11	11	11
10	11	11	11	11	11	12	12	12	12	12
20	13	13	13	13	14	14	14	14	15	15
30	15	16	16	16	17	17	17	18	18	18
40	19	19	20	20	21	21	22	22	23	23
50	24	24	25	26	26	27	27	28	28	29
60	30	30	31	32	32	33	34	34	35	36
70	37	37	38	39	40	40	41	42	43	44
80	45	46	47	48	48	49	50	51	52	53
90	54	55	56	57	58	59	60	61	62	63
100	64	65	66	68	69	70	71	72	73	74
110	75	77	78	79	80	82	83	84	85	87
120	88	89	91	92	93	95	96	97	99	100
130	101	103	105	106	107	109	110	112	113	115
140	116	118	119	121	122	123	125	126	128	130

[표 10.21]은 작업 여건에 따라 [표 10.12]부터 [표 10.20]까지 부여받은 여유율 점수들의 종합 점수로부터 여유율을 환산하는 표이다. 예를 들면 총 여유율 점수가 75점이었다면 첫 번째 칸에서 70을 찾고 첫 번째 줄에서 5를 찾아 서로 만나는 곳의 점수를 읽으면 40%의 여유율이 된다.

ILO 여유율 환산표는 정미시간에 대한 여유시간으로 여유율을 부여하며, 기본적으로 어떤 작업에 관계없이 10%의 기본 여유율(인적 여유 5%가 포함됨)을 제공하고 있는 것을 볼 수 있다.

사례 10.9 표준시간과 시간당 생산량

4개의 요소 작업으로 구성된 공정에서 시간 관측 결과가 [표 24.22]와 같이 관측 평균(단위 분)과 레이팅 값을 부여 받았다. ILO 여유율 점수표로부터 자재 물림은 5점, 가공은 28점, 자재 꺼냄은 4점, 검사는 42점으로 평가되었다. Excel을 이용하여 전체 요소 작업에 대한 표준시간과 시간당 생산량을 구하시오.

해 [표 24321]의 환산표를 이용하면, 여유율은 자재물림 작업 10%, 가공 작업 15%, 자재 꺼냄 작업 10%, 검사 작업 20%가 된다. 4개 요소 작업으로 이루어진 전체 공정의 표준시간을 구하면 10.39분이며, 시간당 생산량은 60/10.39 = 5.77 (개/시간)이다.

표 10.19 소음 및 진동에 대한 여유율 점수표(ILO)

요소 작업	자재물림	가공	자재 꺼냄	검사
관측 평균	1.20	5.40	0.80	1.50
레이팅	0.80	1.00	1.10	1.20
정미시간 = 관측 평균 + 레이팅	0.96	5.40	0.88	1.80
여유율	0.10	0.15	0.10	0.20
표준시간 = 정미시간(1 + 여유율)	1.056	6.21	0.968	2.16

연습문제

1. 다음 용어들 중에서 성격이 가장 먼 것은?

   ① 정미시간　　② 표준시간　　③ 여유율　　④ 방법 연구

2. 어느 사이클 작업을 측정하여 다음과 같은 결과를 얻었다. 총 정미시간 (normal time)은 어떻게 되는가?

요소 작업	평균시간	레이팅 계수	여유율
1	2.00	0.65	10%
2	0.50	1.00	15%
3	1.50	1.20	20%

   ① 3.50　　② 3.55　　③ 3.60　　④ 3.65

3. 요소 작업의 관측시간이 0.2분, 객관적 레이팅법에 의한 1단계 평가 계수는 120%, 2차 작업 난이도 계수는 10%, 정미시간에 대한 여유율은 10%일 때 객관적 평가법에 의한 표준시간은?

   ① 0.624분　　② 0.290분　　③ 0.302분　　④ 0.264분

4. 시간 연구의 결과 어느 작업의 평균 작업시간이 1.6분, 정미시간이 2.0분이었다면 작업자의 작업 속도는 기준 속도보다 어떠한가?

   ① 빠르다　　② 느리다　　③ 보통이다　　④ 알 수 없다

5. 다음 중 객관적 평가법에 관한 내용으로 가장 거리가 먼 단어는?

   ① 양손 작업 여부　　② 중량

   ③ 숙련도　　④ 속도

연습문제 해답 : 1. ④, 2. ③, 3. ②, 4. ①, 5. ③

6. 다음 설명으로 틀린 내용은?

① 제품 1개만을 생산하는 데에는 표준시간이 걸린다.

② 레이팅은 보통 속도로 변환하여 주는 과정이다.

③ 표준시간은 반복 생산시에 요구되는 개념이다.

④ 반복 생산에는 최소한의 여유시간이 확보되어야 한다.

7. 표준 자료를 종합하는 작업 단위의 크기를 작은 것부터 나열하면?

① 요소 작업-단위 작업-공정-제품

② 단위 작업-요소 작업-공정-제품

③ 제품-공정-요소 작업-단위 작업

④ 공정-제품-요소 작업-단위 작업

8. 준비시간 35분, 개당 작업 표준시간 8분을 표준으로 하는 작업의 가공 lot 50단위에 대한 표준시간은 얼마인가?

① 280분 ② 435분 ③ 534분 ④ 1,750분

9. 표준시간의 산정 방법 중 직접 측정과 관련이 없는 방법은?

① 스톱워치법 ② VTR 촬영법

③ 워크 샘플링법 ④ PTS법

10. 관측 평균시간이 0.8분, 정상화 계수 110%, 정미시간에 대한 여유율이 15%일 때 표준시간은?

① 0.88분 ② 0.748분 ③ 0.68분 ④ 1.012분

연습문제 해답 : 6. ①, 7. ①, 8. ②, 9. ④, 10. ④

11. 8시간 작업시간에 대해 72분의 여유시간을 인정하고, 정미시간이 3.139 분일 때 표준시간은 얼마인가?

① 2.57분 ② 3.69분 ③ 4.38분 ④ 4.45분

12. 레이팅시 작업 속도에 의한 평가와 작업 난이도를 감안한 평가 계수를 단계적으로 실시하는 평가법은?

① 주관적 평가법 ② 객관적 평가법
③ 속도 평가법 ④ Westinghouse법

13. 어떤 요소 작업의 관측시간이 2.6분이고, 객관적 레이팅법에 의해 1단계 평가 계수는 95%, 2차 작업 난이도 계수는 20%이다. 정미시간은?

① 0.494분 ② 2.964분 ③ 6.084분 ④ 2.99분

14. 다음 중 표준시간의 가장 큰 맹점은?

① 표준시간은 언제, 어디서, 누가 측정하더라도 거의 같다.
② 표준 자료의 많고 적음에 따라 표준시간의 신뢰성이 결정된다.
③ 작업이 표준화되어 있지 않으면 표준시간은 존재하지 않는다.
④ 표준시간과 임금 결정은 상당히 중요한 요소는 아니다.

15. 시간 연구에서 요소 작업으로 나누는 이유로서 거리가 먼 것은?

① 전 작업을 명확하게 기술할 수 있다.
② 요소 작업별 레이팅이 가능하다.
③ 시간 측정의 편리성 때문에
④ 표준 자료 개발에 용이하다.

연습문제 해답 : 11. ②, 12. ②, 13. ②, 14. ③, 15. ③

16. 작업을 수행하는 정상적인 속도와 관측 대상 작업의 속도를 비교 관리하여 관측 시간치를 수정하는 행위를 무엇이라고 하는가?

① Work sampling　　② 표준 자료법

③ 경험 견적법　　④ Rating

17. A공정의 정미시간이 0.95분이고, 1일 8시간 근무시간에 10%의 여유율을 가진다면 1일 표준 생산량은?

① 455개　② 505개　③ 59개　④ 84개

18. 대상 작업의 기본적인 내용으로 규칙적·주기적으로 반복되는 부분의 시간은?

① 여유시간　② 정미시간　③ 전체시간　④ 준비시간

19. 다음 중 성격이 서로 다른 것은?

① 인적 여유　　② 피로 여유

③ 불가피한 지연 여유　　④ 조 여유

20. 다음 내용 중 틀리는 내용은?

① ILO 여유율은 전체 근무시간에 대한 비율로 부여한다.

② 인적 여유는 생리적 욕구에 의해 지연되는 시간을 보상해 준다.

③ 기계/공구의 보존 및 조정을 위한 여유는 불가피한 지연 여유이다.

④ 기계 간섭 여유는 특수 여유이다.

연습문제 해답 : 16. ④, 17. ①, 18. ②, 19. ④, 20. ①

21. 어느 제품의 시간 연구 결과 정미시간은 8분이었고, 여유율은 전체 근무시간의 20%였다. 제품 생산 비용으로 하루(8시간 작업)에 고정비가 100,000원, 변동비가 개당 5,000원이라면 개당 생산 비용은?

① 2,100원　② 2,187원　③ 7,000원　④ 7,083.3원

22. 1개 생산에 소요되는 정미 작업시간이 5.8분, 여유시간은 1일 8시간 근무시간에 대한 15%이다. 1개월 25일 근무를 기준으로 할 때에 10,000개를 생산하기 위한 단위당 생산시간(A)과 작업원 수(B)는 얼마인가?

① A = 6.67분, B = 6명　② A = 6.67분, B = 50명

③ A = 6.824분, B = 6명　④ A = 6.824분, B = 50명

※ 다음은 계속법에 의해 작성된 관측표의 일부이다. (23~26번)

사이클	loading		가공		unloading		검사	
	T	R	T	R	T	R	T	R
1		10		35		41		55
2		65		M		96		-
3		106		31		51/45		45/31
4		61/51		86	A	221		35

23. 관측표에 관한 내용 중 맞는 것은?

① R 란의 수치는 개별시간을 의미함

② 2번째 사이클의 가공 작업은 하지 않음

③ 2번째 사이클의 검사시간을 관측하지 않음

④ 4번째 사이클의 loading 작업은 순서가 바뀌지 않음

연습문제 해답 : 21. ④, 22. ③, 23. ④

24. 각 사이클의 요소 작업별 개별시간이 틀리게 설명된 것은?

① 4(unloading): 모름 ② 3(loading): 10

③ 2(loading): 55 ④ 2(가공): 모름

25. 검사에 대한 rating 계수는 110%, 여유율은 20%(내경법)라면 검사의 정미시간은?

① 14 ② 15.4 ③ 18.5 ④ 19.3

26. 앞의 관측표만으로 계산할 수 있는 개별시간의 개수는? (단, 모르는 수치는 개수에서 제외하시오.)

① 11개 ② 12개 ③ 13개 ④ 14개

27. 작업자 한 명이 요소 작업 3개를 순서대로 행하면 제품 1개가 생산되는 공정의 시간 연구 결과가 다음과 같다. 전체 작업의 정미시간은?

요소 작업	관측시간 평균	레이팅 계수	여유율	비 고
1	100초	0.80	10%	
2	100초	1.00	15%	주기적 작업
3	100초	1.20	20%	
칩 제거 작업	400초	1.00	20%	제품 4개당 1회 필요
윤활유 작업	300초	1.00	10%	제품 3개당 1회 필요

① 300 ② 347 ③ 500 ④ 577

연습문제 해답 : 24. ③, 25. ②, 26. ②, 27. ③

실습문제

1. 다음은 계속법에 의해 작성된 관측표의 일부로서 4개의 공정을 거치면 완제품이 생산되는 공정에 대한 시간 연구 결과이다. (단위: 초)

사이클	loading		가공		unloading		검사	
	T	R	T	R	T	R	T	R
1		10		35		41		55
2		65		M		96		-
3		106		31		51/45		45/31
4		61/51		86	A	221		35
평균								

1) 시간 관측표의 빈 칸을 채우시오. (구할 수 없는 자료는 생략)

2) 객관적 레이팅 자료가 모든 공정에 동일하게 평가되었다면 전체 작업에 대한 정미시간은? (사용 신체 부위 0.01, 눈과 손의 조화 0.02, 취급상 주의 0.05, 중량 0.11, 속도 평가 1.10)

3) 모든 공정의 여유율이 정미시간의 15%로 동일하게 주어진 경우 시간당 생산량은?

■ 해설 ■

1) 시간 관측표

사이클	loading		가공		unloading		검사	
	T	R	T	R	T	R	T	R
1	10	10	25	35	6	41	14	55
2	10	65		M		96		-
3	10	106	25	31	6	51/45	14	45/31
4	10	61/51	25	86	A	221	14	35
평균	10		25		6		14	

2) 객관적 평가법에 의한 정미시간

(사용 신체 부위 0.01, 눈과 손의 조화 0.02, 취급상 주의 0.05, 중량 0.11, 속도 평가 1.10)

정미시간 = 관측시간평균 × 속도 평가 계수 × (1+작업 난이도 계수)

= 55 × 1.1 × (1+0.19) = 72.0 (초)

3) 작업과 관련된 근골격계 질환 징후 및 증상 유무 등3) 정미시간 여유율(외경법)을 통해 표준시간을 산정하면 다음과 같다.

표준시간 = 정미시간 × (1 + 여유율)

= 72.0 × (1 + 0.15) = 82.8 (초)

시간당 생산량 = 3600초 / 82.8초 = 43.5 (개)

2. 다음은 어느 회사의 A 제품에 대한 표준시간을 설정하기 위하여 계속법에 의해 작업측정을 한 결과의 일부이다. A 제품은 한 명의 작업자가 4개의 단위 작업을 수행하여 완제품을 생산하고 있다(단위 초).

요소작업 / 사이클	1		2		3		4	
	T	R	T	R	T	R	T	R
1		5		25		30		40
2		45		M		71		-
3		76		96		101		16/6
4		6/1		36/16		41		51
평균								

1) 시간 관측표의 빈칸을 채우시오.

2) A 제품 생산에 요구되는 요소작업시간 Xi 가 각각 정규분포(평균 = U_i)를 따른다면 A제품 생산에 필요한 개당 생산시간 X1+X2+X3+X4 는 이론적으로 어떤 분포를 따르는가? A제품의 표준시간을 구하는 문제의 통계학적 의미를 설명하시오.

3) 작업자가 2,3,4 사이클에서 실제 시행한 작업을 순서대로 나열하시오.

4) 요소작업별 레이팅과 여유율 산정에 관한 자료가 다음과 같을 때 빈칸을 채우시오. A 제품의 표준시간과 시간당 생산량은?

요소작업	1	2	3	4
레이팅 방법	속도 평가법	기계작업 (보통속도)	객관적 평가법	Westinghouse 법
레이팅계수		100%		
레이팅 계수 산정 자료	속도 평가: 기준이 6분인 작업을 5분에 수행함 Westinghouse평가: 숙련도:-0.22, 노력:0.06, 작업환경:0.02, 일관성: 0.04 작업난이도 평가: 사용신체부위 0.05, 취급상 주의 0.05, 중량 0.1			
여유율 정의	작업 여유율	여유율 없음	작업 여유율	근무 여유율
여유율 계수		0		
여유시간 관련 자료	근무시간: 하루 480분 여유시간: 인적여유가 52분, 피로여유가 44분으로 산정됨			
표준시간		0		

■ 해설 ■

1) 시간 관측표

요소작업 / 사이클	1		2		3		4	
	T	R	T	R	T	R	T	R
1	5	5	20	25	5	30	10	40
2	5	45		M		71		-
3	5	76	20	96	5	101	10	16/6
4	5	6/1	20	36/16	5	41	10	51
평균	5		20		5		10	

2) - 정규분포의 합의 분포는 정규분포를 따른다. Xi 각각의 분포가 정규분포를 따르므로, X1+X2+X3+X4의 분포도 평균이 U1+U2+U3+U4=40인 정규분포를 따른다.
- 표준시간을 구하는 문제는 통계학적으로 정규분포를 따르는 분포에 대한 평균의 추정문제이다.

3) 작업을 수행한 순서를 요소작업 순서로 표현하면
1-2-3-1-2-3-1-4-2-3-4

4) A 제품의 표준시간과 시간당 생산량

요소작업	1	2	3	4
레이팅 방법	속도 평가법	기계작업 (보통속도)	객관적 평가법	Westinghouse 법
레이팅계수		100%		
레이팅 계수 산정 자료	속도 평가: 기준이 6분인 작업을 5분에 수행함 Westinghouse평가: 숙련도:-0.22, 노력:0.06, 작업환경:0.02, 일관성: 0.04 작업난이도 평가: 사용신체부위 0.05, 취급상 주의 0.05, 중량 0.1			
여유율 정의	작업 여유율	여유율 없음	작업 여유율	근무 여유율
여유율 계수	25%	0	25%	20%
여유시간 관련 자료	근무시간: 하루 480분 여유시간: 인적여유가 52분, 피로여유가 44분으로 산정됨			
표준시간	7.5	20	9	11.25

- 레이팅계수
  속도평가법 6/5=120%
  객관적평가법 1.2(속도평가)*1.2(작업난이도평가) = 144%
  웨스팅하우스법 1+(−0.22+0.06+0.02+0.04) = 90%
- 여유율
  작업여유율 =(52+44)/(480-96) = 0.25
  근무여유율 = (52+44)/480 = 0.2
- 요소작업별 표준시간
  1,3작업: 평균×레이팅계수 × (1+작업여유율)
  4작업: 평균×레이팅계수/(1-근무여유율)
- 전체 작업의 표준시간
  = 요소작업1,2,3,4요소작업의 표준시간의 합
  = 47.75 (초)
- 시간당 생산량 = 3600초 / 47.75초 = 75.4 (개)

3. 요소 작업이 4개인 공정의 4회 반복 측정 결과 다음 표와 같은 시간 관측 자료를 얻었다.

1) 시간 관측 용지의 형식에 맞추어 기입하고, 개별시간을 구하시오.
2) 레이팅을 요소 작업 모두 110%로 하여 정미시간을 구하시오.
3) 작업여유율을 12%로 하여 표준시간을 구하시오.

사이클	요소	시간	내용
1	1	10	자재물림
	2	35	기계 가공
	3	41	가공품 꺼냄
	4	55	가공품 검사
2	1	65	
	2		관측자가 측정 못함
	3	96	
	4		작업자가 생략
3	1	106	
	2	131	
	4	145	작업 순서 변경
	3	151	
4	1	161	
	2	186	
	3	221	외래 요소(직장과 대화, 213에 작업 시작)
	4	235	땀을 닦음

■ 해설 ■

1) 시간 관측 용지

사이클	자재 물림		기계 가공		가공품 꺼냄		가공품 검사	
	T	R	T	R	T	R	T	R
1	10	10	25	35	6	41	14	55
2	10	65		M		96		-
3	10	106	25	31	6	51/45	14	45/31
4	10	61/51	25	86	A 8	221	14	35
평균	10		25		6.67		14	

외래요소			
A	213	27	직장과 대화
	186		

2) 레이팅을 110%, 작업여유율을 12%

작업	평균시간	레이팅	정미시간	여유시간	표준시간
1	10	110%	11.0	12%	12.32
2	25	110%	27.5	12%	30.80
3	6.67	110%	7.33	12%	8.21
4	14	110%	15.4	12%1	17.25

- 정미시간 = 평균시간 × 레이팅
- 공정 정미시간 = 11.0+27.5+7.33+15.4 = 61.23 (초)
- 표준시간 = 정미시간 × (1+작업여유율)
- 공정 표준시간 = 12.32+30.80+8.21+17.25 = 68.58 (초)

4. 다음 물음에 답하시오.

1) 개당 기준 생산시간이 5.761분일 때, 8시간 작업으로 92개의 제품을 생산하는 작업자의 작업 수행도는?

2) 한 개의 제품을 만드는데 A, B, C 요소 작업으로 구성된 작업의 시간 연구 결과 평균 작업시간은 각각 2분, 3분, 2분이었다. 3개 요소 작업 모두가 1)의 작업 수행도로 이루어지고, 1일 8시간 근무에 인적 여유는 48분, 피로 여유는 근무시간의 5%로 주어진다면 표준시간은?

3) 위 작업의 고정비가 하루 100,000원, 변동비가 시간당 5,000원이라면 개당 생산 비용은?

■ 해설 ■

1) - 작업자의 실제 작업 시간 = 480분 / 92개 = 5.217분
- 작업자의 작업 수행도 = 기준 속도 / 실제 작업 속도
= 5.761분 / 5.217분 = 1.104
작업자는 기준 속도보다 빠르게 작업함을 알 수 있다.

2) - 정미시간 = (2+3+2)×1.104 = 7.729 (분)
- 여유시간 = 인적여유 + 피로여유 = 48 + (480×0.05)= 72 (분)
- 근무 여유율 = 72 / 480 = 0.15
- 표준시간 = 정미시간 / (1-근무 여유율)
= 7.729분 / (1-0.15) = 9.093 (분)

2) 1일 생산량 = 480분 / 9.093분 = 52.79 (개)
- 총 생산비/일 = 100,000원 + (5,000원×8) = 140,000원
- 개당 생산비 = 140,000원 / 52.79개 = 2652.4 (개)

5. 완제품이 되기까지 2개의 공정을 거치는 제품에 대한 시간 연구 결과 개별 시간은 다음과 같다. 여유율은 정미시간에 대한 비율로 나타낸다.

요소 작업	관측시간(분)	여유율
1	5.5 5.4 5.6 5.8 5.9 5.4 5.2 5.9	15%
2	10.1 9.8 9.5 9.6 9.9 9.7 9.5 9.4	12%

1) 생산 공정의 레이팅 자료(Westinghouse법)가 다음과 같을 때 이 제품에 대한 표준시간은? (숙련도 -0.22, 노력 +0.06, 작업 환경 0.04, 작업의 일관성 +0.04)

2) 4개의 완제품을 생산한 후에는 2분간의 기계 정비를 필요로 한다면 표준시간은? (정비의 경우 레이팅 계수는 100%, 여유율은 정미시간의 10%)

■ 해설 ■

1) 각 요소작업별 표준 시간을 산정하면 다음과 같다.

요소 작업	평균시간	여유율	정미시간	표준시간
1	5.59	15%	5.14	5.91
2	9.69	12%	8.91	9.98

- 레이팅 계수 = 1-0.22+0.06+0.04+0.04 = 0.92
- 정미시간 = 평균시간 × 레이팅 계수
  요소작업1 = 5.59×0.92 = 5.14
  요소작업2 = 9.69×0.92 = 8.91
- 표준시간 = 정미시간 × (1+여유율)
  요소작업1 = 5.14×1.15 = 5.91
  요소작업2 = 8.91×1.12 = 9.98

따라서, 이 공정의 표준시간은 15.89분이다.

2) – 개당 정비 시간 = 2분 / 4개 = 0.5
  – 정비시간 표준시간 = 0.5분×1.0 ×(1+0.10) = 0.55 (분)
  – 전체 표준시간 = 15.89 + 0.55 = 16.44분

6. 1개 생산하는 데에 소요되는 정미 작업시간이 5.8분이다. 여유율의 평가는 ILO법으로 구하는데 총 평가 점수로 54점을 부여받았다. 이 작업에 대한 단위당 생산시간은? 1개월에 25일 근무를 기준으로 할 때 10,000개를 생산하기 위한 작업원 수는?

■ 해설 ■

ILO 여유율 환산표를 참조하여 작업 여유율을 산정하면, 26%이다.
  – 여유율 = 26%
  – 표준시간 = 정미시간 × (1+여유율)
    = 5.8분 × 1.26 = 7.308분
  – 작업원 수 = 10,000개 생산 소요시간 / 한 달 총 작업시간
    = 7.308분×10,000개 / (25일×8시간×60분)= 6.09 (명)
따라서, 10,000개를 생산하기 위해서는 7명의 작업자가 필요하다.

7. 어떤 단위 작업의 표준시간 설정을 위하여 스톱워치법으로 10회 반복 측정한 결과 다음과 같은 관측치를 얻었다. 정미시간의 20%를 여유시간으로 줄 경우, 1,000개 생산에 필요한 표준시간은 몇 분인가? (Excel을 이용)

요소 작업	관측시간(분)	레이팅
1	8 7 8 9 8 10 10 8 9 8	80%
2	14 14 18 14 14 14 15 16 16 14	110%

■ 해설 ■

요소 작업	관측시간										평균	레이팅	여유율	정미 시간	표준 시간
1	8	7	8	9	8	10	10	8	9	8	8.5	80%	20%	6.8	8.2
2	14	14	18	14	15	14	15	16	16	14	15.0	110%	20%	16.5	19.8

- 정미시간 = 평균*레이팅 계수 = 23.3 (분)
- 표준시간=정미시간*(1+여유율) = 28.0 (분)
- 1,000개 생산시간 = 28분 × 1,000 개 = 28,000 (분)

8. 여유시간의 종류 중 일반 여유의 종류 3가지를 쓰시오.

■ 해설 ■

- 생리적 여유: 작업자의 생리적, 심리적 요구에 의해 발생하는 지연
- 피로 여유: 정신적, 육체적 피로를 회복하기 위해 부여되는 지연
- 불가피한 지연 여유: 작업자와 관계없이 발생하는 지연

실험과제

■ 시간 관측 실습

조별로 지하철 노선을 하나 정하여(또는 버스 구간) 5개의 정류장 구간을 선정한다. 각 조원이 5개 구간의 정류장을 왕복하거나 통학할 때 시간을 총 10회 정도 반복 측정한다. 각 반복 자료의 개별시간은 Excel을 이용하여 기록하되,

1 출발	2 도착	2 출발	3 도착	…	…	5 도착	5 출발

위 표의 형태로 기록한다. 각 역에 대한 자료가 보통 속도 개념이라고 가정하고, 다음과 같이 개별시간들을 구한 후에 [표 10.9]를 참조하여 정미시간을 구하시오. (만일 이상치가 있는 경우에는 제거한다.)

1→2 시간	2 정차 시간	2→3 시간	3 정차 시간	3→4 시간	4 정차 시간	4→5 시간	5 정차 시간

시간 관측 용지

공 정 명 :
날 짜 : 년 월 일

요소 작업														
번호	1		2		3		4		5		6		7	
반복	T	R	T	R	T	R	T	R	T	R	T	R	T	R
1														
2														
3														
4														
5														
6														
7														
8														
9														
10														
합계														
관측 회수														
평균														
레이팅														
정미시간														
여유율														
표준시간														

외래 요소			
	R	T	내용
A			
B			
C			
D			
E			

제 11 장

Work sampling

1. Work sampling 개요
2. Sampling 원리
3. Work sampling 절차 및 응용

1. Work sampling 개요

1.1 Work sampling 정의

포크 트럭(fork truck)으로 자재를 운반하는 작업장이 있다. 자재를 운반하는 데 계속 지연이 발생한다면 '포크 트럭이 한 대 더 필요한가, 또는 현재의 포크 트럭이 얼마나 가동되는가?'에 대한 의문이 생길 것이다. Work sampling의 목적은 의사 결정을 위한 정보를 얻는 데 있다. 과거는 미래와 같다는 가정 아래 20일 동안의 포크 트럭의 가동에 관한 정보를 얻는 문제를 생각하여 보자. 20일 동안 작업하는 내용을 연속적으로 관측할 수 있을 것이다. 이것을 연속 샘플링(continuous sampling)이라 부른다. 모든 시간 측정 연구는 모집단으로부터 샘플을 얻는다. 시간 연구법은 n 번의 주기에 대한 연속 샘플을 얻는데 비용이 문제다. 일반적으로 정보의 가치에 영향을 미치는 샘플 크기와 정보를 얻는 데에 필요한 비용은 반비례하는 역학 관계가 존재한다.

비용을 줄이기 위하여 20일 동안의 관측을 5일이나 하루로 줄인다고 가정하자. 비용은 줄어들지만 관측의 대표성에 관한 문제가 제기된다. 요일이나 시간대에 따라 특정한 추세가 존재한다면 관측을 줄이는 경우에 정보의 가치는 상대적으로 떨어질 수밖에 없다. 이런 경우에는 순간적으로 관측하고, 관측 회수를 많게 하는 것이 타당하며, 이러한 샘플링을 이산 샘플링(discrete sampling)이라 한다.

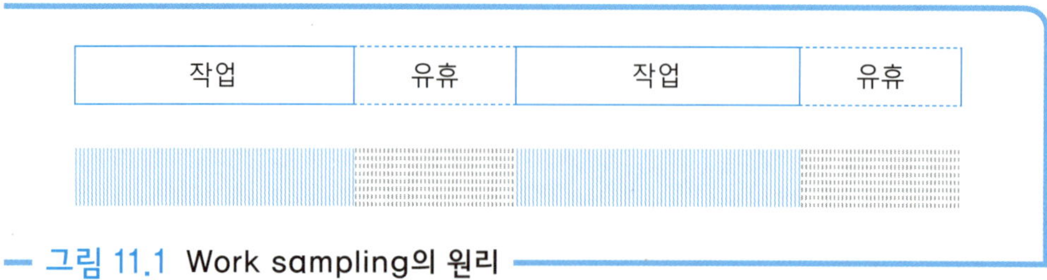

그림 11.1 Work sampling의 원리

Work sampling 또는 occurrence sampling은 이산 샘플링에 속하며, 여유율의 산정, 중요 설비의 가동률 분석, 작업자의 근무 상황 파악 등에서 적용할 수 있는 기법이다. 또한, 작업 주기시간이 아주 긴 작업의 표준시간을 구할 때에도 이용된다.

Work sampling을 이용한 시간 연구는 1934년에 영국에서 Tippet에 의해 처음으로 'snap reading technique'이란 이름으로 이용되었으며, 미국에서는 1940년대에 여러 형태의 지연 비율을 조사하는 데 사용하여 ratio delay란 이름을 붙이기도 하였다. 현재는 작업자의 작업에 대한 샘플링이란 의미로 'work sampling'이나 다양한 사건의 발생에 관한 샘플링이란 의미로 'occurrence sampling'으로 이용되고 있다.

Work sampling은 간헐적으로(intermittent) 랜덤한(random) 시점에서 연구 대상을 순간적(instantaneous)으로 관측(observation)하여 대상이 처한 상황을 파악하고, 이를 토대로 관측 기간 동안에 나타난 항목(occurrence 또는 work)별로 차지하는 비율을 추정하는 방법이다.

Work sampling의 장단점은 다음과 같다.

- 장점
  ① 관측이 순간적으로 이루어져 작업에 방해가 적다.
  ② 평상시의 작업 상황이 그대로 반영될 가능성이 크다.
  ③ 한 명 혹은 여러 명의 관측자가 여러 명의 작업자나 기계를 동시에 관측할 수 있다.
  ④ 자료 수집 및 분석시간이 적다.
  ⑤ 특별한 측정 장치가 필요 없다.

- 단점
  ① 시간 연구법보다는 덜 자세하다.
  ② 짧은 주기나 반복 작업인 경우 적당하지 않다.
  ③ 작업 방법이 변화되는 경우에는 전체적인 연구를 새로 해야 한다.

1.2 이론적 배경과 관측 회수의 결정

Work sampling의 원리가 되는 통계적 분포는 이항분포(binomial distribution)이다. 이항분포는 다음 가정을 기본으로 한다.

① n번의 실험을 반복한다. $i=1, \cdots, n$

② 각 시행의 결과는 두 가지로 분류된다. ($X_i=0$ or 1)

③ $P(X_i=1)=p$이며 매 시행마다 같다.

④ 반복되는 시행은 독립적이다.

n번의 시행중에서 성공의 횟수(관심 항목이 나온 횟수)를 Y라 하면

$$Y=\sum_{i=1}^{n} X_i \sim B(n, p) \quad \text{Binomial distribution}$$

$$P(Y=x)=\binom{n}{x} p^x (1-p)^{n-x} \qquad x=0, 1, \cdots, n$$

$E[Y]=np$, $Var[Y]=npq$가 된다.

$\hat{P}=Y/n$라고 하면 관심 항목의 비율에 관한 분포는 중심 극한의 정리에 의하여 정규분포를 따르게 된다.

$\hat{P}$= 관심 항목의 비율 = 관측된 회수 / 총 관측 회수

$$\hat{P}=\frac{\sum X_i}{n}=\frac{Y}{n} \underset{n\uparrow}{\overset{C.L.T}{\approx}} N\left(p, \frac{p(1-p)}{n}\right)$$

$$\left(\because E[P]=p,\ Var[P]=\frac{Var[Y]}{n^2}=\frac{p(1-p)}{n}\right)$$

$$\frac{\hat{P}-p}{\sqrt{\dfrac{p(1-p)}{n}}}=Z \sim N(0, 1)$$

표준 정규분포를 이용하여 신뢰도 $C=1-\alpha$, 허용오차 $\pm I$인 경우의 신뢰구간을 구하면 다음과 같다.

$$P(-Z_{\alpha/2} \leq \frac{\hat{P}-p}{\sqrt{\frac{p(1-p)}{n}}} \leq Z_{\alpha/2}) = C$$

$$P\left(\hat{P}-Z_{\alpha/2}\sqrt{\frac{p(1-p)}{n}} \leq p \leq \hat{P}+Z_{\alpha/2}\sqrt{\frac{p(1-p)}{n}}\right) = C$$

$$I = Z_{\alpha/2}\sqrt{\frac{p(1-p)}{n}}$$

위의 관계식을 이용하면 관측 회수 n은 다음과 같이 표현된다.

$$\therefore \mathrm{n} \fallingdotseq \frac{{Z_{\alpha/2}}^2 \hat{p}(1-\hat{p})}{I^2} \qquad \hat{p} = \frac{\sum X_i}{n}$$

여기에서 '허용오차(I) = ±절대오차 = $\pm p \times$ 상대오차'로 표현된다.

사례 11.1 관측 회수

복사기의 가동 비율이 500번 관측에 의해 40%로 나타났다. 신뢰도 95%, 상대오차는 ±10%로 주어진 경우에 추가 관측이 필요한가를 결정하시오.

해 상대오차이므로 허용오차$(I)=0.1\times0.4=0.04$,

$I=Z_{\alpha/2}\sqrt{\frac{p(1-p)}{n}}$ 이므로 $0.04=1.96\sqrt{\frac{0.4(1-0.4)}{n}}$

$x=1.962\times0.4\times0.6/0.042=576$

따라서 추가 관측을 필요로 한다.

사례 11.2 절대오차와 상대오차

총 4,000번의 관측에서 기계의 유휴 회수는 1,400번, 가동 회수는 2,600번으로 나타났다. 만일, 95.45%의 신뢰도로 주어진 경우에 현재의 관측 회수로 확보할 수 있는 절대오차와 상대오차는 얼마인가?

해 $p = 1{,}400 / 4{,}000 = 0.35,\ Z_{\alpha/2} = 2$

$$I = Z_{\alpha/2}\sqrt{\frac{p(1-p)}{n}} = 2\sqrt{\frac{0.35(1-0.35)}{4{,}000}} = 0.015$$

절대오차는 ±1.5%가 되며 '절대오차 $= p \times$ 상대오차' 식을 이용하여 기계 유휴 비율의 상대오차 $I = 0.015 / 0.35 = 0.043$으로 ±4.3%가 된다. 즉, 4,000번의 관측으로부터 신뢰도는 95.45%, 유휴 비율의 신뢰구간은 33.5%에서 36.5%라고 이야기할 수 있다.

2. Sampling 원리

2.1 샘플링과 대표성

(1) 계층성(stratification)

샘플을 취할 때 성격이 다른 계층(예를 들면, 신형과 구형, 남자와 여자, 도시와 지방 등)이 존재하는 경우에는 자료를 계층별로 분리하여 얻는 것이 바람직하다. 작업 분석을 위한 샘플링을 할 경우에도 주간과 야간, 1교대와 2교대, 요일별 등의 계층별로 나누어 샘플링을 하는 것이 바람직하다. 계층별로 샘플링을 한 후에 얻은 자료는 모아서 가중 평균치를 구하게 된다.

계층별 샘플링(stratified sampling)은 계층만 적합하게 분류하면 층별로 하지 않은 경우보다 분산이 적게 되므로 효율적이다.

예를 들면, 포크 트럭의 가동률을 월, 화, 수, 목요일에 각각 100회씩 조사하여 유휴 비율을 각각 10%, 30%, 50%, 30%로 얻었다고 하자. 유휴 비율 $p=0.3$이 되며, 분산은 $(0.3)(0.7)/400=0.000525$로 표준편차는 0.023이 된다. $\pm 2\sigma$신뢰구간을 이용하면 유휴시간 비율은 30±5%가 된다. 반면에 층별로 나누어 유휴시간을 분석하면 요일별 유휴 비율은 0.1, 0.3, 0.5, 0.3, 분산은 0.000900, 0.002100, 0.002100, 0.002500, 표준편차는 0.030, 0.046, 0.050, 0.046이 된다. 따라서 $\pm 2\sigma$신뢰구간을 요일별로 보면 월요일은 10±6%, 화요일 30±9.2%, 수요일 50±10%, 목요일 30±9.2%가 된다.

(2) 영향력(influence)

샘플링의 대표성에 대한 두 번째 문제는 영향력이다. 샘플링에서 각 시행은 독립적이어야 한다. 시행이 독립적이란 시행의 결과가 다음 시행의 결과에 영향을 주지 않는 것을 의미한다. 특히 사람을 대상으로 한 연구에서는 샘플을 취할 때 예측이 가능하지 않아야 된다. 예를 들면, 측정자가 작업을 측정하는 시점을 예측할 수 있다면 작업자들은 왜곡된 형태의 반응을 보일 수 있기 때문이다.

(3) 주기성(periodicity)

샘플링은 주기적 샘플링과 비주기적 샘플링으로 구분된다. 일반적으로 샘플링은 비주기적으로 랜덤하게 하는 것이 원칙이다.

2.2 샘플링 종류

(1) 랜덤 샘플링

랜덤 샘플링(random sampling)은 패턴이나 경향이 있지 않은 샘플링 방법이다.

랜덤 샘플링을 위해서는 관측 대상자가 예측할 수 없도록 난수표를 이용하여 관측 시점, 순회 경로, 출발 지점, 관측 대상 등을 랜덤하게 정해야 한다.

(2) 계층별 샘플링

계층별 샘플링(stratified sampling)은 3가지의 장점을 갖고 있다. ① 계층만 적합하게 분류하면 층별로 하지 않은 경우보다 분산이 적게 되므로 효율적이다. ② 완전한 랜덤 샘플링보다 관측 일정을 계획하기가 쉽다. 예를 들면 포크 트럭의 유휴 분석을 위한 샘플링 문제에서 10일 동안 200회의 샘플링 일정을 계획하는 것보다는 매일 20회씩 샘플링 하는 일정을 계획하는 것이 용이하다. ③ 계층별 샘플링은 일정 계획을 수정하기가 용이하다. 예를 들면, 포크 트럭의 10일 동안의 샘플링 계획에서 3일 동안의 샘플링을 마친 후에 4일째 아침의 샘플링이 곤란한 경우가 발생한 경우에 계층별 샘플링은 계획의 변경이 용이하지만 10일을 전체로 랜덤하게 샘플링한 경우에는 계획의 변경이 불가능하다.

제한적 랜덤 샘플링인 계층별 샘플링은 샘플의 대표성을 높이기 위하여 이용된다. 계층별 샘플링은 통계적으로 정확한 랜덤 샘플링이라기보다는 합리적인 정보 수집 비용으로 가치가 있는 의사 결정을 하기 위하여 대표성이 있는 유용한 정보를 얻는 데 목적을 두고 있다.

(3) 등간격 샘플링

일반적으로 주기성과 영향력에 관한 문제를 배제하기 위하여 랜덤 샘플링을 하는 것이 원칙이다. 그럼에도 불구하고 샘플링을 규칙적으로 하는 주기적 샘플링을 등간격 샘플링(systematic sampling)이라 한다. 등간격 샘플링은 작업자들이 관측에 대하여 무감각해질 정도로 충분히 긴 기간 동안을 관측하거나 랜덤화하는 것이 의미가 없을 정도로 관측 회수가 충분히 많은 경우에 이용한다.

일반적으로 등간격 샘플링은 사람을 대상으로 한 관측에서는 관측 시점의 예측으로 인한 편기 오차(bias error)가 발생할 수 있기 때문에 피하는 것이 좋다.

2.3 샘플링 오차

샘플링 문제에서 발생할 수 있는 오차의 유형은 샘플링 오차(sampling error), 편기 오차(bias error), 대표성의 결여 문제 등을 들 수 있다.

샘플링 오차는 관측 회수에 의존하며, 관측 회수를 크게 하면 샘플링 오차는 줄어든다. 편기 오차는 관측 시점이 예견되거나 랜덤 샘플링이 되지 않아 고의적이거나 의식적인 행동들로 인하여 결과가 왜곡된 경우를 뜻한다. 대표성의 결여 문제는 계층이나 추세, 계절적 요인 등이 반영되지 않고 샘플링이 될 경우에 모집단을 정확하게 묘사하지 못하는 문제이다.

3. Work sampling 절차 및 응용

3.1 연구 절차

Work sampling을 이용한 연구 절차는 다음과 같다.

(1) 연구 목적의 수립
(2) 신뢰수준, 허용오차 결정
(3) 연구에 관련되는 사람과 협의
(4) 관측 계획

① 샘플링 방법을 결정한다.
② 관측 회수, 순회 경로, 하루 순회 수 등을 결정한다.
③ 관측 시점, 경로, 출발 지점, 관측 대상에 대한 샘플링 계획을 세운다.

(5) 관측 실시

관측 계획에 따라 랜덤하게 순간적으로 관측한다.

(6) 비율 추정

관측 결과로부터 구하고자 하는 항목의 비율을 추정한다.

$$\hat{P}=\frac{\sum X_i}{n} \underset{n\uparrow}{\overset{C.L.T}{\approx}} N\left(p, \frac{p(1-p)}{n}\right)$$

그림 11.2 관리 상한과 관리 하한

(7) 이상치 제거

관리 한계선($\pm 3\sigma$선, 또는 $\pm 2\sigma$선) 밖의 이상치가 존재하는 경우에 제거하고 새로운 비율을 추정한다. 관리 상한과 하한의 한계선은 [그림 11.2]에 나타나 있다.

사례 11.3 유휴 비율과 관측 회수

작업자의 유휴 비율을 파악하기 위하여 12일 동안 하루에 각각 100회 샘플링을 하였다. 관측일마다 유휴 회수가 다음과 같이 파악되었다. Excel을 이용하여 다음 문제를 해결하시오.

연구일	1	2	3	4	5	6	7	8	9	10	11	12
유휴 회수	9	10	12	8	6	9	20	9	10	9	9	9

(1) 유휴 비율을 구하시오.

[해] 유휴 비율 $\hat{p} = \dfrac{120}{1200} = 0.1$

관리 한계선은 $\hat{p} \pm 3\sigma$, $\hat{p} \pm 3\sqrt{\dfrac{\hat{p}(1-\hat{p})}{n}}$, $0.1 \pm 3\sqrt{\dfrac{0.1 \times 0.9}{100}}$

$0.1 \pm 0.09 \rightarrow [0.01, 0.19]$이다.

7일째 자료는 관리 상한을 벗어나므로 이상치로 제거한다.

새로운 유휴 비율 $\hat{p} = \dfrac{120}{1200} \fallingdotseq 0.091$이 된다.

(2) 상대 정도 ±10%, 신뢰도 95%로 이론적인 관측 회수를 구하시오.

$$Z_{.025} = 1.96,\ I = 0.1 \times 0.091$$

$$N = \frac{Z_{\alpha/2} \times \hat{p}(1-\hat{p})}{I^2}$$

$$= \frac{1.96^2 \times 0.091 \times (1-0.091)}{(0.1 \times 0.091)^2} = 3803.6$$

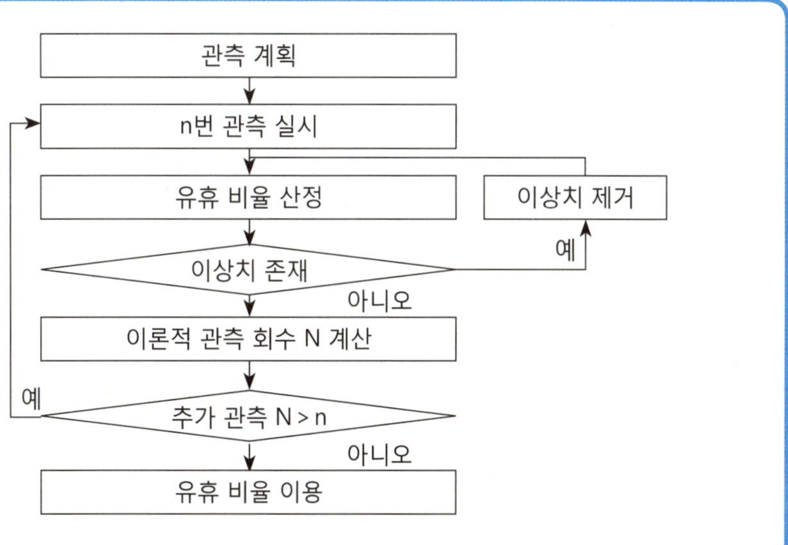

그림 11.3 Work sampling 연구 절차

Work sampling의 절차를 요약하면 [그림 11.3]과 같다.

사이클이 매우 긴 작업이나 그룹으로 수행되는 작업 등은 시간 연구법에 의하여 표준시간을 구하기 어렵다. 〈사례 11.4〉는 work sampling에 의하여 개략적인 표준시간을 정하는 과정을 설명한다.

사례 11.4 워크 샘플링에 의한 표준시간 산정

어느 작업자의 작업을 대상으로 하루(480분 작업)에 100회씩, 10일 동안 총 1,000번의 워크 샘플링을 실시하였다. 관측일별 유휴 회수와 생산량이 다음 표와 같고, 레이팅 90%, 여유율은 정미시간의 20%라고 한다면 표준시간은 얼마인가를 Excel을 이용하여 구하시오.

연구일(일)	1	2	3	4	5	6	7	8	9	10
유휴 회수(회)	9	10	11	8	10	9	11	12	10	10
생산량(개)	200	190	200	210	200	180	220	190	210	200

해 $\hat{p} = 100/1000 = 0.1$

10일간 실제 작업시간 = 480분 × 10일 × (1 − 유휴 비율),

개당 실제 생산시간 = $480 \times 10 \times (1 - 0.1)/2000 = 2.16$ (분/개),

정미시간 = $2.16 \times 0.9 = 1.944$ (분/개)

표준시간 = $1.944 \times (1 + 0.2) = 2.33$ (분/개)

3.2 Work sampling과 작업평가

작업 분석을 통하여 작업의 위험 요인을 분석하는 것을 유해 요인 조사라고 한다. 유해 요인 조사에서는 작업 내용과 작업 대상물, 작업 환경 등을 종합하여 평가하게 된다. 특히, 작업 내용에 대한 위험 요인 평가는 주로 체크리스트를 이용한 초기 분석 단계와 비디오 촬영 등의 실측 작업이 수행되는 상세 분석 단계로 나누어 진행되는데 작업 내용을 체계적으로 분석하기 위해 작업을 촬영하여 분석하는 방법을 주로 이용한다.

작업을 촬영하여 분석하는 일은 시간과 돈이 필요하므로 효율성을 높이기 위하여 작업의 일부분을 촬영하고 분석하여 전체적인 과정을 유추하는 샘플링 방법이 주로 이용된다. 작업을 샘플링하여 분석하는 데에는 작업 측정에서 다룬 시간 연구법과 워크 샘플링 방법이 이용된다. 즉, 컨베이어 라인과 같이 짧은 주기시간을 갖으며, 계속적으로 반복적인 작업을 하는 작업은 비디오 촬영에 의한 시간 연구법을 적용하고, 컨베이어 라인 형태가 아니고 주기시간이 긴 작업에 대해서는 워크 샘플링 방법을 적용한다.

3.2.1 정형 작업의 분석

전자 회사나 자동차 회사의 컨베이어 라인의 작업자와 같이 짧은 주기시간을 갖고 반복적으로 같은 작업을 수행하는 작업을 정형 작업이라 한다. 정형 작업은 계속 반복되는 작업을 주기시간을 기준으로 행하므로 작업 내용을 4~5사이클 정도만 촬영하여 분석하면 작업의 내용을 파악할 수 있다. 그러나 제품을 만드는데 주기적으로 반복하는 작업들과 몇 주기마다 발생하는 준비나 보수 작업의 형태까지 반영되도록 작업의 내용을 충분히 파악하여 촬영하는 것이 필요하다.

작업을 촬영하고 난 후에는 각 요소 작업마다 평가하고 싶은 신체 부위별 작업 자세나 손목 꺾임, 중량물 취급과 관련한 내용 등을 조사해서 주기시간을 고려하여 작업 평가 결과를 정리할 수 있다.

사례 11.5 정형 작업의 분석

[표 11.1]은 컨베이어로 구성된 라인에서 '신나요' 작업자의 작업 내용을 5사이클 동안 촬영하여, 분석하고 요약한 것이다. '신나요' 작업자의 작업은 자재물림, 기계 가공, 가공품 뺌 작업을 순서대로 마치면 제품 1개가 처리되며, 제품 4개를 처리한 후에는 가공 기계를 보수 유지하여야 한다. 작업 분석 자료를 이용하여 작업자가 하루에 8시간(480분)을 근무한다고 하였을 때 몇 개의 제품을 생산하고, 총 몇 번의 손목 꺾임이 발생하는가를 계산하여 보자.

개당 총 주기시간은 제품 1개를 만드는 데 소용되는 주기적인 시간 50초에 4개당 40초가 걸리는 보수 유지시간을 개당으로 환산한 10초를 더하여 총 60초가 걸린다. 손목 꺾임은 제품 1개를 생산하는 60초 동안 총 3회가 발생한다. 그러므로 480분 동안에는 총 480개의 제품이 생산되고 손목 꺾임은 총 1,440번이 발생하게 된다.

표 11.1 정형 작업에 대한 워크 샘플링 결과

요소 작업	관측 내용		작업 성격
	평균시간	손목 꺾임 회수	
자재물림	10초	1	주기적 작업
기계 가공	30초		
가공품 뺌	10초	1	
개당 주기시간	50초	2회/50초	제품 1개당 주기 작업시간
기계 보수 유지	40초	4	제품 4개당 1번 점검시간
개당 총 주기시간	60초	3회/개당	개당 시간으로 환산

3.2.2 비정형 작업의 분석

조선업종의 작업자나 환경 미화원 등의 작업은 짧은 주기시간 동안 반복되지 않고, 다양한 작업 내용이나 작업 자세가 나타날 수 있으므로 비정형 작업이라 한다. 비정형 작업은 가능한 많은 시간 동안의 작업 내용이 반영될 수 있도록 워크 샘플링법에 의하여 분석한다.

작업을 촬영하고 난 후에는 전체 샘플링 회수와 해당 항목별 작업 자세 및 작업 요소 평가에 대한 항목 비율을 이용하여 단위시간당 평가 결과를 도출할 수 있다.

사례 11.6 비정형 작업의 분석

[표 11.2]는 특정 작업을 총 100분 동안 촬영하여 1분 간격의 등간격으로 샘플링하여 작업별로 파악된 샘플 회수와 손목 꺾임 회수를 파악한 것이다. 총 100번의 샘플 중에서 가공 작업이 제일 많이 발견되었고, 단면 평가 결과 손목 꺾임 회수는 100번 중 40번으로 나타나 손목이 꺾이는 시간 비율이 40%에 이르는 것을 알 수 있다.

작업 분석 자료를 이용하면 작업자가 하루에 8시간(480분)을 근무한다고 하였을 때 가공시간은 전체의 40%에 해당되는 3.2시간으로 추정할 수 있으며, 시간당 손목이 꺾이는 작업시간은 40% 비율을 이용하여 24분임을 알 수 있다.

표 11.2 비정형 작업에 대한 워크 샘플링 결과

요소 작업	관측 회수		작업 중 손목 꺾임 회수
	회수	비율	
가공	40	0.4	25
검사	20	0.2	5
마무리	20	0.2	0
기계 점검	20	0.2	10
계	100	1.0	40

연습문제

1. 사람이나 기계 등의 상태를 순간적으로 관측, 기록하여 가동 비율 등을 파악하는 기법과 가까운 것은?
   ① PTS　② 실적 기록법　③ 시간 연구법　④ 워크 샘플링

2. 중요한 장비의 가동률이나 작업자의 유휴 비율을 추정하는 데 가장 적절한 방법은?
   ① PTS　② 실적 기록법　③ 시간 연구법　④ 워크 샘플링

3. Work sampling에 대한 장단점으로 적절하지 않은 것은?
   ① 관측이 순간적으로 이루어져 작업에 방해가 적다.
   ② 자료 수집 및 분석시간이 적다.
   ③ 시간 연구법보다 자세한 방법이다.
   ④ 작업이 변화되면 전체적인 연구를 새로 해야 한다.

4. 한 사람의 조사자가 10대의 프레스에 대한 가동률을 워크 샘플링법으로 구하였다. 이론적 관측 회수가 3,500개가 필요하며 이 조사를 25일간에 걸쳐서 완료하고자 할 경우에 하루에 관측을 위한 순회 수는 몇 회로 해야 하는가?
   ① 350회　② 140회　③ 70회　④ 14회

5. 워크 샘플링법으로 가동률을 조사하였다. 1일의 관측 회수가 100회이며 총 관측 회수가 1,200회일 때, 가동 상태의 관측이 960회였다면 이때 관리 상한과 하한(3σ관리 한계)은 얼마로 해야 하는가?
   ① 90(%), 60(%)　② 82(%), 70(%)
   ③ 92(%), 68(%)　④ 96(%) 64(%)

연습문제 해답 : 1. ④, 2. ④, 3. ③, 4. ④, 5. ③

6. Work sampling의 기본 원리가 되는 통계적 분포는?

① 이항분포　② 정규분포　③ 지수분포　④ t 분포

7. 어느 작업장에서 유휴 기계 대수 비율을 구하기 위해 100개의 예비 샘플링을 행하였더니 그 중에서 정지 상태에 있는 기계의 샘플 수는 25개였다. 이 조사의 상대 오차는 ±10%, 신뢰도는 95%라 할 때 이론적 관측 회수는 얼마인가?(단, $Z_{0.25}=2$)

① 75개　② 300개　③ 480개　④ 1,200개

8. 워크 샘플링 방법에 의해서 작업시간 비율이 80%로 관측되었다. 총 작업시간 480분에 생산량은 200개이며 rating 120%, 여유율 20%(480분에 대한 비율)일 때 개당 표준시간은 얼마인가?

① 2.66분/개　② 2.67분/개　③ 2.82분/개　④ 2.88분/개

9. Work sampling에 의해 1,000번을 관측한 결과 조립 작업이 600회, 검사가 200회, 유휴가 200회로 나타났다. 관측하는 동안 한 시간에 10개(보통 속도라 가정)를 만들었다면 검사 작업의 정미시간은?

① 1.5분　② 1.2분　③ 4.8분　④ 3.6분

10. Work sampling에 대한 설명으로 거리가 먼 것은?

① 정확한 비율의 추정이 관건이다.

② 직접 관측 방법이다.

③ 관측은 독립적이어야 한다.

④ 스톱워치법보다 정확하다.

연습문제 해답 : 6. ①, 7. ④, 8. ④, 9. ②, 10. ④

11. Work sampling의 정의와 관련이 적은 어휘는?

① 순간적(instantaneous) ② 간헐적(intermittent)

③ 무작위적(random) ④ 계속적(continuous)

12. 다음 중 성격이 다른 집단들에 대하여 집단별로 샘플링을 한 후에 가중 평균을 구하는 방법은?

① 랜덤 샘플링 ② 계층별 샘플링

③ 등간격 샘플링 ④ systematic sampling

연습문제 해답 : 11. ④, 12. ②

실습문제

1. 다음의 표는 어느 작업에 대한 하루 8시간동안 각 100회씩 작업샘플링(Work Sampling)한 결과이다.

관측 일	1	2	3	4	5	6	7	8	9	10	11	12
관측 회수	100	100	100	100	100	100	100	100	100	100	100	100
유휴 회수	19	20	22	18	17	19	29	19	18	19	19	17

1) 이 작업에 대한 유휴비를 추정하시오.

2) 작업자가 하루 8시간에 평균 200개를 생산한다면 표준시간은 얼마인가?
(단, 레이팅 계수는 110%, 여유율은 정미시간에 대한 비율로 5%이다.)

■ 해설 ■

1) 유휴비율 = 총 유휴회수/총관측회수 = 80/800 = 0.1

2) 표준시간
- 실제 작업시간 = 총 작업시간 × 가동률 = 480분 × 0.9 =432분
- 개당 생산시간 = 실제 총작업시간/생산량 = 432/200 = 2.16분/개
- 정미시간 = 개당 생산시간 × 레이팅 계수 = 2.16 × 1.1 = 2.376분/개
- 표준시간 = 정미시간 × (1 + 여유율) = 2.376 × (1 + 0.05) = 2.494분/개

2. 주방설비 제작자가 5일 동안(하루 8시간씩 작업) 10개의 주방설비를 제작하였다. 5일동안 총 500번의 관측 중에 다음과 같은 작업 내용이 관측되었다. 이때 워크샘플링 기법을 적용하여 절단작업의 표준시간을 구하시오.(단, 레이팅 계수 =0.95, 작업 여유율=0.1)

절단	300
용접	100
자재취급	50
유휴시간	50
총계	500

■ 해설 ■

- 정미시간 = {(절단 작업비율×총관측시간)/생산량}×레이팅 계수×(1+작업여유율)
  = {(300/500)× 5일×8시간×60분)/10개}× 0.95 × (1+0.1)
  = 150.48 (분/개)

3. 다음은 4시간 동안의 작업작업내용을 work sampling한 내용이다. 다음 표를 참고하여 아래의 물음에 답하시오.

작업	작업 횟수	팔을 어깨 위로 들고 작업하는 횟수	쪼그려 앉아 작업하는 횟수
작업 1	///// /////		
작업 2	///// ///// ///// /////	/////	
작업 3	///// ///// ///// ///// ///// ///// ///// ///// ///// /////	///// ///// /////	///// /////
작업 4	///// /////	///// /////	/////
유휴기간	///// /////		
총 계	100회	30회	15회

1) 위의 내용을 기초로 각 작업에 대한 8시간 동안의 추정 작업시간을 구하시오.

2) 위의 내용을 기초로 8시간 동안의 부담작업에 대한 추정 시간을 구하고, 근골격계 부담작업 제 3호와 5호에 해당하는지의 여부를 서술하시오

	팔을 어깨위로 드는 작업	쪼그려 앉는 작업
추정 작업 시간		
근골격계 부담작업 해당여부		

■ 해설 ■

1) 각 작업에 대한 8시간 동안의 추정 작업

작업	작업시간
작업1	가동률*8시간=(10회/100회)×8시간=0.8시간
작업2	가동률*8시간=(20회/100회)×8시간=1.6시간
작업3	가동률*8시간=(50회/100회)×8시간=4.0시간
작업4	가동률*8시간=(10회/100회)×8시간=0.8시간

2) 근골격계 부담작업 3호와 5호 해당 여부

	팔을 어깨 위로 드는 작업	쪼그려 앉는 작업
추정 작업 시간	(30회/100회)×8시간=2.4시간	(15회/100회)×8시간=1.2시간
근골격계 부담작업 해당여부	2시간 이상이므로 부담작업	부담작업 아님

4. 조립과 검사작업으로 구성된 제품을 생산하는 작업자를 대상으로 Work sampling을 실시하였다. 관측은 매일 8시간의 근무시간 동안에 100회씩을 10일 동안 관측하였으며, 관측시점마다 어떤 작업을 하고 있는지 여부(작업관련 항목)와 부담작업여부에 관한 자세관측이 동시에 이루어졌다.

총 관측회수		1,000
작업관련 항목	조립 회수	700
	검사 회수	130
	유휴 회수	170
부담작업관련 항목 (중복 체크 가능함)	허리 굽히거나 비틈 회수	310
	목을 굽히거나 비틈 회수	250
	무릎 쪼그린 자세 회수	110
표준시간 평가요소	레이팅 80%, 작업여유율 10% 10일간 생산량 4,000개	

1) 제품 생산에 필요한 표준시간과 하루(8시간) 생산량을 구하시오.

2) 생산비용이 고정비용으로 하루당 200,000원, 변동비용은 개당 5,000원씩이라면 개당 생산비용은?

3) 허리를 굽히거나 비틈 시간이 하루에 2시간 이상이거나, 목을 굽히거나 비틈 시간이 2시간이상, 또는 무릎을 쪼그린 시간이 2시간이상이면 부담작업이라고 한다.

(1) 하루 8시간을 작업한다면 이 작업자는 부담작업에 해당되는가?

(2) 부담작업이 되지 않으려면 작업자는 A제품 생산시간을 하루에 몇 시간미만으로 하여야 하는가?

■ 해설 ■

1) - 작업비율 = 1- (170/1000) = 0.83
- 개당 작업시간 = 480분 × 10일 × 0.83 / 4000개 = 0.996 (분/개)
- 표준시간 = 개당작업시간 × 0.8 × 1.1 = 0.996 × 0.8 × 1.1 = 0.876 (분)
- 하루 생산량 = 480분 / 표준시간 = 480분 / 0.876분 = 547.6 (개)

2) - 하루 총비용 = 고정비 + 하루 생산수량 변동비
= 200,000원+547.6개×5000원 = 2,938,226 (원)
- 개당 비용 = 하루 비용 / 하루 생산량 = 2,938,226원/547.6개 = 5,365 (원)

3) 근골격계 부담작업 해당 여부

작업	작업시간	부담작업 여부
허리부담	8시간×(310/1000)=2.48시간	O
목 부담	8시간×(250/1000)=2.0시간	O
무릎 부담	8시간×(110/1000)=0.88시간	X

- 부담작업에 해당되는 작업의 작업시간을 X라하면, 부담작업비율이 가장 큰 허리 부담작업(31.0%)이 2시간을 초과하면 부담작업이 된다.

X 시간 ×0.31 > 2 시간

X 시간 > 2시간 / 0.31 = 6.45 (시간)

작업시간이 6.45시간 이상이면 부담작업이 되므로 6.45시간 미만으로 조정.

5. 계층별 샘플링과 등간격 샘플링을 랜덤 샘플링과 비교하여 설명하시오.

■ 해설 ■

1) 계층별 샘플링(stratified sampling)

- 랜덤 샘플링이라기보다는 합리적인 정보 수집 비용으로 가치가 있는 의사결정을 하기 위하여 대표성을 반영한 정보를 얻는 데 목적을 둔 방법
- 계층별 특성 비율을 반영하여 샘플링을 한 후에 가중 평균치를 구하는 방법
- 장점
    ① 계층만 적절하게 분류된다면 분산이 적어져 효율적임.
    ② 완전한 랜덤 샘플링보다 관측 일정을 계획하기가 쉽다

2) 등간격 샘플링

- 시간이나 순서에 따라 등간격으로 샘플링하는 방법
- 작업자들이 무감각해질 정도로 충분히 긴 기간 동안을 관측하거나 랜덤화하는 것이 의미가 없을 정도로 관측회수가 충분히 많은 경우에 이용
- 관측 시점의 예측으로 인한 편기 오차가 발생할 수 있는 경우에는 피하는것이 좋다.

6. Work sampling법에 의하여 스포츠 경기를 분석하고자 한다. 다음 두 가지 사항을 분석하고, 결과들을 어떻게 응용할 수 있는가를 검토하시오.

1) 각 팀이 공을 소유하고 있는 시간 비율

2) 각 선수가 공을 소유하고 있는 시간 비율

7. 특정 작업장이나 설비(예, 컴퓨터 실습실, 도서관 열람실, 복사기 등)를 대상으로 관심항목을 대상으로 Work sampling을 실시하여 분석하시오.

8. Work sampling법에 의해 매일 8시간의 근무시간 동안에 100회씩을 9일 동안 관측한 결과, 기록된 작업자의 유휴 회수와 작업 공정의 회수(이 제품의 공정은 조립 작업 공정과 검사 공정으로 구성됨), 생산량은 다음과 같다. 다음 문제를 Excel을 이용하여 해결하시오.

관측 일	1	2	3	4	5	6	7	8	9
유휴 회수	10	11	12	13	12	27	13	10	12
조립 회수	70	68	65	65	69	50	68	71	79
생산량(개)	110	120	110	120	100	90	110	130	120

1) $\pm 2\sigma$관리 한계선을 벗어나는 이상치를 제거한다면 유휴시간의 비율은?
2) 조립 작업 공정의 rating이 110%, 여유시간은 정미시간의 12%로 정해져 있다면, 조립 작업 공정의 표준시간은 얼마인가? 단, 9일 동안 작업시간은 모두 8시간씩이다.
3) 검사 공정의 rating 계수가 95%, 여유시간은 총 근무시간의 10%로 주어져 있다면 전체 작업에 대한 표준시간은?

■ 해설 ■

1) ±2σ관리 한계선을 벗어나는 이상치를 제거한다면 유휴시간의 비율

◇이상치 제거 전

일수	1	2	3	4	5	6	7	8	9	합계
관측횟수	100	100	100	100	100	100	100	100	100	900
유휴횟수	10	11	12	13	12	27	13	10	12	120
유휴비율	0.1	0.11	0.12	0.13	0.12	0.27	0.13	0.1	0.12	0.133

- 유휴율 $p = \frac{120}{900} = 0.133$

(관리하한, 관리상한) = (0.133±2*SQRT(0.133*(1-0.133)/100)
관리한계 (0.065, 0.201)를 벗어난 6일 data를 삭제한다.

◇이상치 제거 후

일수	1	2	3	4	5	7	8	9	합계
관측횟수	100	100	100	100	100	100	100	100	800
유휴횟수	10	11	12	13	12	13	10	12	93
유휴비율	0.1	0.11	0.12	0.13	0.12	0.13	0.1	0.12	0.116

(관리하한, 관리상한)을 새로이 구하면 (0.201, 0.065)로 이상치가 없으므로 유휴비율은 0.116이 된다.

2) 조립 작업 공정의 표준시간

6일째 data 모두 제거 한 뒤,

- 조립비율 = 조립 총 횟수 / 관측 횟수 = 555 / 800 = 0.694
- 조립 평균시간 = 8일 근무시간 × 조립비율 / 8일 총생산량
  = 8일×60분×8시간×0.694 / 920 = 2.896 (분)
- 조립 표준시간 = 조립 평균시간 × 레이팅 계수 × (1+작업여유율)
  = 2.896 × 1.1 × 1.2 = 3.822 (분)

3) - 검사비율 = 1-조립비율 - 유휴비율 = 1 - 0.694 - 0.116 = 0.190
- 검사 표준시간 = (근무시간×검사비율/총 생산량)×레이팅 계수/(1-근무여유율)
  = (8×60×8×0.19/920)×0.95/(1-0.1)
  = 0.837(분)

전체 표준시간= 조립표준시간 + 검사표준시간 = 3.822 + 0.837 = 4.659 (분)

제 12 장

표준자료와 MTM

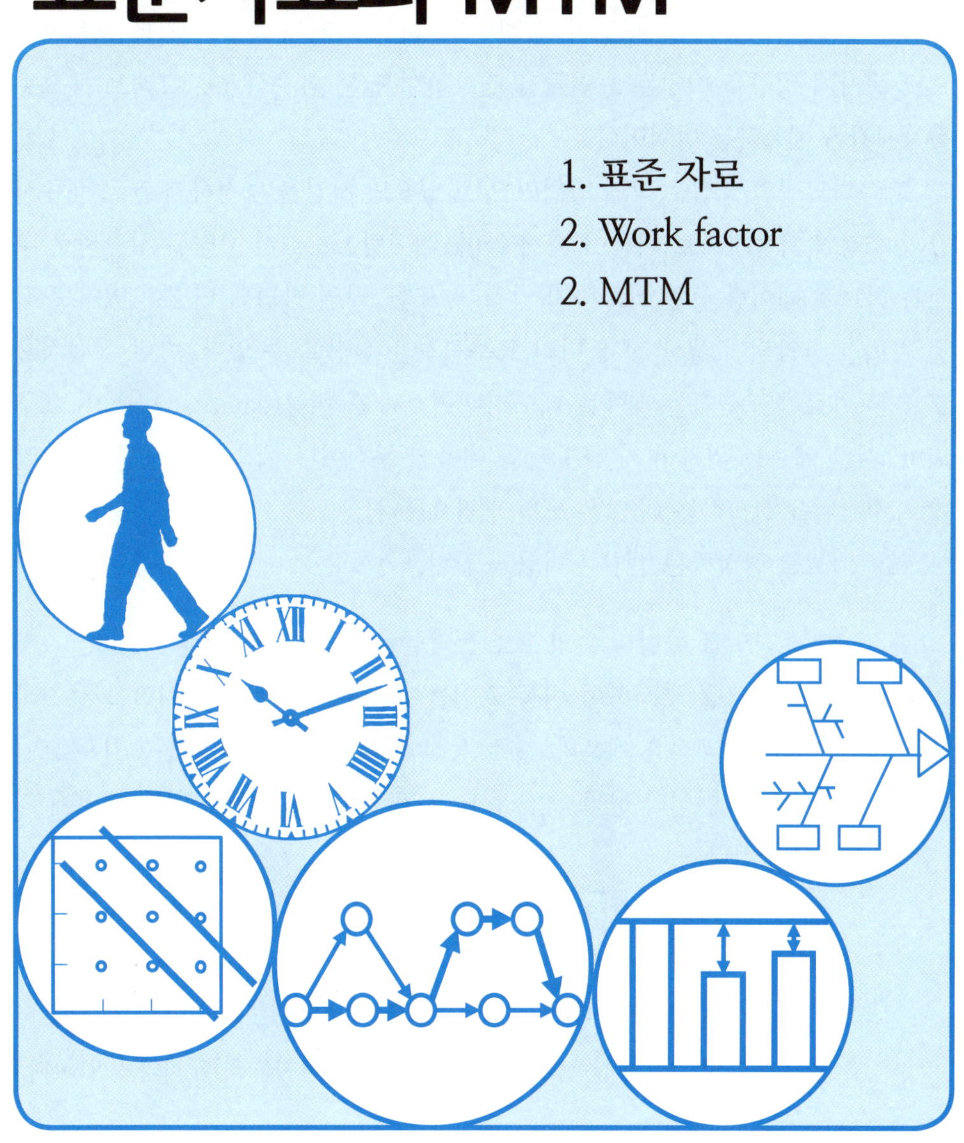

1. 표준 자료

1.1 표준 자료법

표준 자료법(standard data)은 간접 측정 방법에 의하여 표준시간을 결정하는 방법이다. 즉, 작업시간을 새로이 측정하기보다는 과거에 측정한 기록들을 기준으로 동작에 영향을 미치는 요인들을 검토하여 만든 함수식, 표, 그래프 등으로 동작시간을 예측하는 방법이다.

표준 자료법의 장점은 작업 방법만 알고 있으면 시간을 측정하지 않고 표준시간의 추정이 가능하므로 비용이 적게 들며, 레이팅(rating)이 고려된 시간치로 추정을 하므로 레이팅을 필요로 하지 않는다. 또한, 작업 방법의 변경이 있어도 작업 방법만 파악되면 생산 전에 미리 표준시간을 설정할 수 있다. 반면 직접적으로 표준 자료를 구축하는 데에는 데이터베이스 구축 비용(database cost)이 요구되며, 시간 예측을 위하여 자세한 작업 내용의 분석이나 예측이 필요한 점과 알맞은 시스템을 선정하는 데 많은 노력이 필요하다.

표준 자료를 결정하는 방법은 다음과 같다.

① 전체 작업을 한정된 수의 요소 동작들로 분류한다.

② 측정 자료를 분석하여 변동 요인들에 의하여 요소 동작시간을 추정하는 함수 관계식을 세운다. 요소 동작의 소요시간에 영향을 미치는 요인을 변동 요인이라 한다. 즉, 각 요소 동작의 소요시간은 변동 요인에 의해 결정된다.

정미시간(요소 동작) = f(변동 요인 1, 변동 요인 2, …, 변동 요인 3)

$NT(E_i) = f_i(V_1, V_2, \cdots, V_n)$,

NT는 정미시간, E_i는 요소 동작, V_i는 변동 요인

③ 전체 작업의 소요시간은 요소 동작별 시간 추정치들의 합계와 동일하다.

표준 자료를 결정할 때 결정할 변수는 ① 요소 동작의 구분을 어떻게 할 것인가, ② 변동 요인을 어떻게 정하는가이다. 요소 동작을 어느 정도로 구분하느냐, 변동 요인을 얼마나 자세하게 나타내느냐에 따라 표준 자료의 구축 비용과 정밀도는 달라진다.

사례 12.1 변동 요인

다음 요소 동작의 시간 예측에 필요한 변동 요인을 함수식으로 표현하여 보자.

- 드릴 작업시간 = f(크기, 형태, 구멍 수, 경도, 깊이)
- TV 수리시간 = f(회사명, 고장 형태)
- 집에서 학교까지의 시간 = f(등하교 방법, 시간대, 날씨)

1.2 PTS

PTS(predetermined time standards)법은 사람이 행하는 작업을 기본 동작으로 분류하고, 각 기본 동작들은 동작의 성질과 조건에 따라 이미 정해진

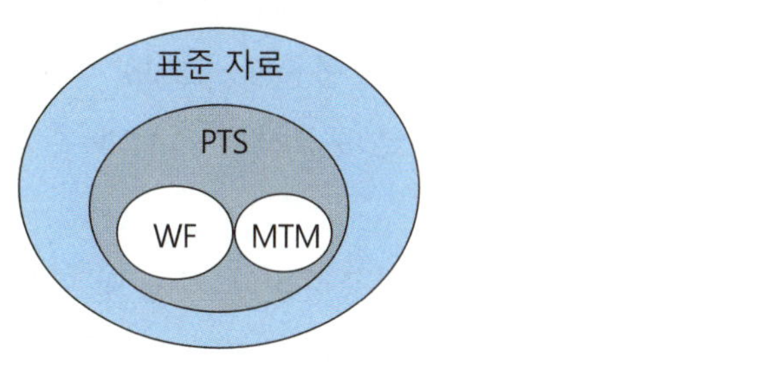

그림 12.1 표준 자료와 PTS

(predetermined) 기준 시간치(time standards)를 적용하여 전체 작업의 정미시간을 구하는 방법이다.

PTS법은 표준 자료법에서 요소 동작이 therblig의 기본 동작에 해당하는 경우에 속한다. 즉, NT(기본 동작) = f(동작 성질, 동작 조건)로 표시할 수 있다.

PTS에는 여러 가지 방법이 있으나 Work factor와 MTM 방법이 가장 많이 알려져 있다.

2. Work factor

Work factor(WF)법은 1934년 Philco Radio Corp.에서 Quick 등이 개발한 펀치 프레스 작업에 대한 시간치 예측 공식을 토대로 RCA(Radio Corporation of America)의 현장 적용 연구를 거쳐 완성되었다.

Work factor법은 신체 부위에 따른 동작시간을 움직인 거리와 작업 요소(work factor)인 중량, 동작의 난이도에 따라 기준 시간치를 결정하는 표준 자료법이다. Work factor법은 주어진 신체 부위로 주어진 거리를 가장 빠르고 편하게 행할 수 있는 기초 동작과 동작의 난이도를 고려하는 워크 팩터로 구성되어 있다.

신체 부위별 동작시간 = f(기초 동작, 워크 팩터)
= f(동작 거리, 중량, 동작의 곤란도)

기초 동작은 사용하는 신체 부위를 손가락(F: finger), 손(H: hand), 팔(A: arm), 앞팔 회전(FS: forearm swivel), 몸통(T: trunk), 발(FT: foot), 다리(L: leg), 머리 돌림(HT: head turn)의 8가지로 구분하여 시점과 종점 사이의 움직인 직선 거리를 '(inch) 단위로 표시한다.

워크 팩터는 기초 동작이 중량이나 저항 및 인위적 조절을 포함할 경우에 기초 동작에 추가되는 시간 요소이다. 중량 또는 저항은 성별과 중량(저항)의 크기에 따라 W수로 표시한다. 또한 동작의 난이도를 나타내는 인위적 조절 정도는 S(방향 조절), P(주의), U(방향 변경), D(일정한 정지)로 나타낸다.

① 방향 조절(S: steering): 좁은 간격 통과 또는 동작의 유도 조절 동작
② 주의(P: precaution): 파손이나 상해를 방지하기 위한 조절 동작
③ 방향 변경(U: change of direction): 장애물을 피하기 위한 방향 변경
④ 일정한 정지(D: definite stop): 의식적으로 일정한 정지를 요하는 동작

Work factor법의 종류로는 0.15분 이하의 주기가 짧은 반복 작업을 대상으로 상세하게 분석하는 DWF(detailed work factor)와 작업 주기가 0.1분 이상인 동작을 대상으로 개략적으로 분석하는 RWF(ready work factor)가 있다.

DWF법에 의한 동작 분석은 동작 내용을 동작 기호로 나타내는데 다음과 같은 순서로 표시한다.

동작 신체 부위→동작 거리→Work factor
W, S, P, U, D 순서

예를 들면, A12D는 팔을 12인치 뻗어 일정 위치에 멈추는 동작이다.

반복 동작인 경우에는 회수를 분석 기호 앞에 기입한다. 예를 들면, 6A18은 손을 18인치 뻗는 동작을 6회 반복하는 것을 나타낸다.

평균 반복 회수를 기입하는 경우에는 동작 분석 기호 앞에 V를 기입한다. 예를 들면, VA15D는 팔을 평균적으로 15인치 뻗어 일정한 위치에 정지하는 동작이다.

DWF에 의한 시간 산정은 신체 부위별 동작 시간치 표로부터 DWF 기록 방법에 의해 분석된 기호를 동작 거리, WF 개수에 따라 시간치를 읽는다. WF법에서는 단위로 WFU를 이용하며, 1 WFU = 0.0001분 = 0.006초이다.

[표 12.1]은 팔(A) 동작에 대한 WFU 시간치를 나타낸 표의 일부이다.

표 12.1 A 동작에 대한 WFU 시간치

동작 거리	워크 팩터 수				
	0	1	2	3	4
7	35	51	65	78	90
8	38	54	70	84	96
9	40	58	74	89	102
10	42	61	78	93	107
11	44	63	81	98	112
12	46	65	85	102	117
13	47	67	88	105	121
14	49	69	90	109	125
15	51	71	92	113	129
16	52	73	94	115	133
중량 남	~2	~7	~13	~20	> 20
여	~1	~3.5	~5.5	~10	> 10

사례 12.2 DWF 시간 산정

10lb 무게의 장난감을 들고 10인치 떨어진 선반 위의 정확한 위치에 운반하여 놓는 동작에 대하여 WF법으로 시간을 추정하면 몇 초인가를 구하여 보자(남자). [표 12.1]에서 중량 남자 란을 보면 7에서 13lb까지는 중량 워크 팩터가 WW이고, 정확한 정지를 요하므로 D가 필요하다. 팔을 10인치 움직이므로 운반 동작을 WF 기호로 표시하면 A10WWD 또는 A10W^2D가 된다. A10W^2D 동작은 워크 팩터 수가 3개이므로 워크 팩터 수가 3인 곳과 거리가 10인치인 곳이 만나는 칸을 읽으면 93WFU가 된다. 시간을 초로 환산하면 93 ×0.006 = 0.558초가 된다.

DWF에 의한 표준시간 산정 절차는 다음과 같다.

① 작업에 관한 자료를 수집한다.

② 양손 동작을 요소 동작으로 순서대로 기록한다.

③ 요소 동작을 DWF에 의한 분석 기호로 나타낸다.

④ DWF 분석 기호에 해당하는 시간치를 DWF 동작 시간표로부터 찾아 기록한다.

⑤ DWF 시간치 합계 후에 정미시간으로 환산한다.

⑥ 여유시간을 고려하여 표준시간을 산출한다.

사례 12.3 DWF법에 의한 동작 분석

다음의 표는 펜을 펜꽂이로부터 종이 위로 가져와 X 표시를 하고, 펜꽂이에 되돌려 놓은 후 손을 제자리로 가져가는 동작을 DWF법에 의하여 분석한 것이다.

요소 번호	요소 설명	분석 기호	WFU
1	12인치 손을 뻗는다	A12D	65
2	펜을 쥔다	1/2F1	8
3	종이로 가져간다(12인치)	A12D	65
4	종이 위에 펜의 위치를 잡는다	F1SD	29
5	X의 / 선을 긋는다	F1D	23
6	위치를 잡는다	F1D	23
7	X의 \ 선을 긋는다	F1D	23
8	펜을 펜꽂이에 가져간다	A12SD	85
9	펜을 펜꽂이에 댄다	1/4VA1S	7
10	펜을 펜꽂이에 끼운다	F1P	23
11	펜을 놓는다	1/2F1	8
12	손을 종이로 가져간다(12인치)	A12D	85
총 시간단위			424

3. MTM

3.1 MTM의 개요

MTM(methods time measurement)이란 사람이 행하는 작업을 기본 동작으로 분석하고, 각 기본 동작의 성질과 조건에 따라 미리 정해진 시간치를 적용하여 정미시간을 구하는 절차이다. methods time이란 용어는 작업 수행 방법을 파악한 후 시간치를 결정하기 때문에 붙인 이름이다.

MTM의 종류에는 1948년 Westinghouse의 Maynard등이 개발한 MTM-1과 스웨덴 MTM협회에서 개발한 주기가 큰 작업 대상의 MTM-2, 더 큰 주기를 대상으로 한 가장 단순한 MTM-3와 MTM-V(공작 기계), MTM-M(현미경 작업), MTM-C(사무 작업), MTM-B(건축) 등이 있다.

MTM-1은 드릴, 프레스의 기계 공작 작업을 대상으로 한 시간 자료를 분석하여 개발한 것으로 MTM 중에서 가장 정확하고 세밀한 작업 분석이 가능하다. MTM-1은 작업 동작을 손, 눈, 팔, 다리와 몸통 동작 등 14개의 기본 동작으로 분류하며, 각 기본 동작별 표현 방법이 있고, 시간치 표를 이용하여 동작시간을 추정할 수 있다. MTM-1의 시간치 단위는 TMU(time measurement unit)를 이용하며 1TMU = 10^{-5} 시간 = 0.036초이다. MTM-1의 시간치는 정상 속도(100%)를 기준으로 작성된 것이다.

MTM-1의 각 기본 동작은 동작의 성질을 나타내는 Case(A, B, C로 표시)와 동작의 조건을 나타내는 Type으로 구성되어 있다. 동작의 성질은 동작의 정확성 및 제어(control) 정도를 나타내며 동작의 조건은 동작 대상물의 상황을 나타낸다.

3.2 MTM-1의 기본 동작

3.2.1 손을 뻗침 R

R(reach: 손을 뻗침)은 손을 뻗치는 동작으로 손이나 손가락을 이동하는 것이다. MTM-1에서는 손을 뻗치는 데 소요되는 시간이 이동 거리(inch), 동작의 제어 필요 정도(Case), 시점과 종점에서의 손의 움직임 여부(Type)에 의하여 영향을 받는다.

동작의 제어 필요 정도를 나타내는 Case는 A, B, C, D, E로 분류되며, 제어 정도에 따라 시간치는 C, D>B>E>A인 관계를 갖고 있다. 시점과 종점에서의 손의 움직임 여부를 나타내는 Type은 시점과 종점이 모두 정지 상태인 Type Ⅰ, 시점과 종점 중에서 한 지점에서만 움직이는 Type Ⅱ, 시점, 종점에서 모두 움직이는 Type Ⅲ로 분류되며 시간치는 Type Ⅰ>Type Ⅱ>Type Ⅲ인 관계를 갖고 있다[그림 12·2].

이동 거리는 Work factor법이 직선 거리로 표현하는데 반해, MTM은 실제 이동 궤적 거리(inch)로 표현한다.

Reach의 기록 방법은 시점에서 움직임이 있으면 m을 붙이고, 없으면 m을 안 붙인다. R을 기록하고 이동 거리(")와 Case를 나타내는 A, B, C, D, E 중의 한 문

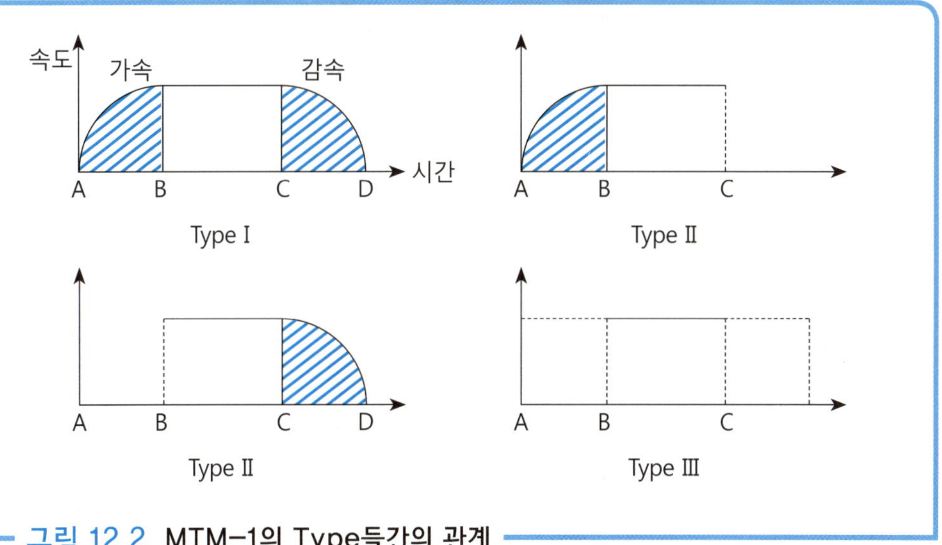

그림 12.2 MTM-1의 Type들간의 관계

표 12.2 R(reach) 시간치

거리 (inch)	TYPE I 시간 (TMU)				TYPE II 손이 이동중		Case 설명
	A	B	C~D	E	A	B	
3/4	2.0	2.0	2.0	2.0	1.6	1.6	A 고정 위치나 다른 손에 쥐고 있는 대상물에 손을 뻗침
1	2.5	2.5	3.6	2.4	2.3	2.3	
2	4.0	4.0	5.9	3.8	3.5	2.7	
3	5.3	5.3	7.3	5.3	4.5	3.6	B 주기에 따라 위치가 조금씩 변할 수 있는 단일 대상물에 손을 뻗침
4	6.1	6.4	8.4	6.8	4.9	4.3	
5	6.5	7.8	9.4	7.4	5.3	5.0	
6	7.0	8.6	10.1	8.0	5.7	5.7	C 서로 섞여 있는 대상물 중에서 한 개를 선택하기 위해 손을 뻗침
7	7.4	9.3	10.8	8.7	6.1	6.5	
8	7.9	10.1	11.5	9.3	6.5	7.2	
9	8.3	10.8	12.2	9.9	6.9	7.9	D 매우 작거나 정확하게 잡아야 하는 대상물에 손을 뻗침
10	8.7	11.5	12.9	10.5	7.3	8.6	
12	9.6	12.9	14.2	11.8	8.1	10.1	
14	10.5	14.4	15.6	13.0	8.9	11.5	E 신체 균형을 잡거나, 다음 동작을 위하여 적당한 위치로 손을 뻗침
16	11.4	15.8	17.0	14.2	9.7	12.9	
18	12.3	17.2	18.4	15.5	10.5	14.4	
20	13.1	18.6	19.8	16.7	11.3	15.8	
22	14.0	20.1	21.2	18.0	12.1	17.3	
24	14.9	21.5	22.5	19.2	12.9	18.8	
26	15.8	22.9	23.9	20.4	13.7	20.2	
28	16.7	24.4	25.3	21.7	14.5	21.7	
30	17.5	25.8	26.7	22.9	15.3	23.2	
첨가치	0.4	0.7	0.7	0.6	30인치 이상인 경우에 인치당 첨가치		

자를 기록한 뒤에 종점에서 움직임이 있으면 m을 붙인다.

예를 들면, 정해진 위치에서 손을 6인치 뻗치는 동작(시점, 종점 모두 정지 상태)은 R6A로 나타낸다. 동작 기호로 Type을 구분하면 mR6Am은 Type Ⅲ, mR6A나 R6Am은 Type Ⅱ, R6A는 Type Ⅰ이 된다.

동작의 시간치(정미시간)는 [표 12.2]에서 거리, Type, Case에 따라 만나는 칸의 값을 읽으면 구할 수 있다. [표 12.2]에는 Type Ⅰ의 모든 Case에 관한 시간치, Type Ⅱ의 A, B에 관한 시간치가 주어져 있다. 예를 들면, R6A = 7.0TMU, mR6A = 5.7TMU를 얻을 수 있다.

[표 12.2]에 없는 시간치는 [그림 12.2]의 MTM-1의 Type들 간의 관계를 이용하여 추정한다. Type에서 가속시간과 감속시간은 동일하다고 가정하면 Type Ⅱ와 Ⅲ의 시간치는 다음 관계식에 의해 추정할 수 있다.

Type Ⅱ C, D, E 시간치 = Type Ⅰ(C, D, E) - (Type Ⅰ B - Type Ⅱ B)
Type Ⅲ 시간치 = Type Ⅰ - 2(Type Ⅰ - Type Ⅱ)

예를 들면,

mR6C = R6C - (R6B - mR6B) = 10.1 - (8.6 - 5.7) = 7.2TMU
mR6Am = R6A - 2(R6A - mR6A) = 7.0 - 2(7.0 - 5.7) = 4.4TMU이다.

3.2.2 운반 M

M(move: 운반)은 손이나 손가락에 의한 목적물의 이동을 나타낸다.

Move의 시간치도 Reach와 같이 이동 거리, Control 필요 정도, 동작 Type에 의하여 영향을 받으며, 한 가지 추가되는 요소는 중량이다.

Move의 기록 방법은 M을 기록하고 거리(inch), Case(A, B, C), 중량(lb)을 순서대로 기록한다. Reach와 같이 시점이나 종점에서 움직이면 제일 앞이나 뒤에 m을 표시한다. 예를 들면, 5lb의 물건을 손으로 들고 8인치 운반하면(시점, 종점 모두 정지 상태) M8B5로 나타낼 수 있다.

Move 시간치는 [표 12.3]을 이용하여 계산할 수 있다. 우선 표에 직접 나타난 Type I의 A, B, C와 Type Ⅱ의 B에 해당하는 동작의 시간치를 구하여 보자.

표 12.3 M(move) 시간치

거리 (inch)	기본 시간치				중량 보정		
	TYPE Ⅰ 1시간 (TMU)			TYPE Ⅱ 손 이동 중	중량 -lb까지	동적 성분	정지 성분
	A	B	C	B			
3/4	2.0	2.0	2.0	1.7	2.5	1.00	0
1	2.5	2.9	3.4	2.3	7.5	1.06	2.2
2	3.6	4.6	5.2	2.9	12.5	1.11	3.9
3	4.9	5.7	6.7	3.6	17.5	1.17	5.6
4	6.1	6.9	8.0	4.3	22.5	1.22	7.4
5	7.3	8.0	9.2	5.0	27.5	1.28	9.1
6	8.1	8.9	10.3	5.7	32.5	1.33	10.8
7	8.9	9.7	11.1	6.5	37.5	1.39	12.5
8	9.7	10.6	11.8	7.2	42.5	1.44	14.3
9	10.5	11.5	12.7	7.9	47.5	1.50	16.0
10	11.3	12.2	13.5	8.6	Case 설명		
12	12.9	13.4	15.2	10.0	A 목적물을 다른 손이나 일정 지점에 운반		
14	14.4	14.6	16.9	11.4			
16	16.0	15.8	18.7	12.8	B 대략적인 위치나 부정확한 위치로 운반		
18	17.6	17.0	20.4	14.2			
20	19.2	18.2	22.1	15.6	C 정확한 위치로 운반		
22	20.8	19.4	23.8	17.0			
24	22.4	20.6	25.5	18.4	총 운반시간 (TMU) = (기본 시간치×중량 동적 성분) + 중량 정지 성분		
26	24.0	21.8	27.3	19.8			
28	25.5	23.1	29.0	21.2			
30	27.1	24.3	30.7	22.7			
첨가치	0.8	0.6	0.9	30인치 이상인 경우에 인치당 첨가치			

MTM-1의 Move 시간치는 운반 준비에 필요한 시간인 정지 성분과 운반을 하는 데에 소요되는 동적 성분(이동시간)으로 구성된다. 동적 성분 시간치는 손을 이동하는 동작에 소요되는 기본 시간치에 무게로 인하여 몇 배나 더 시간이 걸리

는가를 표현하는 중량 동적 성분 계수를 곱하여 구한다.

Move 시간치를 구하는 과정을 요약하면 다음과 같다.

① 운반 거리(inch), Case, Type에 따라 기본 시간치를 [표 12.2]에서 읽는다.
② 중량 lb 값에 따라 중량 보정 간의 정지 성분 값과 동적 성분 값을 찾는다.
③ 총 운반시간(TMU) = 중량 정지 성분 + (기본 시간치 × 중량 동적 성분)

예를 들면, 151b 중량의 물건을 10인치 운반하면 MTM-1 동작 분석 기호로는 M10B15가 된다. [표 12.3]의 기본 시간치란에서 Type Ⅰ의 B와 거리 10인치가 서로 만나는 칸을 읽으면 기본 시간치는 12.2 TMU이고, 중량 보정 값은 15lb 란에서 동적 성분 1.17, 정지 성분 5.6을 얻는다. 따라서 M10B15 = (12.2 × 1.17) + 5.6 = 19.874(TMU)가 된다.

[표 12.3]에 나타나 있지 않은 Type Ⅱ, Ⅲ는 Reach의 Type 간의 관계식을 그대로 이용한다.

Type Ⅱ (A, C) 시간치 = Type Ⅰ − (Type Ⅰ B − Type Ⅱ B)
Type Ⅲ 시간치 = Type Ⅰ − 2(Type Ⅰ B − Type Ⅱ B)

예를 들면,

mM10C15 = M10C15 − (M10B15 − mM10B15)
= 21.395 − (19.874 − 15.662) = 17.183(TMU)

이다. 여기서,

M10C15 = 13.5 × 1.17 + 5.6 = 21.395,
mM10B15 = 8.6 × 1.17 + 5.6 = 15.662이다.

3.2.3 회전 T

T(turn: 회전)는 팔뚝을 기준으로 손이 회전되는 동작으로 변동 요인은 회전 각도(30° 이상만 취급)와 중량(S, M, L)이다.

표 12.4 T(turn)의 시간치

중량	회전각에 대한 시간치(TMU)										
	35°	45°	60°	75°	90°	105°	120°	135°	150°	165°	180°
Small 0~2 lb	2.8	3.5	4.1	4.8	5.4	6.1	6.8	7.4	8.1	8.7	9.4
Medium 2.1~10 lb	4.4	5.5	6.5	7.5	8.5	9.6	10.6	11.6	12.7	13.7	14.8
Large 10.1~35 lb	8.4	10.5	12.3	14.4	16.2	18.3	20.4	22.2	24.3	26.1	28.2

동작의 기록은 T→회전 각도→중량(S, M, L)으로 한다.

예를 들면, 팔뚝을 기준으로 90° 회전하는 동작은 T90 = T90S이며, [표 12.4]를 이용하면 5.4 TMU를 얻을 수 있다.

3.2.4 누름 AP

AP(apply pressure: 누름)는 병마개를 돌리거나, 볼트를 조이거나 푸는 동작으로 APA(다시 쥠 없음) = 10.6 TMU, APB(다시 쥠 수반) = 16.2TMU이다. 예를 들면, 드라이버를 다시 잡으며 돌리는 동작은 APB로 16.2 TMU이다.

3.2.5 잡음 G

G(grasp: 잡음)는 손으로 잡는 동작으로 대상물의 상태와 크기에 따라 Type과 Case를 구분한다[표 12.5].

3.2.6 정치 P

P(position: 정치)는 두 물체를 결합시키기 위한 동작이다. 변동 요인은 맞춤 난이도(1, 2, 3), 대칭성(S대칭, NS비대칭, SS반대칭), 취급 난이도(E: 용이, D: 곤란)이며, 기록 방법은 P→맞춤 난이도→대칭성→취급 난이도 순이다.

예를 들면, 세게 밀어야 하는 취급이 곤란한 대칭적인 두 물체의 결합은 P3SD이며 [표 12.6]에서 48.6 TMU를 얻을 수 있다.

표 12.5 G(grasp)의 시간치

TYPE	CASE	TMU	설 명	
보통 잡음	1A	2.0	따로 떨어져 있어 크기에 관계 없이 쉽게 잡을 수 있다.	
	1B	3.5	매우 작거나 평평한 면에 있는 물건을 집는다.	
	1C1	7.3	직경 1/2′ 초과	원통형 물건을 잡을 때 바닥이나 측면에서 장애를 받는 경우
	1C2	8.7	직경 1/4′이상 1/2′이내	
	1C3	10.8	직경 1/4′미만	
다시 잡음	2	5.6	쥐고 있는 물건을 고쳐 잡는다.	
옮겨 잡음	3	5.6	물건을 한 손에서 다른 손으로 옮겨 잡는다.	
선택 잡음	4A	7.3	1′X1′X1′보다 큼	다른 물건들과 섞여 있어 찾기와 선택이 발생하는 쥐기
	4B	9.1	1/4′X1/4′X1/4′와 1′X1′X1′ 중간	
	4C	12.9	1/4′X1/4′X1/8′보다 작음	
접촉 잡음	5	0	접촉, 미끄러뜨려 잡는다.	

표 12.6 P(position) 시간치

CASE		대칭성	취급 용이(E)	취급 곤란(D)
1-Loose	밀 필요가 없음	S	5.6	11.2
		SS	9.1	14.7
		NS	10.4	16.0
2-Close	가볍게 밀어야 함	S	16.2	21.8
		SS	19.7	25.3
		NS	21.0	26.6
3-Exact	세게 밀어야 함	S	43.0	48.6
		SS	46.5	52.1
		NS	47.8	53.4
P1SE 공차가 1/32′초과 1/8′사이			P2SE 공차가 1/32′이하	

3.2.7 방치 RL

RL(release: 방치)은 손에서 물체를 놓는 동작으로 손가락을 벌려서 떼는 RL1(보통 방치) = 2.0(TMU)과 접촉해 있던 손을 떼는 RL2(접촉 방치) = 0(TMU)로 구분된다.

3.2.8 떼어 놓음 D

D(disengage: 떼어 놓음)는 접촉하고 있는 물체를 떼어 놓을 때 반동이 생기는 떼어 놓기 동작으로 변동 요인은 맞춤 정도(1, 2, 3)와 취급 난이도(E:용이, D:곤란)이며, 동작의 기록은 D→맞춤 정도→취급 난이도 순으로 기록한다.

예를 들면, 처음 잡은 상태로 반동이 7인치 생기는 용이한 떼어 놓기는 D3E = 22.9(TMU)이다[표 12.7].

표 12.7 D(disengage) 시간치

Class	반동 높이	취급 용이(E)	취급 곤란(D)
1. Loose-힘이 거의 들지 않음	1′이하	4	5.7
2. Close-약간의 힘이 필요	1′초과 5′이하	7.5	11.8
3. Tight-상당한 힘이 필요	5′초과 12′이하	22.9	34.7

2.2.9 기타

C(crank: 크랭크)는 팔꿈치를 중심으로 목적물을 원 운동시키는 동작으로 변동 요인은 회전수, 직경, 중량이며, 기록 방법은 회전수→C→직경(inch)→유효 중량 순이다. 예를 들면, 10인치 직경으로 5파운드의 힘으로 3회전 원 운동을 시키는 동작은 3C10-5로 표시한다.

이밖에도 ET(eye travel: 눈의 운동), EF(eye focus: 눈의 촛점 맞추기), 몸체, 다리와 발 동작 등의 기본 동작이 있으며 각기 시간치가 정해져 있다.

3.3 MTM-1의 연합 동작

MTM-1의 연합 동작이란 신체 부위들을 이용하여 작업 수행을 할 때 나타나는 동작들을 분류한 것으로 연속 동작, 결합 동작과 동시 동작으로 분류한다.

연속 동작(consecutive motion)은 동작이 중복되지 않고 순차적으로 일어나는 동작이다. 순차적으로 발생되는 동작은 동작을 순차적으로 기호로 표현한 후에 시간치를 기입하면 된다.

결합 동작(combined motion)은 어느 한 신체 부위가 두 개 이상의 동작을 동시에 행하는 동작이다. 예를 들면, 보통 M(운반)이나 R(뻗침) 동작은 G2(고쳐 잡음)와 T(회전) 등과 결합되어 발생한다. 결합 동작은 동시에 행하는 동작 요소 중에서 가장 많이 걸리는 동작 요소시간으로 표현한다. 둘 이상의 동작이 동시에 행하여 질 때, 가장 시간이 많이 걸리는 동작 요소를 시한 동작(limiting motion)이라 하고, 시한 동작에 의해 제한이 되어 시간치에 영향을 주지 못하는 동작을 피시한 동작(limited motion)이라 한다. 예를 들면, 왼손으로 12인치를 운반하는 도중에 고쳐 잡음과 방향 조절이 동시에 있는 동작은 다음과 같이 표현한다.

M12C 15.2
G2
T60S

동시 동작(simultaneous motion)은 둘 이상의 동작이 다른 신체 부위에 의하여 동시에 행해지는 동작이다.

동시 동작의 표현은 기본 동작들 사이에 동시 동작이 가능한지 여부에 따라 표현 방법이 다르다. [표 12.8]은 기본 동작들 사이에 동시 동작이 가능한지 여부를 나타낸 표이다. 동시 동작이 불가능한 동작인 경우에는 연속 동작으로 표현한다. 동시 동작도 동시에 행하는 동작 요소 중에서 가장 많이 걸리는 시한 동작 요소시간으로 표현하며, 시간이 적게 걸려 영향을 미치지 못하는 피시한 동작은 원으로 둘러 싼다.

예를 들면, 왼손으로 20인치를 뻗치는 동시에 오른손으로 15lb 물건을 10인치 운반하는 동작은 다음과 같이 표현한다.(R20B = 18.6TMU, M10B15 = 19.874TMU)

R 20 B 19.874 M 10 B 15

왼손과 오른손을 동시에 20인치 뻗치는 동작과 같이 시간치가 같은 경우에는 피시한 동작이 존재하지 않는다.

R20B　　　　18.6　　　　R20B

복합 동작(compound motions)은 한 손이 동작하면서 다른 손이 결합 동작을 행하는 경우와 같이 동시 동작과 결합 동작이 합쳐진 경우이다.

예를 들어, 왼손으로 2lb 물건을 30인치를 운반하는 동시에 오른손은 60° 를 돌리면서 20인치를 뻗치는 동작은 다음과 같이 표현된다.

M 30 B　　　　24.3　　　　(R 20 B / T 60)

표 12.8 동시 작업 가능 여부

REACH				MOVE						GRASP					POSITION						DISENGAGE			CASE
A, E	B	C, D		A, Bm		B		C		G1A G2 G5	G1B G1C		G4		P1S		P1SS P2S		P1NS P2SS P2NS		D1E D1D	D2		
		W	O	W	O	W	O	W	O		W	O	W	O	E	D	E	D	E	D		E	D	
○	○	○	○	○	○	○	○	X	X	○	○	○	○	○	○	○	○	X	X	X	○	○	○	A, E
	○	○	X	○	○	○	X	X	●	○	○	X	X	●	X	X	X	●	●	●	○	○	X	G
		○	X	X	○	X	●	●	●	○	X	●	●	●	●	●	●	●	●	●	X	●	●	C, D
				○	○	○	○	○	○	○	○	○	○	○	○	○	○	X	X	X	○	○	○	A, Bm
						○	○	○	○	○	○	X	X	●	X	X	X	●	●	●	○	○	X	B
								X	●	○	X	●	●	●	●	●	●	●	●	●	X	●	●	C
	○	동시 동작 용이								○	○	○	○	○	○	○	○	●	●	●	○	●	●	G1A, G2, G5
											●	●	X	●	●	●	●	●	●	●	●	●	●	G1B, G1C
	X	연습으로 동시동작 가능											●	●	●	●	●	●	●	●	●	●	●	G4
															X	●	●	●	●	●	●	●	●	P1S
	●	동시 동작 곤란															●	●	●	●	●	●	●	P1SS, P2S
																			●	●	●	●	●	P1NS, P2SS, P2NS
																					○	○	○	D1E, D1D
																						○	○	D2

W = 정상 시야 영역.
O = 정상 시야 영역 밖
E = 취급 용이
D = 취급 곤란.

3.4 MTM-1의 분석 절차

① 요소 작업으로 분할한다.
② 작업자 요소 작업만을 대상으로 MTM 분석을 실시한다.
③ 분석한 내용을 MTM 용지에 기록한다.
④ MTM의 기본 동작, 발생 횟수를 기록한다.
⑤ 팔, 다리, 신체 동작은 오른쪽 손 란에 기입한다.
⑥ 결합 동작, 동시 동작, 복합 동작 등을 고려하여 시간치를 기입한다.
⑦ 정미시간의 합계를 구한다.
⑧ 여유시간을 고려하여 표준시간을 구한다.

사례 12.4 MTM 동작 분석

오른손으로 12인치 떨어진 지우개를 가운데 종이 위로 가져와 왼손에 건네준 뒤에 왼손으로 8인치 떨어진 새 위치에 놓고, 왼손은 8인치, 오른손은 6인치 떨어진 곳으로 원위치시키는 동작을 MTM법으로 나타내 보자.

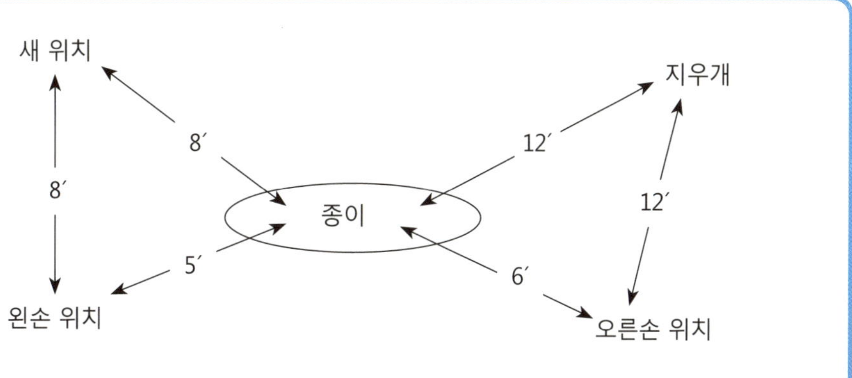

그림 12.5 〈사례 12.4〉의 동작 위치

표 12.8 동시 작업 가능 여부

왼손			TMU	오른손		
동작 설명	회수	기호		기호	회수	동작 설명
			9.6	R12A		지우개에 손을 뻗친다.
			2.0	G1A		지우개를 집는다.
가운데로 손을 뻗친다.		R5A	12.9	M12A		가운데로 운반한다.
지우개를 받는다.		G3	5.6	RL1		왼손에 지우개를 넘겨준다.
새 위치로 운반한다.		M8B	10.6			
지우개를 놓는다.		RL1	2.0			
왼손 위치로 손을 가져온다.		R8A	7.9	R6A		오른손 위치로 손을 가져온다.

연습문제

1. WF법의 구성에 대한 설명으로 틀린 것은?
   ① 동작시간에 영향을 미치는 주요 변수에는 기초 동작과 워크 팩터가 있다.
   ② 기초 동작은 가장 편하고 빠르게 할 수 있는 자연스러운 동작이다.
   ③ 워크 팩터는 이동 거리, 중량, 동작의 곤란성을 나타낸다.
   ④ 동작의 곤란성 또는 인위적 조절이 필요한 경우는 S, P, U, D로 정해진다.

2. MTM법에서 M10B14 시간치는 얼마인가?

거리	시간치	
	B	손 이동중 B
10	12.2	8.6
14	14.6	11.4

중량에 의한 보정		
중량(lb)	동적 성분	정지 성분
- 12.5	1.11	3.9
- 17.5	1.17	5.6

   ① 17.442 TMU　　② 18.938 TMU
   ③ 19.874 TMU　　④ 20.106 TMU

3. '펜을 잡기 위해 10인치 손을 뻗친다.'를 WF법으로 올바르게 표시한 것은?
   ① F10W　② A10D　③ HT10W　④ FS10W

4. 빈손을 실제 거리로는 16인치, 직선 거리로 15인치 뻗는 것을 WF와 MTM으로 올바르게 표현한 것은?
   ① A15, R15A　　② A15, R16A
   ③ A16, R15A　　④ A16, R16A

연습문제 해답 : 1. ③, 2. ③, 3. ②, 4. ②

5. 5lb 무게의 장난감을 들고 10인치 떨어진 선반 위의 정확한 위치에 운반하여 놓는 동작에 대한 시간을 WF법으로 추정하면 몇 WFU인가(남자임)?

① 42　　② 61　　③ 78　　④ 93

거리	워크 팩터				
	0	1	2	3	4
10	42	61	78	93	107
중량	-2	-7	-13	-20	>20

6. MTM의 연합 동작에 대한 설명으로 맞는 것은?

① 연속 동작: 동시 동작과 결합 동작이 연속적으로 일어남

② 결합 동작: 동작이 순서적으로 중복되지 않고 일어남

③ 동시 동작: 동시에 두 개의 신체 부위에서 동작을 함

④ 복합 동작: 한 신체 부위에서 두 개 이상의 동작이 동시에 일어남

7. WF법의 시간치에서 지연을 초래하는 동작의 곤란성 중 좁은 간격을 통과하거나 작은 목표물을 향해 유도하는 동작은?

① 일정한 정지(D)　　② 방향의 조절(S)

③ 주의(P)　　④ 방향의 변경(U)

8. WF법에서 동작 분석을 행할 때의 순서로 맞는 것은?

① 사용 신체 부위 → 동작 거리 → 워크 팩터

② 동작 거리 → 사용 신체 부위 → 워크 팩터

③ 워크 팩터 → 동작 부위 → 사용 신체 부위

④ 사용 신체 부위 → 워크 팩터 → 동작 거리

연습문제 해답 : 5. ③, 6. ③, 7. ②, 8. ①

9. WF에 쓰이는 동작 분석 기호의 기록 순서 중 맞는 것은?

① W → S → P → U → D　　② D → U → S → W → P

③ S → W → U → P → D　　④ U → D → S → P → W

10. 다음 동작 중에서 방향 조절의 팩터가 필요한 것은?

① 물을 가득 담은 용기를 양손으로 작업대에 운반한다.

② 용기 속에 들어 있는 금속 부품에 손을 뻗친다.

③ 테이블 면을 편 손으로 내려친다.

④ 베어링 볼을 두 손가락으로 잡기 위하여 손을 뻗친다.

11. 다음 MTM을 가장 정확하게 묘사한 것은?

① 동작 + 시간　　② 방법 + 시간

③ 동작 + 방법　　④ 동작 + 워크 팩터

12. 다음 중 PTS법의 가정이라 할 수 없는 것은?

① 작업 동작은 제한된 종류의 기본 동작 요소로 구성되어 있다.

② 같은 동작은 누가, 언제, 어디서 행하여도 소요시간이 같다.

③ 각 기본 동작의 소요시간은 언제나 정해 놓은 기준 시간치와 동일하다.

④ 작업 동작의 전체시간은 필요한 요소 동작시간의 합계와 같다.

13. 다음 중 워크 팩터가 아닌 것은?

① 이동 거리　　② 중량 또는 저항

③ 방향의 변경　　④ 주의

연습문제 해답 : 9. ①, 10. ④, 11. ②, 12. ③, 13. ①

14. 작업을 구성하는 기본 동작으로 분해해서 미리 정해진 기초 시간치를 사용하여 작업 동작 시간치를 구하고 이를 집계해 작업의 정미시간을 구하는 시간 연구법은?

① 스톱워치법 ② 워크 샘플링법
③ PTS법 ④ 실적 기록법

15. 다음 중 연구 내용에 따른 연구 방법으로 가장 바람직하지 않은 것은?

① 간호원의 여유율 산정: work sampling
② TV 조립 공정의 표준시간: 스톱워치법
③ 관리 직종의 업무 파악: 스톱워치법
④ 생산 개시 전의 표준시간 산정: PTS법

16. WF의 동작 분석 중에서 주어진 거리와 신체 부위에 대하여 이를 행할 경우의 곤란도 및 동작의 조절이 최소한도인 것은?

① 워크 팩터 ② 기초 동작 ③ 요소 동작 ④ 표준 요소

17. MTM법에서 12lb의 물건을 양손으로 대체적인 위치에 30인치 운반하는 것을 표시하면?

① M30B12 ② M30B6 ③ M12B30 ④ M12B15

연습문제 해답 : 14. ③, 15. ③, 16. ②, 17. ②

18. WF법의 구성 요소 중 어떤 동작이 중량 또는 저항 및 인위적인 조절을 포함할 경우에 기초 동작에 추가하는 시간이 지수로서 사용하는 단위를 무엇이라 하는가?

① 평가 계수　② 워크 팩터　③ 속도 계수　④ 정미 계수

19. 다음은 미완성된 MTM 분석표이다. 왼손과 오른손은 각각 동시에 행하여지는 동작을 하며, 양손도 복합적으로 행하여지는 동작이라면 전체 복합 동작에 대한 시간치는?

① 10.6　② 16.2　③ 5.4　④ 10.3

왼손 내용	동작 기호	TMU	동작 기호	오른손 내용
	M8B G2		M3A T90°S	
TMU 수치: M8B = 10.6, G2 = 5.6, T90°S = 5.4, M3A = 4.9				

20. MTM법에서 20파운드의 물건을 양손으로 대체적인 위치에 20인치 운반하는 동작의 시간치는 몇 TMU인가?

① 24.1　② 29.6　③ 22.3　④ 25.6

거리	시간치	
	B	손 이동중 B
10	12.2	8.6
14	14.6	11.4
20	18.2	15.6

중량에 의한 보정		
중량(lb)	동적 성분	정지 성분
7.5 - 12.5	1.11	3.9
- 17.5	1.17	5.6
- 22.5	1.22	7.4

연습문제 해답 : 18. ②, 19. ①, 20. ①

실습문제

1. 집에서 학교까지의 통학 소요시간을 표준 자료법에 의해 산정하려고 한다.
   1) 통학시간에 영향을 미치는 변동 요인을 함수식으로 표현하시오.
   2) 통학시간에 대한 표준 자료를 가장 중요하다고 여겨지는 2가지의 변동 요인을 선택하여 표 형태로 작성하시오.

■ 해설 ■

1) 통학시간 = f (교통수단, 시간대, 날씨, ...)

2) 통학시간 예측표

교통수단	시간대		
	출근시간	보통 시간대	퇴근시간
지하철 버스 택시			

2. 다음 동작에 대한 MTM 분석표를 보고 동작 분석을 행하시오. 단, 왼손과 오른손은 각각 동시에 행하여지며, 양손은 복합적으로 행하여지는 동작이다.
(M20B = 18.2, G2 = 5.6, T90° S = 5.4, M3A = 4.9 TMU)

왼손		TMU	오른손	
동작 설명	회수		기호	동작 설명
	M20B G2		M3A T90°S	

■ 해설 ■

왼손		TMU	오른손	
동작 설명	회수		기호	동작 설명
20인치 운반하며 고쳐잡음	M20B ~~G2~~	18.2	~~M3A~~ T90°S	3인치 운반하며 90° 팔회전

3. 오른손으로 10인치 떨어진 책(2lb)을 집어 12인치 떨어진 종이 위로 가져와 왼손에 건네준 뒤에, 왼손으로 14인치 떨어진 새 위치로 가져다 놓은 후, 왼손과 오른손을 원위치시키는 동작을 MTM 분석표에 나타내보고 정미시간을 산출하시오. 또한, 실제로 동작을 시행하며 시간을 측정(5회 반복)하여 MTM에서 구한 정미시간과 얼마의 차이가 존재하는지 조사하고 검토하시오.

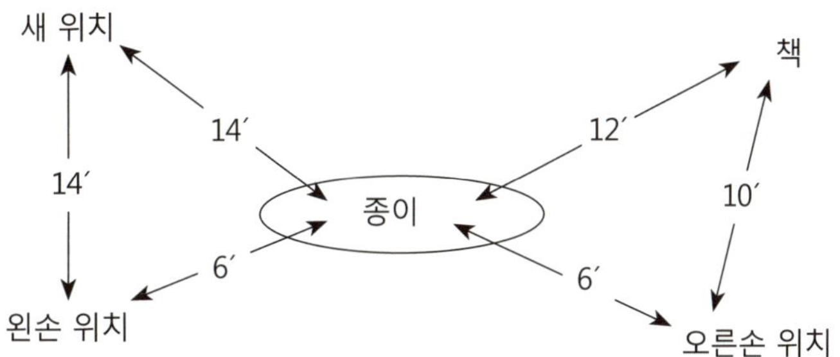

■ 해설 ■

왼손			TMU	오른손		
동작 설명	회수	기호		기호	회수	동작 설명
			8.7	R10A		책에 손을 뻗친다.
			2.0	G1A		책을 집는다.
가운데로 손을 뻗친다.		(R6A)	12.9	M12A		가운데로 운반한다.
책을 받는다.		G3	5.6	(RL1)		왼손에 책을 넘겨준다.
새 위치로 운반한다.		M14B	14.6			
책을 놓는다.		RL1	2.0			
빈손이동		R14A	10.5	(R6A)		빈손이동
합계			56.3			

- 표를 찾으면 M12A = 12.9, R6A = 7.0이므로 왼손이 피시한 동작
- G3 = 5.6, RL1 = 2.0 이므로 오른손이 피시한 동작
- R14A = 10.5, R6A = 7.0 이므로 오른손이 피시한 동작
- 정미시간 =56.3 TMU = 56.3 × 0.036 (초) = 2.0268 (초)

4. 다음은 남자 작업자에 대한 볼트-와셔 조립작업을 분석한 것이다.

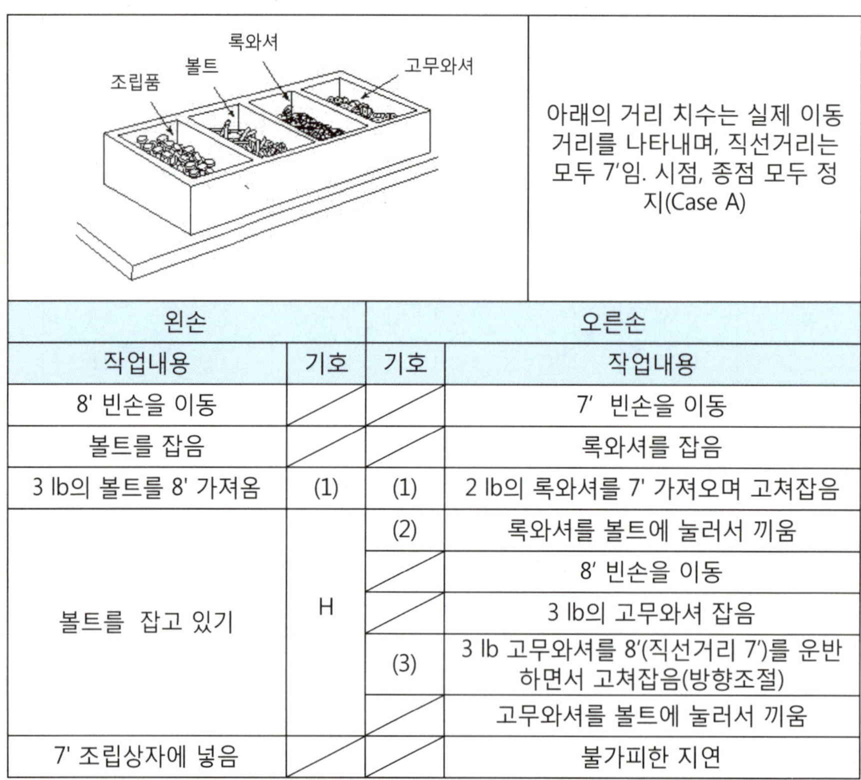

아래의 거리 치수는 실제 이동거리를 나타내며, 직선거리는 모두 7'임. 시점, 종점 모두 정지(Case A)

왼손 작업내용	왼손 기호	오른손 기호	오른손 작업내용
8' 빈손을 이동			7' 빈손을 이동
볼트를 잡음			록와셔를 잡음
3 lb의 볼트를 8' 가져옴	(1)	(1)	2 lb의 록와셔를 7' 가져오며 고쳐잡음
볼트를 잡고 있기	H	(2)	록와셔를 볼트에 눌러서 끼움
			8' 빈손을 이동
			3 lb의 고무와셔 잡음
		(3)	3 lb 고무와셔를 8'(직선거리 7')를 운반하면서 고쳐잡음(방향조절)
			고무와셔를 볼트에 눌러서 끼움
7' 조립상자에 넣음			불가피한 지연

1) 작업자 공정도의 (1)번 동작의 왼손과 오른손 작업내용을 MTM 법 연합동작으로 기록하고 정미시간치를 구하시오.

작업내용	기호	TMU	기호	작업내용
3 lb의 볼트를 8' 가져옴				2 lb의 록와셔를 7' 가져오며, 고쳐잡음

거리 (inch)	손을 뻗침 Type I	운반				고쳐 잡기	MTM (단위 TMU)
		Type I	중량 보정				
	A	A	중량 lb	동적성분	정지성분	G2	
7	7.4	8.9	2.5	1.00	0	5.6	1 TMU =0.036초
8	7.9	9.7	7.5	1.06	2.2		

2) 작업자 공정도의 (2)번 오른손 동작에 알맞는 therblig 기호를 순차적으로 기입하시오.

3) 작업자 공정도의 (3)번 오른손 작업내용을 WF법으로 동작기호를 기록하고 정미시간을 구하시오.

동작 거리(')	팔 워크 팩터 수					WF (단위 WFU)
	0	1	2	3	4	
7	35	51	65	78	90	1 WFU =0.006초
8	38	54	70	84	96	
중량(lb) 남	~2	~7	~13	~20	>20	

■ 해설 ■

1) M표를 찾아 계산하면 M8A3 = 2.2 + 1.06×9.7 = 12.482
- M7A = 8.9, G2 = 5.6이므로 G2가 피시한 동작
- M8A3과 M7A 비교하면 오른손이 피시한 동작
- 정미시간 =12.482 TMU = 12.482 × 0.036 (초) =0.449 (초)

작업내용	기호	TMU	기호	작업내용
3 lb의 볼트를 8' 가져옴	M8A3	12.482	M7A G2	2 lb의 록와셔를 7' 가져오며, 고쳐잡음

2) 록와셔를 볼트에 눌러서 끼우므로
P, A, RL이 순서대로 발생됨
참고) 맞춰서 눌러서 끼우면 P, A, RL
구멍에 맞춰서 놓으면 P, RL 동작이 발생한다.

3) 팔을 직선거리 7인치 운반, 중량 W, 고쳐잡음 S발생하여 워크팩터 2개
A7WS = 65 WFU = 65 × 0.006 (초) =0.39 (초)

5. 다음은 볼트-와셔 체결작업에 대한 남자 작업자의 MTM분석표이다. 빈칸을 채우시오. 연합동작이 있으면 처리하여 표시하고, 아래의 MTM 시간치를 이용하여 동작에 소요되는 시간을 적으시오.

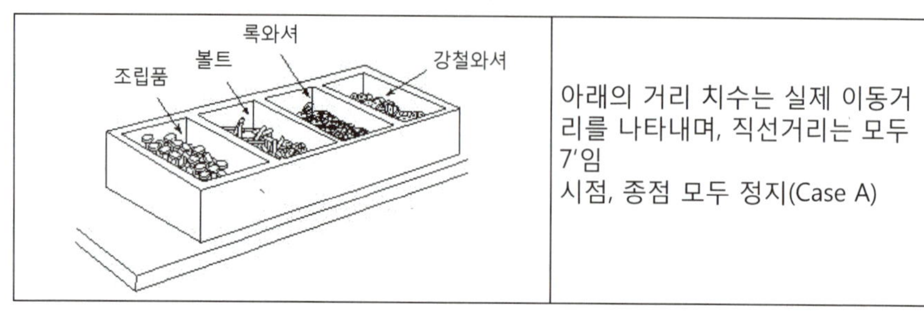

왼손		시간	오른손	
작업내용	기호		기호	작업내용
7' 빈손을 이동				8′ 빈손을 이동
볼트를 잡음	G1A	2.0	G1A	록와셔를 잡음
4 lb의 볼트를 8' 가져오며 고쳐 잡는다				2 lb의 록와셔를 8' 가져오며 고쳐 잡는다
볼트를 잡고 있기		2.0	RL1	록와셔를 볼트에 놓는다
		7.4		7′ 빈손을 이동
		2.0	G1A	2 lb의 강철와셔 잡음
		9.7		2 lb의 강철와셔를 8′ 운반하면서 고쳐 잡음
		2.0	RL1	강철와셔를 볼트에 놓는다
총 TMU			변환시간	초

거리 (inch)	손 뻗침	운반				G (잡기)		TMU
	Type I	Type I	중량 보정			보통잡음	고쳐잡기	
	A	A	중량	동적성분	정지성분	G1A	G2	
7	7.4	8.9	2.5	1.00	0	2.0	5.6	1 TMU =0.036초
8	7.9	9.7	7.5	1.06	2.2			

■ 해설 ■

- R7A=7.4, R8A=7.9이므로 왼손이 피시한 동작
- M8A=9.7, M8A4=2.2+1.06×9.7=12.482이므로 오른손이 피시한 동작
- 정미시간=45.482 TMU=45.482×0.036(초)=1.6374 (초)

<table>
<tr><th colspan="2">왼손</th><th rowspan="2">시간</th><th colspan="2">오른손</th></tr>
<tr><th>작업내용</th><th>기호</th><th>기호</th><th>작업내용</th></tr>
<tr><td>7' 빈손을 이동</td><td>R7A</td><td>7.9</td><td></td><td>8′ 빈손을 이동</td></tr>
<tr><td>볼트를 잡음</td><td>G1A</td><td>2.0</td><td>G1A</td><td>록와셔를 잡음</td></tr>
<tr><td>4 lb의 볼트를 8' 가져오며 고쳐 잡는다</td><td>M8A4
~~G2~~</td><td>12.482</td><td>M8A
~~G2~~</td><td>2 lb의 록와셔를 8' 가져오며 고쳐 잡는다</td></tr>
<tr><td colspan="2" rowspan="5">볼트를 잡고 있기</td><td>2.0</td><td>RL1</td><td>록와셔를 볼트에 놓는다</td></tr>
<tr><td>7.4</td><td>R7A</td><td>7′ 빈손을 이동</td></tr>
<tr><td>2.0</td><td>G1A</td><td>2 lb의 강철와셔 잡음</td></tr>
<tr><td>9.7</td><td>M8A
~~G2~~</td><td>2 lb의 강철와셔를 8′ 운반하면서 고쳐 잡음</td></tr>
<tr><td>2.0</td><td>RL1</td><td>강철와셔를 볼트에 놓는다</td></tr>
<tr><td colspan="2">총 TMU</td><td>45.482</td><td>변환시간</td><td>1.6374 초</td></tr>
</table>

MTM 분석표

항목		비고
작업명		
연구 번호		
날짜		
분석자		

왼손			TMU	오른손		
동작 설명	회수	기호		기호	회수	동작 설명
요약	Total TMU		변환시간	여유율		표준시간

참고문헌

김병희, 아이디어 발상법, 커뮤니케이션북스, 2014

노동부. URL:http://www.moel.go.kr/

노동부. 단순반복작업 근로자 작업관리 지침. 노동부고시 제2000-72호, 노동부, 2000.

노동부 산업보건환경과, 근골격계 부담 작업으로 인한 건강장해 예방 시행지침, 2003.

노동부, 근골격계 질환 예방업무 편람, 노동부, 2004.

노동부 산업보건환경과, 근골격계 질환 예방의무 해설(제2판), 2004.

노동부. 제2004-50호 영상표시단말기(VDT) 취급 근로자 작업관리 지침, 노동부, 2004.

노동부. 작업환경측정 및 정도관리규정. 노동부, 2009.

노동부. 제2009-78호 작업환경측정 및 정도관리규정. 노동부, 2009.

노동부. 제2012-71호 사무실 공기관리 지침. 노동부, 2012.

노동부. 제2012-72호 석면을 함유할 가능성이 있는 물질. 노동부, 2012.

박경수, 인간공학, 영지문화사

법제처, URL:http://www.law.go.kr/

보건복지부, 공중위생관리법. 보건복지부, 2013.

정병용, 이동경. 현대인간공학, 2009.

정병용, 디자인과 인간공학, 민영사, 2012.

정병용, 김규상, 이동경, 서울시 물리적 사무환경 실태조사 및 최적 사무환경 기준마련, 서울시청 보고서, 2013.

정병용 외, 제2차 서비스업 및 운수창고통신업 위험직종 기초실태조사 및 매뉴얼 개발, 한국산업안전보건공단 보고서, 2013

정병용, 이동경, 개정3판 현대인간공학, 민영사, 2014.

제임스 영저, 신인섭 역(2005). 아이디어를 내는 방법, 커뮤니케이션북스.

조영일 역, 인간공학, 대영사.

KOSHA GUIDE G-30-2011, 앉아서 일하는 작업의 건강장해 예방에 관한 기술지침. 한국산업안전보건공단, 2011.
KOSHA GUIDE H-9-2012, 근골격계부담작업 유해요인조사 지침, 2012.
KOSHA GUIDE H-64-2012, 사무실 작업환경지침. 한국산업안전보건공단, 2012.
KOSHA GUIDE H-65-2012, 사업장 근골격계질환 예방관리 프로그램, 2012.
KOSHA GUIDE H-66-2012, 근골격계질환 예방을 위한 작업환경개선 지침, 2012.
KOSHA GUIDE H-68-2012, 근골격계질환 예방을 위한 의학적 조치에 관한 지침, 2012.
KOSHA GUIDE G-54-2012, 모니터 작업의 안전에 관한 기술지침. 한국산업안전보건공단, 2012.
통계청, 2013년 4월 고용동향, 2013, http://kostat.go.kr
한국산업안전보건공단. URL:http://www.kosah.or.kr
한국산업안전보건공단, 산업안전보건기준에 관한 규칙 제667조 컴퓨터 단말기 조작업무에 대한 조치, 2011.
한국산업안전보건공단, 사무실 공기질 관리, 2009.
한국산업안전보건공단, 사무실 작업환경 평가지침, 2012.
한국산업안전보건공단, 영상표시단말기(VDT) 취급근로자 작업관리지침, 2012.
한국표준협회, 시각표시단말기(VDTs) 사용을 위한 요건(KSA ISO 9241). 한국표준협회, 2005.
한국표준협회, 한국 산업규격 KS G 4101 사무용의자의 치수. 한국표준협회, 2005.
한국표준협회, 한국 산업규격 KS G 4102 사무용책상의 치수. 한국표준협회, 2005.
환경부, 제2004-80호 실내공기질 공정시험방법. 환경부, 2004.
환경부, 다중이용시설 등의 실내 공기질 관리법. 환경부, 2006.
환경부, 실내공기질관리 업무편람. 환경부, 2006.
황학, 작업관리, 영지문화사.
American National Standards Institute. ANSI/HFES 100-2007:Human Factors Engineering of Computer Workstations. HFES, U.S., 2007.
Ayoub, M. and Mital, A., Manual materials handling. London: Taylor & Francis, 1989.
Bailey, R., Human performance engineering: A guide for systems designers, Englewood Cliffs, MJ: Prentice-Hall, 1982.

Barnes R.M., Motion and Time Study, Design and Measurement of Work, 7th ed., John Wiley and Sons, 1980.

Bernard, B., Musculoskeletal Disorders and Workplace Factors. National Institute for Occupational Safety and Health, DHHS (NIOSH) Publication No. 97-141, Cincinnati, OH, 1997.

Cal/OSHA, Easy Ergonomics, California Department of Industrial Relations, 1999.

Chaffin, D.B. and Andersson, G., Occupational Biomechanics. Wiley, New York, 1984.

Corlett, E.N. And Bishop, R.P., A technique for assessing postural discomfort. Ergonomics 19 (2), 175-182, 1976.

CAP, Workplace Ergonomics Reference Guide (2nd Edition).

CCOHS, Office Ergonomics, http://www.ccohs.ca/oshanswers/ergonomics/office/

Commonwealth of Australia, Ergonomic Principles and Checklists for the Selction of Office Furniture and Equipment. Commonwealth of Australia, Australia, 1991.

Gabay, J. J., Teach Yourself Copywriting, Lincolnwood, IL:NTC Publishing Group. 2000.

Environmental Health and Safety, Office Ergonomics self-Assessment checklist. HS&E, U.S., 2010.

Ergonomic Systems Associates, Office Ergonomics Hazard Identification Checklist. U.S.

Grandjean, E., Fitting the task to the man. London: Taylor & Francis, 1988.

Garg, A., Chaffin, D.B. And Herrin, G.D., Prediction Of Metabolic Rates For Manual Materials Handling Jobs, American Industrial Hygiene Association Journal, 39, 661-674, 1978.

Garg, A. and Saxena, U., Container characteristics and maximum acceptable weight of lift. Human Factors, 22, 487-495, 1980.

Hignett, S. And Mcatamney, L., Rapid entire body assessment(REBA). Appl. Ergon. 31, 201-205, 2000.

HSE, Five steps to risk assessment, 1998.

HSE, Work with display screen equipment. HSE, 2002.

HSE, Slips and trips, 2011.

HSE, Are you making the best use of lifting and handling aids?, 2012.

HSE, Manual handling at work: A brief guide, 2011/2012. http://www.hse.gov.uk/pubns/indg143.pdf

Humantech, Applied Ergonomics Manual, Humantech, Inc., 1995.

ILO, Introduction to Work Study. 3rd ed., Geneva, Switzerland: ILO, 1979.

ISO 9241, Ergonomics of office work with VDTs-guidance on usability, 1998-11.

ISO 13407, Human-centered design processes for interactive systems, 1999.

ISO 9241-5:1998, Ergonomic requirements for office work with visual display terminals(VDTs) -Part 5: Workstation layout and postural requirements. ISO, 1998.

Jeong, B.Y., Yoon, A., Ergonomics of Office Seating and Postures, J Ergon Soc Korea ; 33(2), 167-174, 2014

Karhu. O., Kansi, P. and Kuorinka, 1., Correcting working postures in industry: A practical method for analysis. Applied Ergonomics, 8, 199-201, 1977.

Kirwan and Ainsworth, A guide to task analysis, Taylor & Francis

Konz, S. and Johnson, S., Work Design: Industrial Ergonomics(5th ed.), Holcomb Hathaway, Publishers, 2000.

KRAMES, Ergonomic Checklist. KRAMES, U.S.

KRAMES, Ergonomic Checklist for computer work. KRAMES, U.S.

Mcatamney, L. And Corlett, E.N., RULA: a survey method for the investigation of work-related upper limb disorders. Appl. Ergon. 24 (2), 91-99, 1993.

Levitt, I.B., & Housley, J.A., Brainwriting! Enrich Your Life Using Handwriting Analysis, Serena Publishing, 2002.

McKeown, Office Ergonomics Practical Applications. Taylor&Francis, U.K., 2008.

MEMIC, Office Ergonomics: A Guide to Creating a Safe Office Environment. MEMIC, U.S., 1995.

MIL-STD-1472F, U.S. Department of Defense, 1999.

Ministry of Manpower, Office Ergonomic(Computer Workstation) Safe Work

Practices and Procedure, Ministry of Manpower, Singapore, 2000.
Minnesota Department of Administration. Office Ergonomics: Computer Workstation setup. Admin Minnesota, U.S.
Mundel M.E., "Motion and Time Study, Improving Productivity", 5th ed., Prentice-Hall Inc. 1978.
Niebel, B. and Freivalds, A. Methods, Standards and Work Design, 13th ed., New York: McGraw-Hill, 2014.
NIOSH, Elements of Ergonomics Program, U.S. Department of Health and Human Services, 1997.
NIOSH, Indoor Environmental Quality. NIOSH, U.S., 2001.
OSHA, Visual Display Units in the Place of Work. Department of Labour. OSHA, New Zealand;1996.
OSHA, Computer Workstations. U.S.
OSHA, Easy Ergonomics For Desktop Computer Users. U.S.
OSHA, Ergonomics Solutions: Computer Workstations eTool - Evaluation Checklist. U.S.
OSHA, Introduction to Ergonomics in the office. U.S.
OSHA, OSHA 3092:Working Safely with Video Display Terminals. OSHA, U.S., 1997.
OSHA, DRAFT Ergonomics for the Prevention of Musculoskeletal Disorders Guidelines for Nursing Homes, 2002.
OSHA, Guidelines for retail grocery stores: ergonomics for the prevention of musculoskeletal disorders. US Department of Labor, Occupational Safety and Health Administration, United States Department of Labor, OSHA 3192-05N. Pulat, B.M., Fundamentals of Industrial Ergonomics, Prentice-Hall, 2004b.
OSHA, Technical Manual. OSHA, U.S., 2008.
Occupational Safety and Health Clinics for Ontario Workers Inc., Office Ergonomics Handbook (4th). OSHA, U.S.
Occupational Safety and Health Clinics for Ontario Workers Inc., Office Ergonomics Handbook (5th). OSHA, U.S.

Occupational Safety and Health Service, Department of Labour. GUIDELINES FOR USING VDUs. OSHA, New Zealand, 1989.

Offie Furniture, Insights For a better buying Experience, Office Furniture, U.S.

Office of Environmental health and Safety human Resources & Equity, Recommendations for Resolving Office Ergonomic Concerns. EHS, Canada, 2013.

O'Neil, Office Ergonomic Standards: A Layperson's Guide. Knoll Inc., U.S., 2011.

OSHA, http://www.osha.gov/SLTC/etools/computerworkstations/checklist.html

Osborn, A.F., Your Creative Power: How to Use Imagination, New York, NY: Charles Scribner's Sons. 1949.

Rossiter, J.R., & Lilien, G.L., New Brainstorming Principles, Australian Journal of Management, 19(1), 61~72, 1994

Salvendy, G.(ed.), Handbook of Industrial Engineering, Jon Wiley & Sons, 1992.

Snook, S. and Ciriello, V., The design of manual handling tasks: Revised tables of maximum acceptable weights and forces, Ergonomics, 34(9), 1197-1214, 1991.

The UAW-Ford Ergonomics process job improvement guide, A publication of the UAW-Ford national joint committee on health and safety; The University of Michigan, 1988.

United States Environmental Protection Agency, Indoor Air Quality Measurements : Identifying problems in the indoor environments. EPA, U.S., 2008.

University of California, Computer Workstation Ergonomics. University of Califormia, U.S., 2009.

Waters, T.R., Putz-Anderson, V. And Garg, A., Application Manual For The Revised NIOSH Lifting Equation, U.S. Department Of Health And Human Services, 1994.

Waters, T.R., Putz-Anderson, V., Garg, A. And Fine, L.J., Revised NIOSH equation for the design and evaluation of manual lifting tasks. Ergonomics 36, 749-776, 1993.

Weisbord, M.A., Productive Workplaces, Jossey-Bass Publishers, 1987.

Wickens, C.D. And Hollands, J.G., Engineering Psychology and Human

Performance (3rd Ed.), Prentice Hall, 2000.

Work Safe BC, How to Make Your Computer Workstaion Fit you. Work Safe BC, U.S.

Worksafe NB, Office Ergonomics-Guidelines for preventing Musculoskeletal Injuries. Worksafe NB, U.S., 2010.

Young, J.W., A Technique for Producing Ideas, Lincolnwood, IL: NTC Business Books, 1975.

찾아보기

정 병 용 공학박사, 인간공학기술사, 한성대학교 산업경영공학과 교수

- 한국인간공학기술사회 회장, 대한인간공학회지 편집위원장, 한성대학교 공과대학장 역임
- 저서: 제4판 현대인간공학, 디자인과 인간공학(UI/UX와 휴먼에러 예방)
- 산학연 과제 수행
  인간공학 진단 및 개선(제조업, 서비스업, 병원 등)
  근골격계 유해 요인 조사, 위험성 평가, 서비스업 실태조사
  휴먼 에러 예방, 인체측정 응용, Universal Design
- 인간공학 및 안전보건 분야 교육 및 강연
  휴먼 에러 예방, 안전문화, 안전경영, 디자인과 인간공학
  인간공학적 평가 및 개선, 유해요인조사, 근골격계질환 예방
- http://www.hansung.ac.kr/~byjeong, byjeong@hansung.ac.kr
  구글 학술검색에서 정병용 검색

사람 중심의 작업경영

현대작업관리

펴낸날 2015년 3월 1일 초판
2024년 1월 10일 개정판 2쇄
지은이 정병용
펴낸이 김동현
펴낸곳 민영사
주 소 서울시 성동구 옥수동 450-14(독서당로 39길 43) 1층
전 화 (02) 711-1224~5 팩스 (02) 711-1226
등 록 2014년 1월 1일 제 2014-000001호
Home http://www.minyoungsa.com
메 일 myspub@hanmail.net

정 가 24,000원 ISBN 979-11-86378-27-4 93530